U0479535

全国教育科学“十二五”规划2011年度单位资助教育部规划课题
“人才测评技术在中小学教师招聘中的应用研究”（课题批准号FHB110114）成果

# 人才测评技术在教师招聘中的应用

主编　赵殿涛

學苑出版社

**图书在版编目（CIP）数据**

人才测评技术在教师招聘中的应用／赵殿涛主编．
—北京：学苑出版社，2015.9

ISBN 978-7-5077-4842-0

Ⅰ．①人…　Ⅱ．①赵…　Ⅲ．①人才考核—应用—中小学—教师—聘用—研究　Ⅳ．①G451.1

中国版本图书馆 CIP 数据核字（2015）第 202887 号

**责任编辑**　任彦霞
**出版发行**　学苑出版社
**社　　址**　北京市丰台区南方庄 2 号院 1 号楼
**邮政编码**　100079
**网　　址**　www.book001.com
**电子信箱**　xueyuanpress@163.com
**联系电话**　010－67601101（销售部）、010－67603091（总编室）
**印　　刷**　保定市彩虹艺雅印刷有限公司
**开本尺寸**　710×1000　1/16
**印　　张**　17
**字　　数**　215 千字
**版　　次**　2015 年 9 月第 1 版
**印　　次**　2015 年 9 月第 1 次印刷
**定　　价**　45.00 元

# 序

车宏生　姚梅林

教师招聘工作对于开发教师人力资源、优化教师队伍、提升教育质量具有重要影响，而采用科学、规范的人才测评方法与技术无疑是保证教师招聘工作质量的关键之举。北京市海淀区教委人才服务中心从本区的教师人力资源管理的现实需求出发，基于科学的人才测评理念及方法，在提高教师招聘的规范性与有效性方面进行了多年的探索，取得了一系列具有示范意义和启示意义的研究成果。《人才测评技术在教师招聘中的应用》一书全面而系统地展现了作者在教师招聘的理念以及人才测评实证研究方面极具价值的思考与探索。通览全书，颇有收获，也喜不自禁地希望与读者分享以下几点感受。

首先，作者在充分兼顾教师职业所需的专业知识与技能的前提下，强调教师招聘应着眼于可持续发展的、具有适应性的特质或胜任力。这一贯穿全书的主导思想与当前国内外有关教师学习及专业成长的科学研究所倡导的先进理念是相吻合的；同时，也突破了传统的教师招聘模式的局限，对实际招聘工作具有引领作用。社会及科技的发展与变革对教师职业有更多更高的期望与要求，仅有教学的一技之长或某一学科领域的专业知识还不足以满足当下及未来社会的发展需求，教师必须具有可迁移的、适应性的胜任力潜质，比如不断学习的能力与发展的意愿、积极主动地进行自我调控与人际沟通、灵活而有效地解决问题等，才有可能从“教书匠”逐步成长为教育家。基于胜任力来选拔教师，这为提高教师队伍整体素质、提升教育质量奠定了坚实的基础。

其次，作者针对教师招聘的不同阶段、不同环节和不同对象等，综合采用多种切实有效的测评方法，通过严谨、规范的流程来研发具有较高水准的测评工具，这从技术层面上保证了教师招聘的规范性与有效性。许多用人单位虽然也采用简历筛选、面试、笔试、实习、试讲等形式对应聘者进行考查，但其规范性、有效性往往受到质疑。综观全书可以发现，无论是教师胜任力模型的构建、测评内容的选配、测评形式的确定，还是测评流程的设计及实施等，作者都力图严格按照人才测评的规范要求加以执行。可以说，这本书为教师招聘工作提供了颇具参考价值的方法指南。

再次，根据北京市教师招聘的三种主要途径，即高校应届毕业生招聘、社会人员招聘以及高端人才引进的教师招聘，作者分别就这三类招聘进行了细化研究。这种基于胜任力模型而进行的分层分类的系统化研究是非常有意义的一种探索，它拓展了教师胜任力模型构建的实证研究，丰富了教师胜任力的理论构想，为实际的教师招聘提供了明晰的工作思路及直接可行的措施与方法；同时，也为教师的专业化发展提供了依据。

北京市海淀区教委人才服务中心在应用人才测评技术提高教师招聘的规范性、科学性及有效性等方面进行了有意义的探讨，取得了可喜的成果，在科学研究与实践应用之间以及管理部门与基层单位之间搭建了桥梁，促进了科研成果的转化，提升了教师招聘工作的整体水平。《人才测评技术在教师招聘中的应用》一书的出版不仅是北京市海淀区教委人才服务中心的一项标志性研究成果，更彰显了该中心在教师人力资源管理方面的示范与引领作用。期待该中心基于教师招聘工作的前期研究成果，广泛听取专家学者的意见以及用人单位的反馈，不断完善教师招聘的测评工具；同时，进一步探讨如何把教师招聘与教师专业发展及成长等结合起来，具有建设性地开发和培育教师人力资源。

（作者系北京师范大学心理学院教授）

**2015 年 5 月**

# 目 录

# 导 论

“百年大计，教育为本；教育大计，教师为本。”教师是学校教育的核心组成要素，教师队伍的整体质量是决定学校教育质量的关键。而在教师队伍建设中，通过有效的人才测评技术招聘优秀教育人才是确保教师队伍可持续发展的重要保障。

## 一、教师招聘概述

《国家中长期教育改革和发展规划纲要》明确提出，“建设高素质教师队伍”的发展目标，具体到教师管理制度层面又首先确立了“完善并严格实施教师准入制度，严把教师入口关”的发展方向。一支高素质教师队伍的建设，首先需要解决的是选择合适的人才到合适的教师岗位工作，也就是本书焦点——教师招聘。

教师招聘是指学校为了发展的需要，根据人力资源规划和工作分析的要求，通过需求信息的发布，寻找、吸引那些有能力又有兴趣到本学校任职的教师，通过科学甄选从中选出适宜人员予以录用的过程。招聘一般由主体、载体及对象构成，主体就是用人者，载体是信息的传播体，对象则是符合标准的应聘者，三者缺一不可。

招聘既包括招募的环节，也包括选拔聘用的环节。招募是聘用的基础和前提，聘用是招募的目的。招募主要是以宣传来扩大影响，达到吸引人应征的目的；而聘用则是使用各种测评方法和技术挑选合格人才的过程。信息传递手段和人才市场的不断发展给教师招募工作带来了便利，但是也增加了教师聘用工作的难度，通过有效的人才测评技术甄选、聘用优秀教育人才就成了教师招聘工作的重点。

在人才竞争日益激烈的今天，教师招聘的重要性和紧迫性在于：一方面，教师跨校流动和跨行业流动日益便利，只有高效的招聘，才能强力吸引优秀人才从事教育行业，从事教师职业，才能留住教育人才，为实现教育人才的价值奠定良好基础；另一方面，可供基层教育管理部门和学校选择的人才类型日益多元化，只有根据区域特点和组织特性科学招聘，才能为学校配置匹配度、稳定性和忠诚度高的优秀教师。

随着我国公办中小学人事制度改革的逐步深化，教师招聘从任命制向教师聘任制转变，"国家分配"的人才模式早已被打破，用人单位与求职者"双向选择，竞争上岗"成为了教师招聘的主流方式。然而，对于缺乏现代人力资源管理理念的基层教育管理部门和学校来说，一靠人才简历信息筛选，二靠试讲、说课考查的传统招聘模式弊端日显，这种传统教师招聘模式存在招聘标准模糊、需求分析缺失和考查手段单一等问题，教师招聘的效果极大地依赖招聘主管人员的主观经验，存在较大的不确定性。

提升教师招聘的有效性，首先需要解决的是对合格教师素质构成的准确认识。依据麦克利兰（D. C. McClelland）提出的"胜任力"（competency）理论，决定个人工作绩效水平的素质除智力因素外，更重要的是动机、特质、自我概念和社会角色等潜在特性。

不可否认，传统教师招聘模式在学科知识储备和教育教学能力考查方面有一定的合理性，但对教师的职业道德、教育理念和心理素质等潜在特性方面的测评则缺乏科学有效的手段。因此，有效的教师招聘需要科学的教育人才测评技术支持，只有构建科学的教育人才测评体系，才能让教师招聘有标准、有依据、有方法。

## 二、教师招聘的测评思路

在《中华人民共和国教师法》中，教师被界定为“履行教育教学的专业人员”。随着教育改革的不断深入，教师职业的专业性特点也得到越来越多学者和教育管理人员的重视。无论是学科教学，还是品德教育，学校教育对教师的双重角色要求都指向教师作为一项职业的专业技术性特点。

教师职业的专业特点决定了通过人才测评技术选拔优秀人才从事教师工作的重要意义。从《教师资格条例》到《教师资格条例实施办法》，再到新近推出的《中学/小学/幼儿园教师专业标准》，国家政策层面对教师职业的专业性要求越来越规范。对基层教育管理部门和学校来说，如何在教师招聘过程中执行好国家的有关政策，应用先进的人才测评理论，制定出科学规范的教师招聘程序，选拔符合专业要求的优秀人才加盟教师队伍就成为事关教师队伍发展水平的关键问题。

科学的测评是有效招聘的基础，而测评维度的确定则是构建科学测评体系的基石。在现代人才测评的理论和实践研究中，胜任力理论以其在实践应用中的显著效果得到广泛的认可。很多学者从胜任力的视角对教师的胜任力进行了研究，获得了以下宝贵的研究成果。

第一，对教育人才的测评，特别是对刚走出大学校园的应届毕业生教师的测评，不仅需要关注其已经具备的素质，还应当对其专业发展潜质给予格外的重视。教师的专业发展是具有时间性的，多数研究将教师专业发展的时间性理解为不同的阶段，也有学者将教师专业发展解析为不同的主体层次。无论何种理解，教师的专业发展都是一个具有时间性的延续过程，能够在专业发展的过程中脱颖而出的优秀教育人才无疑需要专业发展潜质作为支撑。

第二，教师的专业发展呈现时间性的特征，因此，对教师胜任力模

型的构建应该既关注其静态的一面，也要考虑其动态的一面。新任教师和处于职业发展期的教师，以及特级教师等高端教育人才，从教师胜任力角度来看，其面临的任务都是教育教学，因此，这几个群体教师的胜任力应该有相同的内容，但是也必然存在差异。在进行教师招聘测评的时候，对一个新入职教师的测评体系和要求，与一个引进的特级教师的要求，既有相同的地方，也应有不同的地方。本书进行的教师胜任力与测评的研究，是从教师胜任力静态和动态两个方面进行的，对处于不同专业发展期的教师群体胜任力模型的构建既考虑其共性特征，又考虑了差异特征。

第三，教育人才测评还应当关注应聘者身上与组织环境相匹配的对学校、区域有独特价值的素质维度。有学者从教育人才供求市场和教师流动特点的角度出发，指出教师招聘的发展趋势是从满足合格向追求合适变化。教师招聘应当关注个人价值观与组织价值观的契合度，个人发展目标与组织发展目标的契合度以及个人特点与组织环境特征的契合度。因此，应聘者的组织契合度也应作为教育人才测评的维度之一。

与教师资格认定测评和教师专业标准能力测评相比，基于胜任力理论的选拔性测评更侧重潜在特征的考查，前两者则更重视考查显性特征。本书所展示的研究成果试图构建胜任教师职业所需的多维度的素质模型，关注应聘者个性特征与组织环境的契合程度，考查应聘者在教师专业发展中所需要的发展潜质。在具体的教师招聘工作中，基层教育主管部门和学校不仅需要关注应聘者能否达到标准，还需要考量应聘者的组织适应性和未来从事教师职业的发展潜质，唯此，才能选拔出适合教师职业的优秀人才进入教师队伍。

## 三、教师招聘途径分类

关于教师招聘的途径，各地因教师招聘政策的差异而有所不同，本书作为实践研究的成果总结，将焦点放在北京地区的中小学教师招聘上。北京市中小学教师队伍补充人员的主要方式有公开招聘和调动两种。按照北京市人力资源和社会保障部门的有关规定，属于全额拨款事业单位的公立中小学及幼儿园，需要以公开招聘的方式完成教师招聘。这就决定了应聘中小学教师的高校应届毕业生和社会人员，都需要参加公开招聘，通过公开、平等的招聘程序，最终由学校择优录用。与此同时，不同区县的公立学校之间允许教师进行有序流动，这类人员可以通过调动的方式进入用人的学校。

无论是公开招聘还是调动，区县教育主管部门都承担着监督控制学校招聘人员整体素质的责任。根据招聘人员的来源，北京市的中小学教师公开招聘类型主要有应届毕业生招聘、社会人员招聘和高端教师招聘三类。其中，应届毕业生招聘面向高校应届毕业生开展，招聘对象为列入国家统一招生计划（不含定向、委培）的全日制普通高等院校应届毕业生；社会人员招聘面向有一定工作经历的人员，招聘对象为具有一定（一般大专以上）的学历水平，具备一定年限（一般一年以上）的工作经历，北京市非农业户口且人事行政关系在北京的人员（不包括户口、档案保留在学校的非北京生源毕业生）；高端教师招聘面向外省市处于教师专业发展高水平阶段，具有一定专业影响力的优秀教育人才，例如教育名家、名校长、名师等，通常将这类人才招聘的流程称为人才引进。

综上所述，北京市中小学教师招聘的渠道主要可以分为三大类：以公开招聘方式进行的高校应届毕业生招聘和社会人员招聘，以人才引进方式进行的高端教师招聘。针对三种教师招聘渠道和不同的岗位要求，本书以胜任力理论为指导，分别在三类招聘中开展了人才测评技术的应用研究。相应的，根据三类招聘途径的特点和岗位对教师专业能力素质的要求，本书构建了应届毕业生教师、社会人员教师（以下简称“社招教师”）和高端教师的胜任力模型和测评体系，依据模型开展测评和选拔，并探索了将现代计算机技术运用于人才测评技术中，从而推动教师胜任力模型和现代人才测评技术在教师招聘中的应用。

# 第一章
# 教师胜任力理论基础与人才测评技术

本章回顾了胜任力理论的提出及概念内涵，介绍了胜任力模型的理论、构建方法及其应用现状，并对国内外教师胜任力的研究进行了总结和概括。国内针对教师胜任力的研究成果为本书构建应届毕业生教师、社招教师和高端教师群体的胜任力模型，提供了借鉴和启发，本书将在已有研究基础上，针对研究对象构建教师胜任力模型并应用于教师招聘的实际工作中。

## 第一节　教师胜任力理论基础

### 一、胜任力理论概述

#### （一）胜任力理论的提出

对胜任力的研究最早可追溯到“管理科学之父”泰勒（Taylor）对“科学管理”的研究，泰勒认为可以按照物理学原理对管理进行科学研究，他所进行的“时间—动作研究”就是对胜任特征进行的分析和探索。最早提出胜任力概念的是哈佛大学心理学教授麦克利兰（McClelland），他在1973年发表的《测试胜任力而非智力》一文中认为，用智力测验等来预测工作绩效或职业生涯的成功，其预测的准确度比较差，而且具有严重的偏差，并且这些测验对少数民族也不公平，并因此提出了以胜任力作为评价的依据。

麦克利兰将胜任力理论用于解决选拔外交官的问题。他运用行为事件访谈法来分析哪些因素能够使一位外交官获得较大的成功。麦克利兰用胜任力来分别测量一组被认为表现出众的官员和一组表现一般的官员，结果发现表现出众的那些官员在这些测试中表现相当好，而表现一般的官员在测试中表现很差，从而证明这些胜任力是岗位必备的。他的研究表明，他们所发现的一些胜任力与工作绩效确实相关，除了知识和技能以外，个人性格、成就导向等素质与个人绩效也是息息相关的，胜任力的概念就这样被提出来了。同时他还提出进行基于胜任特征的有效测验的六个原则：（1）最好的测验是效标取样；（2）测验应能反映个体学习后的变化；（3）应该公开并让被受测者知道要测试的特征；（4）测验应该评价与实际的绩效相关的胜任特征；（5）测验应该包括应答性行为和操作性行为两个方面；（6）应该测试操作性思维模式，以最大程度地概括各种行为。

麦克利兰对于胜任力的研究，奠定了胜任力理论的基础，他对于胜任力概念的定义以及他提出的相关的测评理论，至今对胜任力研究依然有重要意义。

### （二）胜任力理论的内涵

#### 1. 胜任力的定义

传统的人事选拔关注特定工作岗位的知识、技能、态度及其他要素，即 KSAOs（knowledge，skill ，attitude，and others），通常用智力测验和职业性向测验来预测从业者未来的表现。从麦克利兰提出应该用胜任特征测试取代智力和能力倾向测试之后，胜任力理论受到研究者和实践者的广泛关注，学术界掀起了对胜任力研究的热潮。

如同其他心理学概念一样，研究者对胜任力的定义各不相同。从麦克利兰最早提出胜任力定义开始，学者们又提出了许多不同的定义，表1-1是对各学者提出的胜任力定义的汇总。

**表1-1 胜任力定义汇总**

| 学者 | 年份 | 胜任力定义 |
| --- | --- | --- |
| 麦克利兰 | 1973 | 绩效优秀者所具备的知识、技能、能力和特质 |
| 麦克拉根 | 1980 | 足以完成主要工作的一连串知识、技能与能力 |
| 博亚特兹 | 1982 | 个人因有产生满足组织环境内工作需求的能力 |
| 斯宾塞 | 1993 | 能可靠测量并能把高绩效员工区分出来的潜在的、深层次的特征 |
| 曼斯菲尔德 | 1996 | 精确技能与特性行为的描述 |
| 格林 | 1999 | 可测量有助于实现任务目标的工作习惯和个人技能 |
| 桑德伯格 | 2000 | 在工作时人们所使用的知识和技能 |

资料来源：胡艳曦、官志华：《国内外关于胜任力模型的研究综述》，《商场现代化》20008年第556期。

学者们对胜任力的定义，有的偏重特质，有的偏重行为，但这些不同定义都有一定的共同点：与特定工作相关，具有动态性；以绩效标准为参照；包含一些个人的特征，是个人潜在特性或行为，如知识、技能、自我概念、特质和动机等。因此可以认为，胜任力是指能将某一工作（组织、文化）中有卓越成就者与表现平平者区分开来的个人的深层次特征，它可以是动机、特质（身体的特性以及拥有的对情境或信息的持续反应）、自我概念、态度或价值观、某领域的知识、认知或行为技能——任何可以被测量并且能显著鉴别优秀者和一般绩效者的个体特征。在中文的翻译中，“胜任力”与“胜任特征”是同一概念。

胜任力不同于KSAOs和能力。KSAOs是知识、技能、能力和其他性格特征的简写，包括生理能力、认知能力以及其他抽象的人格特质，它有复杂的结构范围，并强调在录用和选拔人员时要综合这些因素，不同的岗位有不同的 KSAOs 要求。传统的人力资源管理一般关注的是员工的 KSAOs，而现代人力资源则关注员工的胜任特征。研究和实践证明，胜任特征比 KSAOs 更能预测员工的成功。能力（ability，或 capacity）是胜任力的先决条件，但是两者并不相同，胜任力针对的是一个人的职业工作绩效，更强调个体潜在特征，并可用一些被广泛接受的标准对它们进行测量，而且可以通过培训与发展加以改善和提高。

2. 胜任力的特征

学者们对胜任特征的界定尚未达成共识，但是对于胜任力的特征认识较为一致。

（1）胜任力与工作绩效有密切的关系

胜任力可以预测未来的工作绩效，它与一定工作或情境中的、效标参照的、有效或优异绩效有因果关系。“有因果关系”指胜任特征引起和预测行为及绩效；“效标参照”指胜任特征实际上预测表现优异者和表现一般者，就象按照特定标准测量一样。优秀员工与一般员工在胜任力上会表现出显著性的差异，运用胜任力这一概念能够将组织中的绩效优秀者与绩效一般者加以区分，组织可以将胜任力指标作为员工的招聘、考评以及提升的主要依据之一。胜任力与员工所在工作岗位的要求紧密联系，也就是说它在很大程度上会受到工作环境、工作条件以及岗位特征的影响。在某一工作岗位上非常重要的知识技能，在另外一个工作岗位上则可能会成为制约其发展的阻碍因素。

（2）胜任力是个体的潜在特征

胜任力是潜在的、持久的个人特征，“潜在特征”指胜任力是一个人个性中深层和持久的部分，显示了行为和思维方式，能够预测多种情境或工作中的行为。根据这种观点，胜任特征可以分为五个种类或层次，依次为动机（个体想要的东西）、特质（个体的生理特征和对情境或信息的一致的反应）、自我概念（个体的态度、价值观或自我形象）、知识（个体所拥有的特定领域的信息、发现信息的能力、是否能用知识指导自己的行为）和技能（完成特定生理或心理任务的能力）。其中，知识和技能是胜任特征中可以看见的、相对较为表层的个人特征，而自我概念、特质和动机等胜任特征则是个性较为隐蔽、深层和中心的部分。因此，所有的个体特征，不管是生理的还是心理的，也不管是潜在的还是外显的，只要能将绩效优异者和绩效一般者区分开，应该都可以界定为胜任特征。

（3）胜任特征是个体的行为

目前，在操作定义上，大部分的人力资源实践者认为胜任特征是"保证一个人胜任工作的、外显行为的维度"，比如"努力取得结果""深刻理解"和"对他人的观点敏感"等。维度是指一类行为，这些行为是具体的、可以观察到的、能证实的，并能可靠地和合乎逻辑地归为一类，比如"敏感""主动""分析"等。显然，在这里，维度是指用来完成工作任务的行为，胜任特征是维度的替代物或同义词。从行为上界定胜任特征，提供了一个将胜任特征与特质和动机分开的机会，可以将胜任特征（行为）看作是特定情境下对知识、技能、态度、动机等的具体运用，有利于人们对胜任特征准确理解和统一认识。

**（三）胜任力理论的发展**

从20世纪70年代至今，国内外学者仍未对胜任特征的定义形成一致意见。许多国外学者都曾针对胜任特征给出不同定义，综合起来可以大致分为以下三大派系。

1. 教育学派系

现代胜任特征定义的发展起源于教育学科，该学派定义胜任特征是基于职位功能的分析，以职位绩效、知识、技术和态度来阐述并用相关标准来评价。

2. 心理学派系

该学派提出的胜任特征定义是，胜任特征是与出众的工作绩效因果相关的一系列知识、动机、社会角色、自我形象和技能的集合。

3. 商业应用派系

胜任特征定义在 80 年代后期开始出现在商业策略的运用中，该学派提出“核心竞争力”和“核心能力”并定义胜任特征为团体共同知识，此后该定义被许多学者引用。

一些最近的研究对胜任力进行了新的定义：如斯普曼（Shippmann）把胜任力定义为在一项任务或一个活动中“成功”的表现以及在某知识或技能领域内拥有的“充分”的知识；艾尼斯（Ennis）把胜任力定义为：利用知识、技能、能力、行为和个人特质成功地完成工作任务、发挥特定作用或担当被赋予的角色或职位的本领；卡彭（Koeppen）等把胜任力定义为在特定情境下，特定的领域内，应付某种状况或完成某项任务，拥有的或需要拥有的认知性的倾向。这些新的定义反映了学者对胜任力研究的深入和拓展。

还有一些学者对胜任力内涵进行了研究。例如，卡彭等认为胜任力最基本的元素为特定情境，与智力相比较，胜任力反映的是为满足在特定领域学习和行为的认知需求的个人潜质。所以，胜任力与“真实生活”更加息息相关。而卡拉狄（Crady）等则将胜任力概括地分为员工个体胜任力和组织胜任力。员工个体胜任力是个体拥有的、包括知识、技能、经验和个体个性等。而组织胜任力是属于组织的，根植于流程和结构中，即使个体离开，组织依然可以拥有它。由于组织胜任力根植于个体员工胜任力，所以员工胜任力模型是组织的竞争力的要素，识别员工胜任力对组织获得竞争优势尤为重要。这些学者探讨了各种确定员工胜任力的架构，除了在组织静态环境下的传统构架外，他们还创建了动态组织环境中的两个交互的框架。他们认为一旦个体员工层面的胜任力被识别出来，即可实施基于胜任力的人力资源系统，以确保员工可以实际获得这些被识别出来的胜任力。

桑德伯格对胜任力加以深入研究，对胜任力的含义提出了新的理解，并提出了新的研究方法。他发现并不是工作中的技能和知识构成了胜任力，而是工作中的人对工作的概念和意义的理解，构成了胜任力。图图（Tutu）等的研究发现，当前胜任力水平、符合标准工作要求的胜任力水平和胜任力适配指数与工作绩效有很好的相关关系，但胜任力适配指数却没有任何预测力，所以，胜任力与绩效不是线性相关关系。这个发现表明，即使员工在技能和知识上符合工作的要求，这并不能保证他会成为未来的高绩效者。艾兰卢（Ilanlou）以伊朗教师为研究对象发现教师的职业胜任力与他们对定性评估的认识之间存在非常有意义的关联关系，教师越是具有一般性的和特定性的胜任力，他们就越会使用定性评估工具从而越容易达成既定目标，也就是说，具有职业胜任力的教师能够保障学生的学术成就、师生关系融洽、提高学生的学习效率和促进学生的精神健康。

当前国内外对胜任力的研究，更加重视对胜任力与绩效关系的研究，利用完整的绩效数据与胜任力数据进行相关和回归分析，从而更加精确地确定组织中某个岗位的胜任力要素。此外，个体胜任力虽然可以预测绩效，但往往会受到环境变量或其他非胜任力变量的中介作用，从而导致胜任力与绩效的关系更加复杂化。

## 二、胜任力模型构建

### （一）胜任力模型理论

#### 1. 胜任力模型的结构

胜任力模型（Competency Model），是指担任某一特定的任务角色需要具备的胜任特征的总和，它是针对特定职位表现要求组合起来的一组胜任特征。根据胜任力的定义，胜任力模型也应该包括两个部分。一是可见的、外显的特征，比如技能和知识，这些特征容易了解和测量，也容易通过培训来改变和发展，但是不能预测或者决定是否有卓越的表现。二是深层次特征，如社会角色、自我认知、动机等决定了人们的行为和表现。胜任力模型通常会基于某一特定组织、水平、工作或者角色提供一个成功模型，反映了某一既定工作岗位中影响个体成功的因素。胜任力模型既可用于人事选拔，也可用于帮助个体进行对比、分析，发现自己的优势与短板，提高和完善自我，促进个体的职业成长和发展。建立胜任力模型，是人力资源管理与开发理论和实践研究的逻辑起点，是一系列人力资源管理与开发技术的重要基础。建立胜任力模型时，通常都会针对具体工作职位，因组织、职位类别、职位水平不同而不同。

影响力比较大的胜任力的理论模型是冰山模型（Iceberg competency model）和洋葱模型，见图 1 －1。

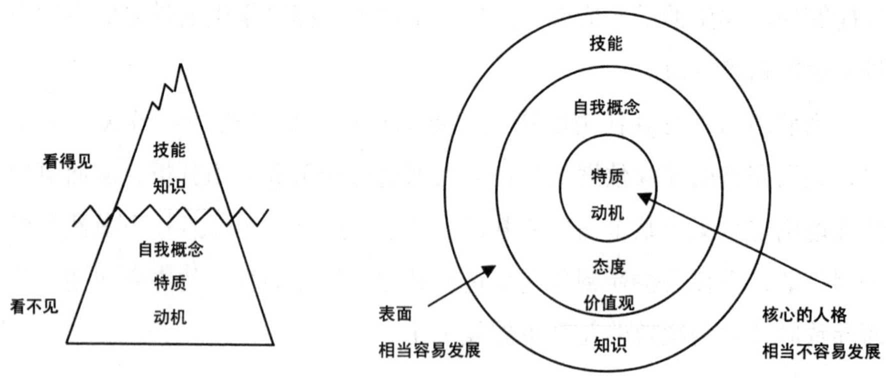


**图 1 －1　胜任力理论模型**

资料来源：转引自徐建平（2004），Spencer, L. M. &Spencer, S. M.（1993）Competence at Work: Models for Superior Performance. NewYork: Wiley。

冰山模型由斯宾塞在 1993 年提出的，他认为有五种类型的胜任力：

动机、特质、自我概念特征、知识、技能。知识和技能好像处于水面以上看得见的冰山，最容易改变，动机和特质潜藏于水面以下，不易触及，也最难改变或发展。

洋葱模型是由美国学者博雅特提出的，此模型由内至外说明了素质的各个构成要素逐渐可被观察、衡量的特点。洋葱模型形象地把胜任力由内到外概括为层层包裹的结构，最核心的是动机，然后向外依次展开为个性、自我形象与价值观、社会角色、态度、知识、技能。越处在外层，越易于培养和评价，越处于内层，则越难以评价和习得。这两种模型本质都强调核心素质或基本素质的重要性。

以往传统的招聘和选拔比较重视应聘者的知识和技能，但是研究证明表层的知识和技能很难区分优劣且相对易于培养和改进，而核心的动机和个性等处于胜任特征的深层，难以培养，但是它对个体未来工作上的成就预测力更强，所以它是最有测评价值的。从投资回报的角度出发，组织应当选拔具有核心的动机和个性等特征的胜任者，教给他们特定岗位所需要的知识和技能。在复杂和高层的岗位中，深层次的胜任特征在预测优秀绩效方面比技能、知识要重要得多，在这些岗位上，几乎人人都有较高的智商水平，所以更多依靠动机和个性等胜任特征取得成功。对这类岗位按照胜任特征的规律进行测评和选拔人才，可以获得最高的投资回报率。

2. 胜任力模型的构成要素

由于人们对胜任力的界定不同，构成胜任力模型的要素不同，得到的胜任特征模型的差别较大。比如，“胜任特征模型描述了有效地完成特定组织的工作所需要的知识、技能和特征的独特结合”，“胜任特征模型是一组相关的知识、态度和技能，它们影响一个人工作的主要部分、与工作绩效相关、能够用可靠标准测量和能够通过培训和开发而改善”，“胜任特征模型描绘了能够鉴别绩效优异者与绩效一般者的动机、特质、技能和能力，以及特定工作岗位或层级所要求的一组行为特征”，等等。在实践中，建立胜任特征模型时，通常都是针对具体工作职位，会因组织、因职位类别、因职位水平不同而不同，受情境限制较大，不适合推广使用。所以，应该建立一般（或通用）胜任特征模型。

在教育领域内，构建胜任力模型通常会针对某一特定人群。国内外均有研究者针对特定群体提出了教师的胜任力模型，本书后文将对国内外教师胜任力模型研究进行总结和评述。

### （二）胜任力模型的构建

#### 1. 胜任力模型构建的原则

构建胜任力模型是胜任力模型在人事选拔与培训中应用的前提和基础，胜任力模型的构建一般要遵循如下原则。

（1）基于需求

组织是否需要构建和应用胜任力模型要根据组织的实际情况，不能为追求时髦而一拥而上，浪费巨大的人力、财力等宝贵资源，却未能实现其效果。根据目前的研究和应用实践来看，技术型和创新型的单位以及单位内部技术含量高的部门更适合这一管理模式，而劳动密集型组织则不宜引用这种管理模式。即使在同一个单位内部也不是所有部门、所有员工都适合应用胜任力模型。在构建胜任力模型的时候必须深入了解并掌握员工的实际情况，构建能够促进本组织和个人共同发展的胜任力模型，而不能脱离实际情况直接使用已经存在的胜任力模型。这是因为，每个组织的发展战略、组织文化和业务模式都存在差异，对于成员胜任力要求也会有所不同，因而胜任力的行为表现、级别定义等也会不同。此外，在构建胜任力模型的时候必须考虑组织的发展愿景和战略需要，模型构建要密切联系组织战略，为组织战略服务，胜任力模型不仅要反映组织当前对员工的胜任力要求，更要反映长远对员工胜任力的要求。胜任力模型要将组织需要和员工生涯规划紧密结合起来，才能真正实现其应用价值。

（2）及时更新

构建胜任力模型不是一劳永逸的事情，需要根据实际情况进行及时更新。由于胜任力建模技术和资源的有限性，已构建的胜任力模型在当时可能是最优的，但是随着时间的推移可能会变得不是最优的，需要完善和修改。而且，组织为适应社会经济发展、技术更新换代、市场环境和需求的不断变化，组织战略和业务内容都会发生一定的变化，胜任力模型必然也需要进行及时的更新。

2. 胜任力模型构建的方法

胜任力模型的构建思路和方法有三种：第一种是确定与组织核心观点和价值观相一致的胜任力，采用职业分析方法，基于某职业必需的职责和任务，产生一个广泛的胜任特征清单；第二种是使用关键事件访谈法，选择那些高绩效的岗位角色，从中抽取其特征；第三种是根据行业关键成功因素开发胜任特征模型，这种方法的关键是要识别并获取行业关键成功因素。其中以第二种用得最多。

建立胜任力模型的具体技术有行为事件访谈法（BEI）、问卷调查法、工作分析法和专家小组法等。目前公认最有效的方法是行为事件访谈法，除此以外，问卷调查也较为常用。

（1）行为事件访谈法

这种技术是要求被访谈者列出他们在工作中发生的成功和不成功的各三件关键事件，并且让被访者详细描述整件事情的起因、过程、结果、时间、相关人物、涉及的范围以及影响层面。同时，也要求被访者描述自己当时的想法或感想、想要在某种情况下完成什么任务，例如是什么原因使被访者产生类似的想法以及被访者是如何去达到自己的目标的等。在行为事件访谈结束时最好让被访谈者自己总结一下事件成功或

不成功的原因，这可以让访谈者“刺探”受访者的个性与认知风格，评估其某些能力，包括成就动机或思考与解决问题的逻辑方法。然后，对访谈内容进行分析，以确定访谈者所表现出来的胜任特征。通过对比优秀者和一般者的胜任特征差异，确定该角色的胜任特征。

行为事件访谈通常的步骤：

①明确建模目的

建立的胜任力模型要源于组织的战略，并且是能够支撑有效实施的核心素质，具有明确的目的。

②成立专家小组

专家小组要由管理者和受过专门训练的研究者组成。专家小组要确定岗位的任务、责任和绩效标准，为行为事件访谈提供基础，此外要根据绩效标准确定访谈的对象，并根据访谈的结果进行编码和归类，提取关键胜任力。

③确定鉴别标准

即确定能够将优秀工作者区分出来的指标，这些指标的确定要从上级、同级、下属各方面的需求出发。

④选取访谈样本

依据上一环节所确定的指标，以及考核的结果，甄选要访谈的对象。

⑤进行行为事件访谈

根据结构化的问卷对选定的样本进行访谈，在取得对方允许的情况下，对访谈过程进行录音，以备后续研究使用。

⑥资料整理与编码

将录音进行转录，运用主题分析法根据内容进行编码和归类，计算频次，提取导致关键行为和结果的具有区分性的素质特征，并对其进行不同层级的划分，形成胜任力的初期模型。

⑦胜任力模型的验证

在构建胜任力模型后，应通过问卷调查、情境模拟等各种方法，对提取的胜任力维度进行再次检验，以保证构建的胜任力模型确实能够将工作优秀者和一般者区分开来。

在行为事件访谈中，常用的原则是STAR（如图1－2）。

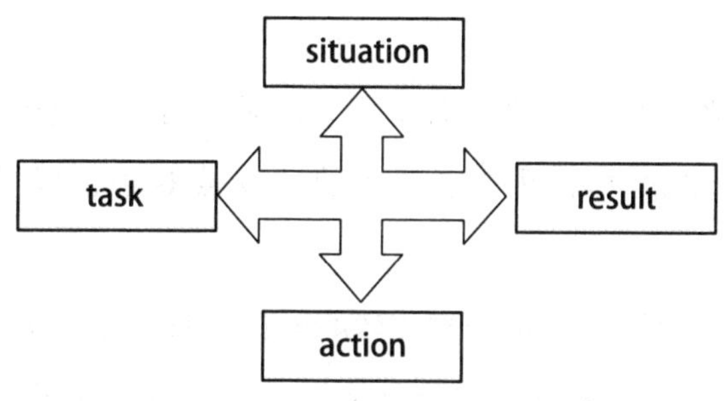


**图1－2 STAR原则**

S（situation）——情境，事件发生时的情境、背景是怎么样的。

T（task）——任务，当时面临的主要任务是什么，有哪些困难。

A（action）——行动，当时采取了哪些措施，自己对事件结果的贡献是什么。

R（result）——结果，最后的结果如何，产生了什么影响。

使用STAR技术的关键点：

①从正向事件开始。

②把整个故事的事件排序理清楚，遵循事件本身的顺序。

③探究相关的事件、地点和心情，通常有助于被访谈人回忆当时情节。

④强化被访谈者多说有用的素材，通过不断强化，引导被访谈人学会如何描述此类事件。

⑤访谈须紧扣主题，思路清晰，偏离主题时要及时引导纠正。

⑥模糊的地方要及时澄清，不要过多重复被访者的话。

⑦了解访谈过程，考虑到被访谈人可能会被引发情绪反应，在被访者出现情绪化时暂停发问。

⑧一次只描述一种情况，探究其行为模式，探究实例中问题的解决模式和策略规划的思考程序。

⑨访谈者在访谈过程中要适当提出一些问题，以不断确证对被访者素质的判断。

如果被访者在几个事件中都涉及了相同或相似的经历与问题，访谈者应该特别关注此种经历中被访者的感受或观点，以及待人接物的方式。

行为事件访谈法虽然是一种比较有效的胜任力建模方法，但是行为事件访谈本身是一种专业性的访谈方法，对访谈者的素质有较高的要求，没有经过专业训练的访谈者无法胜任此类工作。另外，采用行为事件访谈的方法构建胜任力模型，需要对收集的质性材料进行深加工、编码和提取等，需要耗费大量的时间、人力、物力和财力。

（2）问卷调查法

问卷调查法是通过分析文献、结合访谈内容编制调查问卷，对足够大的样本进行调查，再回收问卷进行数据分析和确切解释的方法。其优点是便利快速、适用面广、应用广泛；缺点是编制问卷需要专业的测量和统计知识、经验，一般人比较难以编制出具有较高信度和效度的问卷。问卷按施测对象分，包括他评式问卷和自评式问卷。他评式问卷是由别人来评价研究对象，测的是别人对研究对象的看法；自评式问卷是研究对象自己回答问卷上的问题，测的是研究对象自己的行为能力。问卷调查法以简单的形式在短时间内收集到大量的信息，大大提高了研究的效率，而且可以很好地进行定量分析，因此越来越多的研究者采用这种方法进行建模，但采用这种方法不利于一些额外信息的获得，缺乏与研究对象的直接互动，因而常常会失去一些细节性的信息资料。

(3) 德尔菲法

德尔菲法又称专家意见法，德尔菲法依据系统的程序，采用匿名发表意见的方式——专家之间不得互相讨论，不发生横向联系，只能与调查人员发生关系——收集专家对相关问题的评论意见。通过多轮次调查专家对问卷所提问题的看法，并经过反复征询、归纳、修改，最后汇总成专家基本一致的看法，作为预测的结果。专家评定法让有经验的专家对某项职位进行胜任特征评定，实践性较强，并且能在较短时间内获得更多的信息，但由于专家本身的主观倾向性可能会导致信度、效度水平不高。同时采用该种方法还存在着过程比较复杂、花费时间较长等缺点。

(4) 内容分析法

内容分析法是一种以研究人类传播的信息内容为主的社会科学研究方法，其实质是对传播内容所含信息量及其变化的分析，即由表征的有意义的词句推断出准确意义的过程。1952 年，美国传播学家伯纳德·贝雷尔森（Bernard Berelson）将内容分析法定义为“一种对具有明确特性的传播内容进行的客观、系统和定量的描述的研究技术。”内容分析法将非定量的文献材料转化为定量的数据，并依据这些数据对文献内容做出定量分析和做出关于事实的判断和推论，有助于研究者了解事物的现状、特点、发展趋势等。用内容分析法构建教师胜任力模型是指通过对国内外已有的教师胜任力的相关文献做出定量分析，在此基础上构建有效的胜任力模型。有关在职教师胜任力模型国内外已有相当多的研究，这为分析以往文献构建胜任力模型打下了坚实的基础。因此，本书采用内容分析法来构建社招教师的胜任力模型。

(5) 360°访谈

在进行胜任力模型构建时所采用的行为事件访谈法，一般是对被研究者本人进行关于其履职情况的深度访谈，极少甚至没有对其周围或是

与其有直接工作关系的人进行访谈，访谈对象单一，不利于从多角度获得信息。为了解决这个问题，需要进行360°访谈。360°访谈法来源于组织人力资源管理的360°绩效评估法。该方法分别从研究对象本人、上级、下属、同行、服务对象等角度，全方位地对研究对象进行了解，可以防止所得数据的片面性，提高科学性、可靠性。采用360°访谈法可以更全面地了解被测评者的履职情况，上级、下属、服务对象等多方面对被测评者履职情况进行访谈，以求更真实地反映应有的胜任力。

（6）工作分析法

工作分析法是通过访谈、观察或使用职业分析问卷来描述工作，进而归纳出相关任务和个体在工作中展示出的知识、技能和特征。这种方法的优点是可以系统化梳理相关的工作信息；缺点是操作烦琐，费时费力。

（7）专家小组法

专家小组法就是邀请一群专家，通过头脑风暴，决定哪些是完成工作任务的最低要求与杰出表现者的特点。这些专家可以是研究对象的直属主管、该工作的超级能手、外部专家或了解该工作的人力资源专家。其优点是集中专家智慧，可以短时间内收集资料；缺点是专家的经验限制会导致一定的偏差，专家的数量有限且有时难以集中。

每一种方法都有自己的优点和局限，对于研究者来说，应该根据研究的需要和实际条件，运用一种或综合运用多种方法来为自己的研究服务。总体看来，在当前胜任力模型构建的研究和实践中，行为事件访谈法应用最为广泛，同时辅以问卷调查。本书对中小学教师胜任力模型的构建亦用到这些方法。

在构建胜任力模型的过程中非常重要的一步就是为保证模型的准确性，必须对其进行检验。胜任力模型的检验方法一般有以下三种。

①重新选取优秀业绩组与普通业绩组两组样本作为第二准则样本进

行行为事件访谈，分析模型中所包含的胜任力要素能否区分优秀组和普通组。

②编制量表，选取较大规模的样本进行测试，对量表进行因素分析，考查量表的结构是否与原有模型吻合。

③采用评价中心的方法，对作为第二准则样本的优秀业绩组和普通业绩组进行评价，考查两组是否在这些胜任力要素上有明显差别。此外，还可以采取行业专家评价的方法来进行模型的检验。其中，较多使用的是编制量表的检验方法。本书中对模型的检验使用了多重方法，既有通过回访进行的普通组与优秀组的调查，也有问卷调查和专家评价。

### （三）胜任力模型的应用

#### 1. 在人力资源管理方面的应用

胜任力模型在人力资源管理方面有广泛的应用。在人力资源的规划、招募与选拔、培训与开发、绩效管理、薪酬管理、员工生涯发展等方面，胜任力模型均可以发挥超过传统方法的作用。

人力资源规划是对组织人员的流入流出及其内部流动进行预测并做出准备的过程。通过科学预测组织在未来环境变化中人力资源的供给与需求状况，制定必要的人力资源获取、利用，保持和开发策略，从而确保组织对人力资源在数量上和质量上的需求，能够使组织和个人获得长远利益。传统的人力资源规划往往基于人数的定量方法，关注的是人们的学位、证书、学分、职务名称和职责方面，却没有把注意力直接放在人们所追求的结果上，从而导致无法对劳动力作出准确预测等的影响，其作用越来越受到挑战。而基于胜任力的人力资源规划因其显著的优势日益受到组织的青睐和认可。胜任特征是人员绩效最重要的基本要求，组织的决策者可以根据胜任特征选拔和招募组织所需要的人才，而基于胜任力的方法也促进了人力资源规划的规范化和专业化。

胜任力模型的重要用途之一就是为组织招募和选拔合格成员。通常是先招募，然后再选拔，传统的员工招募和选拔一般重视被考查人员的知识、技能，即冰山上部的一小部分外显特征，而基于胜任力的员工招募和选拔更加重视对员工的核心特征的考查，即重视态度、价值观、自我概念以及动机等方面的考查，这有利于选准选对所需人才，也减少人员的培训开支，尤其是对要求较为复杂的岗位而言，利用基于胜任力的招募和选拔更具有重要意义。

此外，胜任力模型在培训开发、绩效管理和薪酬管理方面也有着积极的应用价值。总之，基于胜任力模型的人力资源管理以更有效率的方式使用组织的有限资源，为员工的职业发展和生活提供有价值的信息，让他们有机会提出满足自己各种需要的计划，从而为组织提供有力的人力资源保障。

2. 在中小学教师招聘中的应用

教师胜任力模型构建通过收集和分析数据，把从事某个职位的优秀教师所需要的一组深层素质提炼出来，并按照重要性进行排序，从而建立某岗位的教师胜任力模型。教师胜任力模型的重要应用是教师甄选。甄选是教师招聘过程中最关键也是最复杂的环节，甄选环节的成败决定了整个招聘工作的成败。传统的教师选拔一般侧重考查应聘教师的知识、技能等外显特征，这些处于胜任特征结构表层的知识和技能，相对易于观察、改进，也比较容易通过训练得到提高，而在胜任力结构中具有核心作用的动机、人格特质、态度、价值观等，都是一些比较稳定的内隐特征，难于被评估和改进。如果挑选的教师不具备该职位所需要的胜任特征，又不能通过简单的培训加以改变，这对于学校来说是重大的失误和损失。可见，胜任特征是最具选拔经济价值的。

根据胜任模型选拔合适的教师时，最常采用的方法是基于胜任特征的行为面试。这种面试技术是在被面试者过去的经历中探测与职位所要求的胜任特征有关的行为样本，在胜任特征的层次上对面试者作出评价。行为面试可以了解应聘者过去的工作经历，判断预测他未来在本组织中可能采取的行为模式，通过了解他对特定情境所采取的行为模式，并将其行为模式与空缺职位所期望的行为模式进行比较分析，来确定应聘者是否适合该职位。这种方法要求根据不同层次职位要求的胜任特征，有针对性地开发结构性的面试题库，设置有效的问题和判断要点，以帮助面试官决定某一面试者是否具备所需的胜任特征，或者是否具备潜能去开发这些胜任特征。在面试过程中通过考查应聘者是否具备职位胜任特征模型所要求的关键行为，可以提高招聘的成功率，从而达到人岗匹配的目的。使用经过验证的胜任力模型，采用被证明与良好绩效相关且能预测工作成功的具体行为标准为基础，比起传统的依据某个面试官的主观印象与标准来进行招聘，提高了聘用决策的客观性与有效性。

胜任力模型还可以用于对招聘工作进行评估。评估包括两大部分：对招聘结果成效的评估和招聘办法的评估。其中招聘结果成效的评估可以通过招聘成本效益评估、录用教师质量评估和录用教师质量评估的结果量化来评定，即学校通过跟踪经过胜任力评估方法选择的教师，以确信这一方法的信度、效度及回报率。在此基础上，进行数据收集、整理，通过计算机来分析职位的胜任力要求、教师的胜任特征及人职匹配的数据、岗位和教师的数据库和匹配系统，设计基于教师胜任力的人力资源信息系统。许多学校为了谋求长远发展，竞相引进和聘用高层次、高素质人才。聘用人才的前提是甄别哪些是学校真正需要的人才，然而，要正确、全面、科学地了解一个人才的“全部性能”并非易事。我国许多学校在教师招聘中，往往存在重视学历而忽视能力，重视智力因素而忽视非智力因素，重视已有业绩而忽视发展潜能的倾向，主要根据应聘者的学历、职称、专业、毕业院校等来推断其素质情况，几乎普遍遵循着“看简历—面试—试用—录用（或辞退）”的老套路。这样的做法，往往是隔靴搔痒，无法触及到应聘教师的内在素质，招聘之后发现聘用人员不宜做教师的情况时有发生。聘用不当不仅为优化教师队伍增加了新的困难，而且也无形地增加了学校的招聘成本。

当前，在实际的中小学教师招聘过程中缺乏相关理论的指导，往往仅靠过去的经验办事。招聘工作对提高中小学教师队伍素质，提高教学质量起着关键作用，缺乏理论指导的招聘工作难免显得比较盲目和随意，而且失败的概率也比较大，对学校造成的损失也较大。许多中小学多采用的是校长负责制，校长具有一定的权威。这种权威体现在招聘中就是校长具有一票否决权，招聘权过于集中，容易导致因个人好恶影响招聘的客观性、公平性，甚至容易产生任人唯亲等不公正现象，从而阻碍学校的发展。因此，采用科学的方法构建不同教师群体的胜任力模型并根据模型进行测评和招聘选拔，有助于提高教师招聘工作的规范性、科学性和准确性。

总而言之，胜任力理论将岗位分析工作与人才测评工作紧紧结合起来，在测评的时候就有了设计测评方案所需的测评要素，使得测评有了一个规范的评价标准体系，避免了测评时无的放矢或者缺乏针对性的问题。胜任力模型给每个组织提供一种“通用语言”，人力资源管理者可以通过这种“语言”讨论管理者的招聘与选拔，在测评中有了共同的标准和共同的语言。胜任力模型在人才测评中的运用为人事工作提供了量化的指标，依据胜任特征模型，根据个体具有的胜任力与岗位要求的差异大小，为人岗匹配提供了量化的、显性的指标，从而能够更大程度地实现人职匹配，服务于组织或者组织的发展。

随着人力资源相关理论的发展，胜任力在实践中得到越来越多的应用，其应用的基础和前提是胜任力模型。

## 三、国内外教师胜任力研究现状

### （一）国外教师胜任力研究现状

国外教师胜任力研究始于20世纪70年代后期，发展于80年代，于90年代达到完善。国外的教师胜任力研究有两种理论趋向，一种是教师从业资格取向，另一种是教师专长构成取向。教师从业资格取向主要关注教师从业资格问题，教师专长取向则主要强调专家与新手的教学专长在教师教学能力上的区别，这一取向主要是心理学研究学者的观点，以美国心理学家斯滕伯格提出的专家型教师教学专长原型观为代表，他指出专家教师有三个共同特点：专家水平的知识、高效、创造性和洞察力。

国外关于教师胜任力的观点因基于不同的教育心理学理论而有所不同。前期教育领域占主流的教育心理学理论是教育产品取向，即将学校、教师和学生分别比喻为工厂、加工人员和产品，教师的主要职责是向学生传授知识，教师是知识传递者；后期随着人本主义、建构主义教育观的逐渐深入人心，学生在教学中的主体地位逐渐被认同，以学生为中心，教师是教练，学习是学生的主动构建，在这种教育心理学理论下的教师胜任力也发生了变化。

早期的教师胜任力观点以美国的研究为代表。1967年，美国联邦教育署研究局开始大力倡导“能力本位教师教育”。这种教师教育模式强调培养未来教师“能做什么”“应做什么”及“应具备什么样的能力”。休斯顿（Huston）（1985）曾经对这种基于能力的培训与教育项目设计过程作了具体描述，通过任务分析、征集教育委员会、在校学生、教师们的意见，让教员们列出了16项胜任特征的陈述，并用于帮助设计能力本位教师教育项目。赫麦博（Hay McBer）（2000）在一份题

为"高绩效教师模型"报告中指出，高绩效教师的五种胜任特征群是专业化、领导、思维、计划/设定期望以及与他人的关系，其中专业化维度包含尊重他人、提供挑战和支持、自信、培养信任；领导维度包含变通性、使人们对自己的行为负责、管理学生、（激发学生）学习的热情；思维维度包含分析性思维和概念性思维；计划和设定期望包括提高的驱力、搜寻信息、主动性；与他人关系维度包括影响力、团队精神、理解他人。比斯科夫和葛柔波（Bisschoff & Grober）等人提出了二因素模型，即教育胜任力和协作胜任力，包含学习环境、教师专业承诺、学科、教师教育的基础、教师反思、教师合作能力、有效性和领导风格八种胜任力。

英国政府从20世纪80年代起开始逐渐重视胜任力方面的研究，并提出通过教师绩效管理来提高学校教育质量的管理思路。与美国学者不同，英国学者关于教师及教育管理者胜任力的研究是以一般工作成就做为参照标准，把教师或者教育管理者的工作绩效分为优秀、一般和不合格，他们主张达到一般工作表现就应当算胜任，不需以优秀为胜任的起点。也就是说，英国关于教师胜任力的研究主要关注教师专业标准（基准性的胜任力）。如2000年10月，苏格兰教育部颁布了《苏格兰职前教师教育标准》，其中包括专业知识和对专业的理解、专业技能、专业价值和个人义务三个一级指标，下面分述课程、教育系统和专业职责、原理观点、教与学、班级组织与管理、学生评价、专业反思与交流7个二级指标、22个三级指标、82个预期特征（Expected features）和10个可迁移技能。2002年，英国教育与技能部（DFES）颁布了《英国合格教师专业标准与教师职前培训要求》，对"合格教师资格标准"进行了重新修订，从"专业价值观和实践""知识和理解""教学"三方面对英国新时期的教师应具备的素质提出了细致的要求，尤其强调了师范生的教育教学实践能力，从而更好地提升了教师专业标准。

后期国外关于教师胜任力的研究较有影响力的有以下三种。

①法国学者奥瑟等人于1994－1999年间提出的，他认为教师的胜任特征分为三类，第一类是“知道为什么（know why）”，主要包括个体的职业动机、价值观和信念、对所在组织的认同、依附于组织的个人价值等；第二类是“知道怎么做（know how）”，主要包括技能、能力、规范、内容知识等；第三类是“知道为谁服务（know whom）”，主要包括个体的工作人际网，与主管、同事、下属及行业内人士建立的关系网。但是该模型并没有对教师的职业发展和知识变革的适应进行关注。

②OECD在10个国家内进行了关于教师最重要品质的调查研究，提出高品质教师所具备的关键特征包括职业承诺、对学生的爱、掌握学科教学法、多种教学模式、与同事合作和反思。职业承诺是教师其他品质的基础，爱学生的好教师会对学生给予更多的同情、尊重、爱护，表现出超常的耐心、坚持和幽默感。教学法是区分高绩效教师和其他教师的主要方面，包括本学科特有的教学法和其他的教学方法。团队合作能够让教师不断学习进步，获得支持；高绩效的教师是反省的实践者，不断从历史中提取经验。

③戴尼克的教师胜任特征模型，包括五个维度：作为教师的人、内容知识专家、学习进程控制者、组织者、终身学习者。“作为教师的人”关注优秀教师的人格特征；“内容知识专家”运用以学生为中心的教学策略，关注教师用他们的内容知识激励学生学习，评价学生，创造对学生来说不知道的知识；“学习进程控制者”包含三个子范畴，即教育设计师、咨询师和评价者，“教育设计师”关注教师设计新颖的教学材料，“教育咨询师”关注教师为学生提供建议、反馈等咨询信息，“教育评价者”关注对学生的评价，同时也包含对其同事的评价；“组织者”关注教师如何与同事合作和参与组织工作（包括课堂管理）；“终身学习者”关注教师的职业发展和科研技能。

国外的教师胜任力研究起步早，对国内研究产生的影响较大，但是国情不同、时代不同，对教师胜任力的要求也会不同，国外教师胜任力研究的结果不能直接照搬应用于国内，必须根据我国当前的时代要求来研究教师胜任力。

### （二）国内教师胜任力研究现状

当前国内对教师胜任力的研究主要集中在以下四个方面：一是针对某个教师群体构建相应的胜任力模型；二是依据一定的胜任力模型进行特定群体胜任力状况的调查；三是对影响胜任力因素的研究；四是胜任力模型在招聘、培训、绩效管理等方面的应用研究。其中，第一方面即针对某个群体构建胜任力模型的研究数量最多，但是这些研究大多止步于构建完模型，对模型的验证和应用较为欠缺。

1. 特定教师群体胜任力模型的构建

由于不同的教师群体面临的教学任务以及绩效表现不同，所以不同群体教师的胜任力是有差异的，也是各具特色的。国内研究者在构建胜任力模型的时候，往往会选择某一个具体、特定的教师群体来构建模型。教学对象有高校教师、高职院校、初中、高中、小学、幼儿园等，其中针对高校教师的胜任力模型最多；按照任教学科的不同，有针对语文、体育、心理健康教育、化学、特殊教育、临床护理等学科的教师构建的胜任力模型研究；也有针对熟手型教师、农村教师构建的胜任力模型。

以“教师胜任力”为主题在中国知网进行检索，共检索到 1996 – 2015 年的文献 635 条，将其中有关中小学教师的文献进行汇总，共 41 条文献是关于构建中小学教师模型的，其中较有代表性的是李英武构建的中小学教师胜任力模型，包括四个维度：情感道德特征、教学胜任力、动机与调节、管理胜任力。表 1 – 2 对这些文献进行了汇总。

表 1－2 国内中小学教师胜任力研究汇总

| 作者 | 年份 | 研究对象 | 样本量 | 胜任特征 |
| --- | --- | --- | --- | --- |
| 马红宇 | 2012 | 中小学教师 | 824 | 教学技能、个人修养、个性特质、职业态度、学生观念、专业知识 |
| 王英敖红等 | 2007 | 班主任 | 500 | 育人能力、心理辅导能力、职业道德、情感、知识结构、成就动机、人际交往、自我监控能力、教学能力 |
| 王燕 | 2011 | 高中班主任 | 12 | 教育能力、管理能力、人格特质、成就动机 |
| 梁慧勤 | 2010 | 小学班主任 | 750 | 专业素养、自我监控、人际交往、成就动机、创新思维 |
| 汪小凤 | 2014 | 高中班主任 | 322 | 专业素养、沟通技能、服务导向、协作意识、岗位卷入 |
| 韩曼茹杨继平 | 2006 | 中学班主任 | 360 | 知识结构、教学能力、育人能力、心理辅导能力、班级管理技能、教育观念、职业道德、情感、自我监控能力、人际交往、成就动机、工作质量意识 |
| 王强 | 2012 | K－12 | 398 | 学科体系的熟练掌握度、专业承诺与组织融入度、学生心理的理解与引导力、专业实践反思与研究力、多种教学环境营造与调控力、多种评价手段的灵活掌握度、教育技术与教学的整合度、课程深度开发与实施度、学科融为学生实践理解的促进力 |
| 彭建国等 | 2012 | 优秀小学教师 | 120 | 乐群性、聪慧性、稳定性、有恒性、自律性（胜任力人格特征） |
| 徐建平等 | 2011 | 优秀中小学教师 | 15 | 在相似的典型教育情境下，优秀教师表现出来的胜任行为模式具有一致性 |

续表

| 作者 | 年份 | 研究对象 | 样本量 | 胜任特征 |
|---|---|---|---|---|
| 秦旭芳等 | 2008 | 幼儿教师 | 372 | 专业能力、知识经验、基础能力、师德与健康 |
| 王沛等 | 2008 | 中小学教师 | 300 | 业务知识、认知能力、教学监控能力、职业动机、职业发展、沟通合作、学生观、个人修养、个性特质 |
| 常欣等 | 2009 | 中小学教师 | 240 | 导向胜任特征：认知能力、教学监控能力、职业动机、职业管理；关系胜任特征：沟通合作、学生观、个人修养、个性特质 |
| 徐建平等 | 2006 | 中小学教师 | 31 | 服务特征、自我特征、成就特征、认知特征、管理特征、个人特质 |
| 李英武等 | 2005 | 中小学教师 | 1019 | 情感道德特征、教学胜任力、动机与调节、管理胜任力 |
| 罗小兰 | 2010 | 中学教师 | 28 | 关系特征、成就动机、长远规划、外界支持、认知特征、教学智能、人格特征、管理能力、情绪特性 |
| 陈蓓 | 2013 | 思想政治教师 |  | 政治素养、师德特征、理想动机、个性心理品质 |
| 卢三妹 | 2012 | 体育教师 | 1411 | 关爱与沟通、专业素质、个人特质、专业提升、职业偏好 |
| 陈红 | 2007 | 心理健康教育教师 | 314 | 有效的教学与咨询能力、职业人格魅力、研究与指导能力、工作品质、对学生真诚关怀、寻求个人发展的能力 |
| 邢延清 | 2010 | 中学心理健康教育教师 | 14 | 自我发展、自我调节能力、专业素养、积累总结、培训其他老师、洞察力 |

续表

| 作者 | 年份 | 研究对象 | 样本量 | 胜任特征 |
| --- | --- | --- | --- | --- |
| 童成寿 | 2009 | 中小学熟手型英语教师 | 24 | 关系技巧、专业素养、专业偏好、专业提升、积极关注、自我调适 |
| 刘立明 | 2008 | 高中教师 | 114 | 职业道德、人际洞察力、教学艺术、职业技能、心理品质、情绪调控、个人驱动力、教育适应性与爱好、自我发展与完善、专业知识 |
| 张长城 | 2011 | 中学体育教师 | 120 | 科研创新能力、信息收集与学习能力、教学与组织能力、专业知识、个性特征 |
| 李云亮 | 2010 | 小学语文教师 | 563 | 服务意识、成就动机、专业知识、专业技能、关系技巧、个人特质 |
| 代汤勤 | 2009 | 高中班主任 | 419 | 预见性、团体合作、观察力、敏感性、自信、适应力、自我控制、超越自我、奉献精神、协调性、沟通力、耐力 |
| 吕中科 | 2007 | 高中班主任 | 1572 | 班级管理能力，人际沟通能力，情感道德能力、教育教学能力 |
| 成鹏 | 2009 | 小学教师 | 1210 | 责任心、主动性、积极学习、沟通合作、宽容、教学组织管理 |
| 李秋香 | 2005 | 高中化学教师 | 253 | 人际洞察力、教学艺术、合作及自我调控、组织协调、教育理念、自我监控、宏观调控、个人驱力及灵活性、适应性、尊重学生 |
| 胡佳妮 | 2011 | 中学化学教师 | 267 | 智力、管理规划能力、人际交往能力、专业能力和人格特质 |
| 吕建华 | 2011 | 中学教师 | 408 | 个性特征、职业态度、构建师生关系和教学管理 |

续表

| 作者 | 年份 | 研究对象 | 样本量 | 胜任特征 |
| --- | --- | --- | --- | --- |
| 李慧亭 | 2011 | 中学信息技术教师 | 44 | 教学基本素质、实践操作能力、调控能力、获取、利用、开发课程资源的能力、专业素养、组织教学活动的能力、正确实施教学测评的能力、沟通合作的能力 |
| 李莹彤 | 2009 | 中学教师 | 839 | 文化素养、专业知识、职业热情、成就导向、挑战精神、行动力、自律、主动性、发展他人、坚韧性、同理心、结果导向、内省、影响能力、前沿追踪、计划与条理性、概念性思考、建立关系、管理学生 |
| 关旎彦 | 2009 | 中学教师 | 576 | 职业素养、关注学生、教学及管理技能、人际沟通与情绪管理 |
| 潘高峰 | 2008 | 中学体育教师 |  | 属于现状研究 |
| 叶瑾 | 2007 | 中学班主任 | 240 | 育人能力、班级管理能力、教学能力、知识结构、自我监控能力、教育观念、职业道德、成就动机、人际交往、心理辅导能力、情感、工作质量意识 |
| 雷鸣 | 2007 | 中学教师 | 433 | 职业素养、关注学生、教学与管理技能、人际沟通 |
| 姚光勇 | 2011 | 中学心理健康教育教师 | 52 | 理论知识、活动设计、人格特质、专业技能、自我概念、职业道德 |
| 胡娜 | 2010 | 农村教师 | 185 | 个人特质、关注学生、专业素质、职业偏好、建立关系、人际沟通、信息搜集、尊重理解他人 |

续表

| 作者 | 年份 | 研究对象 | 样本量 | 胜任特征 |
| --- | --- | --- | --- | --- |
| 刘晶 | 2008 | 心理健康教育教师 | 104 | 个人效能、帮助与服务、管理技能、认知维度 |
| 何秋菊 | 2011 | 中小学教师 | 367 | 沟通合作、自我意向、教学技能、工作态度 |
| 寇阳 | 2007 | 中小学教师 | 104 | 互动、教学机智、教学态度、学生态度、教学进程控制、教学境界、总体评价 |

从表1－2中可以看到，不同的研究者根据特定对象构建的胜任力模型各有不同，本书根据研究目的针对不同途径招募的教师群体的特点，构建了相应的胜任力模型，并将其应用于实际工作中，通过实践检验胜任力模型的效度。

2．特定教师群体胜任力状况的调查

这种研究一般会依据一定的胜任力模型，使用某一测评工具，对某个特定群体的胜任力现状进行调查，以便了解该群体在胜任力方面的优势与短板，属于胜任力现状调查，相对而言，此类研究数量相对较少。

申琳以鄂尔多斯市某地区101名小学教师为研究对象进行的教师胜任力调查发现，教师胜任力得分较高，胜任力各维度得分由高到低依次为沟通技能、职业价值观、关注学生、个人特质、专业知识，且人口统计学变量均与胜任力得分无显著相关。

胡娜对244名农村中小学教师进行的胜任力调查发现，农村中小学教师的岗位胜任力总体处于基本满意的水平，其中个人特质、关注学生、专业素养、人际沟通、建立关系、尊重理解他人等维度得分较高，信息搜集以及职业偏好方面稍低。

马子媛、李齐等对310名中学班主任进行了胜任力调查，结果表明中学班主任胜任力整体水平处于良好状态，不同职称、年龄及任班主任年限对胜任力各维度有显著影响。

3. 对教师胜任力模型应用的研究

这种研究主要目的在于开发胜任力模型的应用价值。构建一个胜任力模型，只具有理论意义；开拓胜任力模型的应用途径，则是关注其指导实践的价值。当前的研究中，将胜任力模型应用于教师招聘、教师培训与提升、教师绩效管理、人力资源开发等方面的实践探索相对较为集中。比如，王健对高校教师胜任力模型的应用进行了研究，提出了建立基于胜任力模型的评价中心，以对高校教师的胜任力水平进行测查，并以此为基础，为被测评者进行职业发展的讨论，制订具体的发展计划，给教师的职业发展提供指导和帮助。朱海以高校的主要职能为逻辑起点，结合教师胜任力理论，对高校教师的职业素质进行全面的分析和研究，挖掘了高校教师在继续教育中的作用。孟琛对基于教师胜任力的中小学教师招考制度改进提出了创新招考形式、丰富招考内容、加强教师招考监督等建议。卢家婧对胜任力理论在学校管理中的应用进行探讨，指出胜任力理论可以用在学校管理者和教师的任职资格分析与选拔、学校管理者和教师的培训、胜任力诊断、评价和绩效考核，有助于教师的职业发展。陈祥娟、刘晓景等对胜任力模型在图书馆人力资源管理工作中的应用进行了研究，指出胜任力模型有助于有效地进行工作分析，进行人员招聘和培训开发。但是针对中小学教师的不同群体进行细分，并构建相应测评方法进行实践的研究还非常欠缺，总体来说，胜任力模型在中小学教师群体中的应用还非常少。

4. 教师胜任力影响因素的研究

关于教师胜任力影响因素的研究，主要集中于胜任力的前端和后端，即影响胜任力的前端因素、胜任力影响到的后端变量。对胜任力的后端变量研究主要集中于胜任力对绩效的关系研究，马红宇在构建了中小学教师胜任特征模型之后，对胜任力的的绩效预测力进行了研究，结果发现，中小学教师胜任特征模型中的各个胜任特征指标均能够将绩优组和普通组很好的区分开来。另一方面，中小学教师胜任特征模型对其在各个方面的绩效指标具有理想的预测效力，不同的胜任特征群对不同绩效指标的预测力呈现出一定的针对性。具体而言，教学技能和专业知识对中小学教师工作绩效的贡献主要集中于课堂教学领域（如教学效能感、课堂表现和带课成绩），而个人修养、个性特质和师生观念等内容对中小学教师绩效的贡献则主要集中于师生交往领域（如受学生欢迎度）。

吕中科的研究发现，高中班主任胜任力的班级管理能力和人际沟通能力两个维度对自我效能感有显著正向影响，情感道德能力和教育教学能力对自我效能感没有显著影响。在高中班主任胜任力和心理幸福感的关系研究中，结果显示，高中班主任胜任力的班级管理能力和情感道德能力对心理幸福感有显著正向影响，人际沟通能力和教育教学能力对心理幸福感没有显著影响。

商漱莹将成熟度理论与职称系列相结合，把教师分为三个层次：第一层为初入层次，包括一般教师、青年教师、助教讲师等，教学经验较少，职业成熟度较低，主要处于授课积累教学经验的阶段；第二层为中等层次，包括骨干教师、副教授，已具备一定的教学、科研能力，职业成熟度中等，处于教学、科研提升阶段；第三层为高等层次，包括学科带头人、教授、专家等，具备较高的学术水平，工作经验丰富，职业成熟度较高，肩负着教学与科研团队建设、专业建设学术指导的重任。把教师应具备的胜任力素质划分为三类，即三个维度：思想素质、业务素质、业务技能。该研究将教师的成熟度和职业生涯发展因素与胜任力结合起来，试图构建一个动态的教师胜任力模型，比静态的胜任力模型更为合理。

刘福泉等人的研究发现，中小学教师胜任力与教师教学效能感的两个维度之间存在着显著相关，在控制教龄和收入水平的情况下，发现教师胜任力与教师教学效能感两个维度之间存在显著相关，并且各项相关强度都降低，表明教龄、收入水平在教师胜任力和教师教学效能感之间起中介作用；教师胜任力对个人教学效能感、一般教学效能感均有显著预测作用。

吴建烽的研究发现，中学班主任的工作外在满意度与胜任力结构中的教学能力、知识结构、自我监控能力、职业道德、心理辅导能力、情感和工作质量意识存在显著的负相关；其整体的工作满意度与胜任力结构中的教学能力存在显著的负相关。中学班主任工作的外在满意度对其胜任力结构中的教学能力、知识结构、自我监控能力、职业道德、心理辅导能力、情感和工作质量意识存在显著的负向预测作用。

国内自从20世纪80年代起，随着社会对教师专业化程度的要求逐渐提高，针对教师胜任力研究日益增多，研究者从教师特征、教师素质和教师评价等方面对教师胜任力进行了各种探讨，并取得了一定成果。但是已有的研究在研究内容、方法和思路等方面还存在不足，从而使教师胜任力研究始终处于非实质性状态。

总体而言，国内中小学教师胜任力研究存在以下特点：构建胜任力模型的理论研究较多，验证和应用胜任力模型的实践研究较少；静态的胜任力研究较多，动态的思考教师胜任力的研究较少，这导致当前国内中小学教师胜任力研究缺乏动态视角，没有考虑教师职业生涯发展阶段对教师胜任力的不同要求，也造成教师胜任力的研究成果缺乏实践指导的价值。本书将根据教师职业生涯发展阶段和成熟度的不同，结合实践应用的需求，将中小学教师群体进行细分，构建胜任力模型，并依据模型确定测评维度，开展招聘测评，推动胜任力研究的实践应用。

## 第二节　人才测评理论与技术

随着经济全球化的深入和市场竞争的日趋激烈，人才竞争已成为一个国家竞争力的核心。面对人才的激烈竞争，科学地选拔和评价人才，通过人才测评技术提高人才使用效率、减少用人失误，对人力资源的合理配置和使用具有重要意义。

本节将介绍人才测评技术的发展历程以及发展的新趋势，并具体介绍人才测评技术在教育领域中的应用。

### 一、人才测评技术的相关理论

#### （一）人才与人才测评

1. 人才的概念

人力资源（Human Resources，简称 HR）指在一个国家或地区中，处于劳动年龄、未到劳动年龄和超过劳动年龄但具有劳动能力的人口之和。

人才，是指具有一定的专业知识或专门技能，并进行创造性劳动，并对社会作出贡献的人，是人力资源中能力和素质较高的劳动者。人才在德、智、能、绩方面的表现是人才测评的主体内容，具体内容见表 1－3。

表1－3　人才测评的内容

| 人才的测评内容 | 内涵 | 测评要素点 |
|---|---|---|
| 德（Morality） | 受测者的思想道德水平 | 道德、品德、政治思想和立场等 |
| 智（Mentality） | 受测者的心智素质，包括文化素质、个性心理特征 | 认知能力（观察、思维、推理、判断等能力）、气质、性格、个性倾向性（需要、动机、态度、价值观）、自我意识（自我认识、自我控制）、情感等 |
| 能（Ability） | 受测者自身具备的适合招聘岗位的能力 | 专业知识、专业技能、体能等 |
| 绩（Performance） | 受测者在原有工作岗位上的工作实际业绩 | 学习成绩、工作业绩、工作态度等 |

2. 人才测评的概念

（1）人才测评的概念

人才测评，也叫人员测评、人才素质测评，主要是以心理测量为基础，结合组织行为学、管理学、统计学等其他学科的理论与方法，对员工的知识水平、能力标准、个性特征、动机、价值观、工作业绩和发展潜能进行测量和定性的活动。

人才测评包含对人才的测量和评价两个方面的含义。测量是根据某种法则用数字对某一现象或实物进行定量的客观描述，相应的，人才测量则是根据心理学等学科的法则，采用数量化的手段，对人才进行定量化、客观描述的过程。评价是对事物或现象作出价值判断，相应的，人才评价是对人才做出价值判断的过程。

人才评价的前提和基础是人才测量。人才测量为人才评价提供更丰富和精确的信息和资料，使对人才的评价建立在更加客观、准确的基础上，减少主观因素的影响；而对人才准确的定性评价判断又为更进一步的客观测量指明了方向和目标。因此，二者相辅相成，不断往复，构成了有机统一的测评整体，从而获得了对测评对象更加具体、客观、全面而准确的认识和了解。

人才测评不同于一般的评价。评价注重的是终极价值判断的结论，而人才测评既要对被测对象进行价值判断，又要提供具体、翔实的客观测量资料，使测评的结果具有更强的可信性、针对性、实用性和指导性，测评既注重性又注重量。

（2）我国的人才测评观

人才测评概念是在我国考试、人事考核和心理测量三大领域的具体实践中提出的，并逐渐形成了三种不同的人才测评观，分别是考试测评观、考核测评观和心理测量测评观。

①考试测评观

持考试测评观的人认为，人才测评是传统考试的发展和延伸，是一种综合性的考试，是对人才的知识、智力和技能的一种测量。考试有两个最基本的特点：第一，考试主要是测查应试者的知识、能力、技能等，而不包括对心理品质、实际工作绩效的考查；第二，考试是基于“刺激—反应（S－R）”模式的，即实施考试必须有事先设计好的试题来供“刺激”，并通过应聘者的答题“反应”的量化分析来确定应聘者的水平。

②考核测评观

考核一般指用人单位对工作人员的工作业绩、数量所进行的考查评价，即考绩。传统的考核主要采用的是定性分析方法，但随着社会的发展，考核也愈来愈多地采用定量的技术的手段，因此持考核测评观的人认为现代人才测评就是对传统人才考核的变化和发展，但考核主要是对被考核者绩效的考查和评价，而对被考核者的身心素质、潜在能力与个性特征等却重视不够。

③心理测量测评观

持心理测量测评观的人认为，人才测评就是运用心理测验的方法和技术对人的心理素质（特质）进行测量的过程。现代人才测评的理论基础和方法手段主要来源于心理测量学的研究成果。

无论是考试、考核，还是心理测量都不是完整意义上的现代人才测评。我国现在已有学者指出这一点，他们认为完整的现代人才测评应是这三者相互融合的整体。考试注重对知识和能力的考查，考核侧重于绩效评估，对测评对象的心理素质很少涉及，而心理测量则正好弥补考试与考核的缺陷。因此，现代人才测评是根据一定目的，综合运用定量与定性的多种方法，对人才的德、智、能、绩进行客观、准确评价的一种社会活动。

（3）人才测评的理论假设

①个体差异理论

正像世界上没有完全相同的两片树叶一样，世界上也没有素质能力完全相同的两个人。人与人之间的心理差异主要表现在智能、个性、和行为等方面。比如，有的人思维敏捷，有的人想象力丰富；有的人脾气暴躁，有的人性格温和；有的人做事认真，有的人行事草率，如此等等。正因为人与人之间存在差异性，每个人都是一个独特的个体，人才测评才变得很必要。可以说，人与人之间的差异性是人才测评存在的前提条件。

②素质可测理论

尽管人的心理是无法直接观测的，但它总会通过人的行为反映出来。这样，我们可以通过人对外界刺激的反应来间接测量心理。现代人才测评技术正是通过人的外显行为来推断其心理过程。比如，一个人喜欢观看各种机器运转，热心为别人修理钟表、自行车，由此我们便可推断此人具有机械兴趣方面的特质。大量的人才测评实践表明：这种测评方式既具有一定的可靠性，又具有一定的准确性。这说明人的心理活动是可以有效地加以测量的。

③素质稳定性

每个人都有自己的独特性，这种独特性不是在个体身上偶然表现出来的暂时的特点，而是稳定的个人特点。一个人在出生后，经过长期的社会生活，逐步形成了对待生活的态度和个人的行为风格。这种特点一旦形成就不容易改变，比如，一个性格很外向的人，不仅在工作单位是好与人打交道的，在社交场合也会是一个活跃分子；不仅今年是这样，而且去年也是这样，明年还会是这样。正因为个人特点具有相对性，才使人才测评变得有必要。如果个人特点没有这种稳定性，人才测评就没有意义了。

3. 人才测评的类型

人才测评按照目的不同可以分为六种主要的类型。

（1）选拔性测评

选拔性测评的目的是区分和选拔优秀人才，这是人力资源管理中最常用到的一种测评，这种测评特别强调区分功能，要求过程客观，结果明确。学校考试比较接近这种测评，考试成绩一定程度上反映了学习效果的好坏。

（2）配置性测评

配置性测评是以合理的人职匹配为目的，力求达到人尽其才状态的一种测评方式。实践证明当任职者的能力、兴趣和价值观刚好吻合职位的要求时，可以达到最佳的人力资源使用效果。配置性测评最大的特点是必须结合职业要求，不同职位的测评标准明显不同，并且不能由于人员的原因降低标准，强调宁缺勿滥。

（3）开发性测评

开发性测评以开发人员潜能为目的，所以这种测评的报告并不强调

好坏之分，而是强调通过测评来勘探个人的优势和劣势，尤其是潜在的发展能力。开发性测评也经常结合明确的开发目的进行，例如希望通过测评提升团队的沟通效率和质量。

（4）诊断性测评

诊断性测评主要以了解素质现状或以组织诊断为目的。诊断测评的特点是比较全面和细致，希望通过寻根究底的测评，探究问题产生的根源，这种测评不一定公开结果，主要供管理人员参考。

（5）考核性测评

考核性测评又称鉴定性测评，目的是鉴定和验证是否具备某种素质，或者具备的程度和水平。鉴定性测评经常穿插在选拔性测评和配置性测评之中，主要是对受测者素质结构与水平的鉴定，要求测评结果具有较高的信度和效度要求。

（6）发展性测评

发展性测评，把促进人才某些素质的发展作为评估的根本目的，用可持续发展的理念指导评估的全过程，将促进人才专业化发展作为确定评价内容、评价过程、评价方法的核心。发展性测评可结合诊断性和考核性测评使用。

4. 人才测评的作用

随着测评工作更加专业化，西方国家和中国都出现了许多专门提供人才测评服务的公司，他们把人才测评技术应用于人力资源开发的各个领域。表 1－4 显示了测评技术在各方面应用情况的一项调查结果（Hansan&Conrad，1991）。

表 1－4　人才测评技术的应用频率

| 人力资源开发的各个领域 | 人才测评技术的运用频率 |
| --- | --- |
| 最终的选拔决策 | 83% |
| 晋升 | 76% |
| 职业发展 | 67% |
| 职业咨询 | 66% |
| 成功计划 | 47% |
| 最初的应聘筛选 | 42% |
| 人员安置咨询 | 30% |

由此可见，人才测评在西方已得到广泛而深入地应用，人才测评的作用具体表现为以下三点。

（1）为组织/用人单位选、用、育、留人才提供有效依据

人才测评是人力资源管理的基础和重要环节，为人员的招聘、选拔、录用、配置、诊断、晋升、考核、培训、开发等提供技术支持和参考依据。

对管理组织而言，人才的测评在人员选聘、配置开发和信息管理三方面发生作用。通过人才测评选聘的员工比未经测评选聘的员工工作效率一般要高 2－5 倍，可见人才测评对提高组织整体素质、降低成本、增加收益有重要作用。人力资源管理中，人才测评所获得的有效数据，为组织“知人善任”提供了技术保证。依据人才的特点有效地匹配岗位，合理组建团队，能促进组织内部差异的互补与提高。测评结果可以使人才的计划培训与人才储备等做到有的放矢，提高管理效率。现代人才测评借助于统计科学和计算机技术，对测量的信息数据进行处理，测评建立的原始数据库，为人力资源的信息化管理提供了依据。

对于被测评者个人而言，人才测评是其个体生涯设计中必不可少的一环。通过对测评结果的理解把握，个体在职业训练的提高和选择上可

以做到更有目的、更有针对性，可以更准确地进行职业定位，合理寻求机会，找到职业发展的有效起点，从而促进职业生涯发展。

（2）体现“公开、公平、竞争、择优”的选才原则

人才测评有一个相对统一的客观标准，是一种客观性选择。在人员选拔和招聘中，人才测评技术运用心理测验的标准化方式，使被受测者都处在相同的测试方法、测试题目、测试环境以及相同的标准下进行测试和评价，因此，这一方式既客观又公正，真正体现了“公开、平等、竞争、择优”的选才原则。

（3）评价结果准确可靠

传统选才较常规的做法是领导推荐，然后查看档案，调查家庭历史和社会关系，搞民意测验等，而个人档案的内容多半是高度概括的主观评语，大都无法反映个人的具体情况，也难以考查个人实际的素质能力水平。此外，传统的选才也只是单方面考查应试者的某一素质水平，而现代人才测评注重考查人的实际能力、经验与业绩、潜在的智能水平、心理本质、职业倾向等，并注意所测内容的全面、完整和多元化，注意从多角度、多侧面去观察和评价一个人，追求最大限度地减少测评误差。

### （二）人才测评的理论

人才测评技术是了解和评价个体发展水平的重要手段，是对测验中误差、样本容量、测量单位等问题进行研究，并设计一些方法加以解决的研究理论。比较流行的人才测评理论主要有三种：经典测量理论、概化理论和项目反应理论。

1. 经典测量理论（Classical Test Theory，CTT）

经典测量理论又称真分数理论（True-Score Theory），是历史上的第一个测验理论，也是测验中最一般、最基本的理论，具有很强的生命

力，应用极为广泛。真分数是指受测者在所测特质上的真实值，而通过一定测量工具进行测量，在测量工具上直接获得的值，叫观测值或观察分数。由于有测量误差存在，所以，观察值并不等于所测特质的真实值。换言之，观察分数中包含有真分数和误差分数。而要获得对真实分数的值，就必须将测量的误差从观察分数中分离出来。为了解决这一问题，真分数理论提出了三个假设。

第一，真分数具有不变性。这一假设其实质是指真分数所指代的受测者的某种特质，必须具有某种程度的稳定性，至少在所讨论的问题范围内，或者说在一个特定的时间内，个体具有的特质为一个常数，保持恒定。

第二，误差是完全随机的。测量误差是平均数为零的正态随机变量。在多次测量中，误差有正有负。只要重复测量次数足够多，这种正负偏差会两相抵消，测量误差的平均数恰好为零，用数学式表达为：$E(E)=0$。

第三，观测分数是真分数与误差分数的和，即 $X=T+E$。经典测量理论在真分数理论假设的基础上还提出了一些概念，主要包括信度、效度、项目分析、常模、标准化等。

经典反应理论是标准化测验的理论支柱，其优点是理论和方法体系较完整，易于被人理解和掌握，在控制测验误差方面有明显效果。但经典反应理论存在着先天的不足，如评价试题质量的指标（难度、区分度）严重依赖于被测试样本，只适用于评价被测评者相对能力水平（常模参照测验），而不适于考查实际能力水平（目标参照测验），测验某项能力或知识水平时，必须同时使用同质测验，否则测验结果无法直接比较。

由于经典测验理论体系的先天不足，使得项目反应理论和概化理论在其基础上脱颖而出。

2. 概化理论（Generalizability Theory）

概化理论是从测验的外部或宏观方面入手，继续沿着样本理论的思路向前发展，着重讨论实测时的测量条件与结论推广应用范围之间的关系，将因素试验设计及其分析、方差分量模型等统计工具应用到测量学，对经典测量理论的重要概念——信度进行拓广，即结合测量的情境关系对 CTT 给出的笼统的误差进行探查和分解，辨明误差的来源，并在一定范围内变动测量的情境关系来考查这种变动引起的误差的相对变化，从而达到对误差方差进行控制，提高测验信度。

从本质上说，概化理论与经典测量理论同属随机抽样理论，但由于它使人们站到新的理论高度，更加有力又有预控性地去改善和提高测量精度，使得它在人力资源领域成为一种倍受关注的现代测量理论。

3. 项目反应理论（Item Response Theory）

从测验的内部和微观入手，放弃随机样本理论的思路，采用数学建模和统计调整的方法，重点讨论测验者的能力水平与测验题目之间的实质性关系。该理论是为了克服经典测验理论中项目即题目参数等指标的变异性发展起来的，具有许多经典测验理论与概化理论所没有的优良特性，是目前发展最有活力的测量理论。

### （三）人才测评技术

1. 人才测评技术的概念

用于人才测评的方法和技术即人才测评技术。人才测评技术是一种科学的评价体系，包括心理测评、面试、评价中心、绩效考核等一系列科学的手段和方法。人才测评技术由于测评的内容不同，所采用的具体人才测评方法也不一样。

2. 人才测评技术常用的方法

（1）履历分析

个人履历档案分析是根据履历或档案中记载的事实，了解一个人的成长历程和工作业绩，从而对其人格背景有一定的了解。履历分析对申请人今后的工作表现有一定的预测效果，个体的过去总是能从某种程度上表明他的未来。履历资料，既可以用于初审个人简历，迅速排除明显不合格的人员，也可以根据与工作要求相关性的高低，事先确定履历中各项内容及其权重，根据总分确定选择决策。

履历分析较为客观，而且成本低，但也存在一些问题，比如履历填写的真实性有待考证等。

（2）行为观察

行为观察法是一种通过直接观察受测者的某种行为表现或变化来了解其特性的方法。由于人的行为表现具有内在一致性，人的很多内在特质可通过其体态语言和潜意识行为表现出来，采用这种方法时应注意对观察内容做计划、做好观察记录、选择合适的时间点。

行为观察法方便易行，比如管理者发现办公室纸张浪费严重，可通过观察员工的纸张使用行为，找出原因，从而有针对性地采取措施帮助企业减轻成本。

（3）纸笔测试

纸笔测试主要用于测量人的基本知识、专业知识、管理知识以及综合分析能力、文字表达能力等素质及其他能力要素。它是一种最古老、而又最基本的人员测评方法，至今仍是各类组织经常采用的选拔人才的重要方法。在人才测评中，标准化的纸笔测试应用最为广泛、一般有事前确定好的测试题目和答卷，以及详细的答题说明。在纸笔测验中，情境判断测验是近年来诸多测评工具中最受重视的测评工具之一。它是通过向应聘者描绘出与工作相关的问题情境，并提供几个不同的针对该问

题情境的行为反应选项，让应聘者评价或者选择相应的行为选项，从而判断应聘者是否具备该工作所需要的胜任特征。由于情境判断测验具有较高情境模拟性特征，是一种比较接近于真实情境的测验方式；同时，又加上高效，易于统计等特点，近年来，情境判断测验日益受到广大研究者和实践者的青睐。

总体来说，纸笔测试在测定知识和思维分析能力方面效度较高，而且成本低，可以进行大规模地施测，成绩评定比较客观，往往作为人员选拔录用程序中的初期筛选工具。

心理测验是纸笔测验中应用最为广泛的一类测验。心理测验是通过观察人的代表性行为，对于贯穿在人的行为活动中的心理特征，依据确定的原则进行推论和数量化分析的一种科学手段。心理测验是对胜任职务所需要的个性特点能够做出最好的描述与测量的工具，实质上是对行为样组的客观的和标准化的测量，被广泛用于人才测评工作中。通常用于人事测评的心理测验主要包括智力测验、能力倾向测验、人格测验、其他心理素质测验，如兴趣测验、价值观测验、态度测评等。比较有影响的心理测验有比奈—西蒙智力测验、明尼苏达多相个性测验、艾森克人格测验、卡特尔 16 因素测验、皮亚杰故事测验、科尔伯格两难故事测验、雷斯特测验等。根据测验是否标准化，分为标准化测验和投射测验两类。

①标准化测验

标准化的心理测验一般有事前确定好的测验题目和答卷、详细的答题说明、客观的计分系统、解释系统、良好的常模、以及测验的信度、效度和项目分析数据等相关的资料。

②投射测验

投射测验是指采用某种方法绕过受测者的心理防御，在他们不防备的情况下探测其真实想法。主要用于对人格、动机等内容的测量。它要求被受测者对一些模棱两可或模糊不清、结构不明确的刺激做出描述或反应，通过对这些反应的分析来推断受测者的内在心理特点。如对于未完成图片或绘画，要求受测者完成图片或讲述画中的内容。受测者的解释会带有自己潜意识的思想，这种方式能在一定程度上了解受测者内心想法。最常见的两种形式为罗夏的墨迹测验和摩尔根与默里的主题统觉测验。

投射测验基于这样一种假设：人们对外在事物的看法实际上反映出其内在的真实状态或特征。投射技术可以使受测者不愿表现的个性特征、内在冲突和态度更容易地表达出来，因而在对人格结构、内容的深度分析上有独特的功能。但投射测验在计分和解释上相对缺乏客观标准，对测验结果的评价带有浓重的主观色彩，对主试和评分者的要求很高，一般的人事管理人员无法直接使用。

（4）面试

面试是通过主试和受测者双方面对面的观察、交谈等双向沟通方式，收集有关信息，从而了解受测人员素质状况、能力特征以及动机的一种人员人事测评方法，它不仅可以对受测者的学识水平进行评价，还能评价受测者的能力、才智及个体的心理特征。

面试的特点是灵活，获得的信息丰富、完整和深入，但是同时也具有主观性强、成本高、效率低等弱点。按照面试形式的结构化程度可以分为结构化面试、非结构化面试和半结构化面试。

①结构化面试

所谓结构化面试就是首先根据对职位的分析，确定面试的测评要素，在每一个测评的维度上预先编制好面试题目并制定相应的评分标准，对受测者的表现进行量化分析。不同的受测者使用相同的评价尺度，对应聘同一岗位的不同受测者使用相同的题目、提问方式、计分和评价标准，以保证评价的公平合理性。

②非结构化面试

非结构化面试则没有固定的面谈程序，评价者提问的内容和顺序都取决于测试的兴趣和现场受测者的回答，不同的受测者所回答的问题可能不同。

③半结构化面试

这种面试形式将结构化面试和非结构化面试结合起来使用，即应试者回答相同的问题，但同时又根据他们的回答情况做进一步的提问，以求更加深入、细致地了解应试者。

（5）情境模拟

情境模拟是设置一种逼真的管理系统或工作场景，受测者参与其中，按施测者提出的要求，完成一个或一系列任务，在这个过程中，施测者根据受测者的表现或通过模拟提交的报告、总结材料为其打分，以此来预测受测者在拟聘岗位上的实际工作能力和水平。情境模拟测验主要适用于管理人员和某些专业人员。常用的情境模拟测验包括以下四种。

①文件筐作业

将实际工作中可能会碰到的各类信件、便笺、指令等放在一个文件筐中，要求受测者在一定时间内处理这些文件，相应地作出决定、撰写回信和报告、制订计划、组织和安排工作。考查受测者的敏感性、工作独立性、组织与规划能力、合作精神、控制能力、分析能力、判断力和决策能力等。

②无领导小组讨论

安排一组互不相识的受测者（通常为6－8人）组成一个临时任务小组，且不指定任务负责人，请大家就给定的任务进行自由讨论，并拿出小组决策意见。施测者对每个受测者在讨论中的表现进行观察，考查其在自信心、口头表达、组织协调、洞察力、说服力、责任心、灵活性、情绪控制、处理人际关系、团队精神等方面的能力和特点。

③管理游戏

以游戏或共同完成某种任务的方式，考查小组内每个受测者的管理技巧、合作能力、团队精神等方面的素质。

④角色扮演

施测者设置一系列尖锐的人际矛盾和人际冲突，要求受测者扮演某一角色，模拟实际工作情境中的一些活动，去处理各种问题和矛盾。

情境模拟测验能够获得关于受测者更加全面的信息，对将来的工作表现有更好的预测效果，但其缺点是对于受测者的观察和评价比较困难，且费时。

（6）评价中心技术

评价中心技术在第二次世界大战后迅速发展起来，它是现代人事测评的一种主要形式，被认为是一种针对高级管理人员的最有效的测评方法。一次完整的评价中心通常需要两三天的时间，对个人的评价是在团体中进行的。受测者组成一个小组，由一组测评人员（通常测试人员与受测者的数量为1∶2）对其进行包括心理测验、面试、多项情境模拟测验在内的一系列测评，测评结果是在多个测评者系统观察的基础上综合得到的。

严格来讲评价中心是一种程序，而不是一种具体的方法；是组织选拔管理人员的一项人事评价过程，不是空间场所、地点。它由多个评价人员，针对特定的目的与标准，使用多种主客观人事评价方法，对受测者的各种能力进行评价，为组织选拔、提升、鉴别、发展和训练个人服务。评价中心的最大特点是注重情境模拟，在一次评价中心中包含多个情境模拟测验，可以说评价中心既源于情境模拟，但又不同于简单情境模拟，是多种测评方法的有机结合。

评价中心具有较高的信度和效度，得出的结论质量较高，但与其他测评方法比较，评价中心需投入很大的人力、物力，且时间较长，操作难度大，对受测者的要求很高。

评价中心的主要形式有管理游戏、公文处理、角色扮演、有角色小组讨论、无角色小组讨论、演讲、案例分析、事实判断、面谈等形式，常用的评价中心技术的使用频率如表1－5所示。

**表1－5　各种评价中心形式的使用频率**

| 复杂程度 | 评价中心形式名称 | 实际应用频率 |
| --- | --- | --- |
| 更复杂 | 管理游戏 | 25% |
| — | 公文处理（公文筐） | 81% |
| — | 角色扮演 | — |
| — | 有领导小组讨论 | 44% |
| — | 无领导小组讨论 | 59% |
| — | 演讲 | 46% |
| 更简单 | 面谈 | 47% |

3. 人才测评技术的特征

现代人才测评技术具有以下三个显著特征。

（1）测评技术的多元化

由于现代人才测评注重测评内容的全面性和系统性，因此需要多种测评技术配合使用，对于某些重要的测评要素，为了保证测评结论的准确性，也需要采取多种测评技术获得多方面的测试资料，如评价中心技术的使用是典型的多元化技术，可以保证人才测评的准确和客观。

（2）测评情境的自然性

现代人才测评不仅进行知识、智力的测试，更重视综合素质的测评。情境模拟测验要求所设置的情境与实际工作情境相似，具有较强的自然性。通过观察受测者在一种逼真的工作场景中的表现，对其素质做出评价，进而预测受测者的实际工作能力和水平。

（3）测评结果的整合性

测量是单方面收集信息的过程，而评价是根据收集到的信息，做出价值上的判断，具有整合的性质。现代人才测评技术注重测评结果的整体判断，一切信息的采集工作都是围绕最终的整体判断展开的。多方参评和多角度观测，都是为科学准确的整体评判提供全面客观的评价信息。

## 二、人才测评技术的历史与发展

### （一）人才测评技术的历史

1. 西方人才测评技术的历史

工业革命的发生推动了西方社会生产方式的深刻变革，劳动者在生产力体系中的作用日益突出，各类企业和组织要使自己在竞争中立于不败之地，必须拥有一流的优秀人才，而人才选拔的关键在于科学的测评。由此，社会的需要为人才测评事业的发展提供了广阔的空间和坚实的基础。

西方发达国家的人才测评技术始于 19 世纪末期，1879 年德国心理学家冯特设立了世界上第一个心理实验室，开始了对个体行为差异的研究，从而引发了旷日持久的心理测验运动。根据实践需要，最早在教育和医疗两个方面对测量个别差异的手段和测评技术展开了研究，并且在智力落后者的鉴别和精神病人的诊断方面取得了很大成绩。智力落后是指智能发展方面有明显的缺陷，对有这样情况的儿童需要鉴别出来进行单独教育或训练。精神病病人是指心理素质方面的异常，需要诊断出来加以特别治疗。

在这样的背景下，更多的学者转向对个别差异的研究，致力于通过不同的途径，采取不同的方法开发鉴别和测量的手段与工具。1905 年，

法国心理学家比奈把智力看作是人的一种高级复杂的心理活动，并采取通过观察多种简单的行为活动以检测构成智力的各个因素，从而了解一个人的智力水平，成功地编制了世界上第一个智力测验比奈—西蒙量表。从此以后，心理测验被公认为测量个别差异的有效工具，并从早期的心理缺陷诊断演变成心理评价，又从教育领域拓展到社会的其他领域，为学生升学、就业、组织人才选拔、晋升、培训等提供指导和服务，西方的人才评价领域也从此更加蓬勃地开展起来了。

第一次世界大战以后，心理测验得到进一步发展和扩大应用范围。1917－1919年，随着美国宣告参战，许多心理学家参军并开始为战争服务。他们认为选拔和分派官兵的任务必须考虑到他们的不同智力水平。在这个期间，共有200多万名官兵参加了智力测试，都取得了令人满意的成效。

第一次世界大战战后不久，用于测评官兵的智力测试被迅速应用于美国社会，心理测验由此声名大噪。20世纪20年代，心理学家开始编制各种职业能力倾向测验。1927年，美国学者斯特朗编制出版了世界上第一个职业兴趣测验“斯特朗男性职业兴趣量表”。

到四五十年代，心理测量学家开始在实践中评价求职者的“岗位适合度”，也就是说，人们从此开始越来越重视人岗匹配。60年代以后，“人岗匹配”测评在许多大公司开始应用，使得测评对象不再仅以普通员工为主，更扩展到中高层管理人员。

近几十年以来，随着测评工作更加专业化，西方出现了许多专门提供人才测评服务的公司，他们把人才测评技术应用到人力资源开发的各个领域中去，在实际的工作场合发挥了重要的作用。

2. 中国人才测评的历史

人才测评的思想和实践从古代就有，我国早在两千多年前就有了考试，它是统治者用以选拔官员的重要手段。西周时，皇帝用“试射”

来选拔人才，测评项目包括其行为是否合乎礼仪，动作是否合乎乐律，射中的次数有多少。这是我国人才测评最早的雏形。

自隋朝始至清朝中叶推行的科举考试则是世界上规模最宏大的人才测评实践。在长期的用人实践中，我们的先哲对当时的人才测评做了丰富多彩的论述，并阐述提炼了许多值得后人借鉴研究的宝贵思想。如三国时魏人刘劭所著《人物志》，该书对人才测评做了较为系统完整的论述，被称作是古代人才测评思想集大成之作，其思想内容丰富精湛，被认为是中国心理学经典。1937 年，美国学者将其译成英文，书名为《人类能力的研究》。

中国古代虽然积累了丰富的人才测评思想，但严格来说，这些思想由于受到社会历史条件、经济发展水平和文化心理的局限，是零散的、经验性的且以定性测评为主的。这是因为：（1）当时的经济发展水平较低，经济形态是以小农经济或自然经验为主，生产方式较为原始落后。自然经济的封闭性不可能孕育出先进的人才测评技术，生产实践主要是靠经验进行，客观上没有发展人才测评技术的社会基础。（2）中国传统文化重善轻真，崇尚价值理性，鄙夷科学技术，一切技术发明均被斥之为“雕虫小技”。由于这种文化心理的影响，人才测评技术不可能受到足够的重视，即使有，也只能在乡野民间使用。（3）相关科学尚未足够发达，甚至没有出现，人才测评技术无从说起。

### （二）人才测评理论与技术的发展

#### 1. 人才测评理论的发展

（1）由特质理论向胜任力理论发展

早期的人才测评主要是运用一些心理测验的方法来测量应聘者的心理特质，以此来判断应聘者是否优秀，主要还是一种择优录取的观念。但如今，尤其在企业里，选拔人才往往会根据特定的岗位建立特定的数

据模型——“胜任力模型”，即胜任一种岗位所需要具备的个人特征的总和。以此来测评员工与岗位的匹配度，从而招到最适合企业的人，这也是人力资源管理和开发的逻辑起点，是人才测评的基础。

（2）由经典反应理论向项目反应理论和概化理论发展

由于经典反应理论存在着先天的不足，如评价试题质量的指标严重依赖于被测试样本，只适用于评价被测评者相对能力水平，而不适于考查实际能力水平，测验某项能力或知识水平时，必须同时使用同质测验，否则测验结果无法直接比较。而项目反应理论和概化理论就是针对经典反应理论的不足提出的两种新的测验理论。

2. 西方人才测评技术的发展

国外人才测评技术的发展，主要体现了三大技术的发展：心理测验技术、面试技术和评价中心技术。

（1）心理测验技术

西方对人才测评的研究，起源于心理测验。心理测验的进一步发展在于有很多学者进行了个别差异的研究。英国生物学家高尔顿对测量个体差异的系统方法进行了发展和综合。卡特尔将个体差异的研究引入美国，开发出一系列感觉运动测验来测量大学生的智力水平。1905 年，法国心理学家比奈把智力看作人的一种高级心理活动，编制出比奈—西蒙量表，使得测验作为一种测量个体差异的工具，开创了现代人才测评的先河。

第一次世界大战后的几年中，测量的发展为现代职业指导和咨询领域提供了基础。20 世纪 40 年代和 50 年代，心理测量学家们开始在实践中评价求职者的“岗位适合度”。也就是说，人们越来越重视人岗匹配，于是职业兴趣测验繁荣发展起来。比较著名的有 1927 年斯特朗编制的斯特朗职业兴趣量表（Strong Vocational Interest Blank，简称 SVIB）、1934 年库德编制的库德职业兴趣调查（Kuder Occupational Interest Survey，简称 KOIS）、1966 年霍兰德编制的霍兰德职业兴趣调查表（Vocational Interests Inventory 或者叫 Holland's RIASEC Scale），这些量表突出了职业与兴趣的关联。

（2）面试技术

面试技术是 20 世纪 50 年代在美国兴起的，这个时期心理测量学家们开始注重人和岗位的匹配，为了达到这个目的，心理学家需要事先对求职者进行一次简单的临床面谈，然后进行纸笔测验或者投射测验。

与纸笔测验或者笔试相比，面试研究起步较晚，面试研究也比较少。国外对面试的研究主要集中在信度和效度上，早期的面试研究认为面试的测量性质比较差，信度低，效度也低，因此对面试在人员测评和选拔中的应用持悲观态度，曾经一度怀疑面试在人事评价中的价值。不过，1982 年研究者 Arvey 和 Campion 的面试研究结果表明，面试方式的改变可以提高面试的信度和效度，这是面试技术发展中的一个转折点。

随后的一系列面试技术研究的综述和元分析研究，对面试的效果均持乐观态度，认为面试与其他选拔工具如认知能力测验、工作知识或工作经验等相比具有中等程度的效度。除了采用结构化面试外，采用职务分析、评委培训、面试记录、小组面试以及行为定位量表来评价受测者，均有助于提高面试的信度和效度，这些面试设计和实施中的关键因素是影响面试测量性质的中介变量。

（3）评价中心技术

评价中心技术是通过把受测者置于相对隔离的一系列模拟工作情境中，以团队作业的方式，并采用多种测评技术和方法，观察和分析受测者在模拟的各种情境压力下的心理、行为、表现以及工作绩效，以测评受测者的管理技术、管理能力和潜能等素质的一个综合全面的测评系统。第 28 届评价中心国际会议将其定义为："评价中心是由对多次行为的标准化评估构成的，有许多受过培训的测评者应用技术手段，对受测者从特别设计的情境中表露出的行为做出判断。”评价中心的核心是情境模拟。

评价中心技术起源于德国心理学家1929年所建立的一套挑选军官的多项评价程序，美国心理学家道布瑞（Duoglas. Bray）于1956年首先研究和使用的，主要用于管理人员的选拔。60年代以后，评价中心技术得到发展，并在很多大公司开始应用，使得人才测评中的测评对象不仅仅是以普通员工为主，而且扩展到中高层管理人员。由于评价中心技术综合运用了测验、面试和情境模拟技术，使测评效果比原来更加可靠和有效。施密德（Schmidt，1999）的元分析研究表明，评价中心的预测效度为0.141。哈恩佛和哈恩德（Hunfer and Hunder）报告的预测效度为0.143，而加拿大公务委员会人事心理中心所用的评价中心技术预测效度高达0.153以上，是所有测评技术中最高的。

评价中心技术的工具包括公文筐测验、角色扮演、有领导小组讨论、无领导小组讨论、演说、案例分析、实施判断、管理游戏、模拟面谈等。常用的有公文筐测验（81%）、案例分析（73%）和无领导小组讨论（59%）。

综上可以看出，人才测评技术在西方已得到广泛而深入地应用。由最初的心理测验发展而来的人才测评技术出现于20世纪初，经过了一个世纪的发展，在理论和实践上都得到了不断的完善。五六十年代以来西方人才测评思想和方法日新月异，开发了名目繁多、内容丰富的测评技术，这些技术客观科学，在西方社会得到广泛应用。

**（三）中国人才测评技术的发展**

我国人才测评的思想是贯穿古今的，到了21世纪初，随着现代人才测评技术开始产生并得到广泛的应用。人才测评在我国具有起步晚、发展快、发展空间广阔等特征。我国人才测评的发展过程，可以分为三个阶段：起步（复苏）阶段、初步应用阶段和繁荣发展阶段。

1. 起步（复苏）阶段

起步阶段或称复苏阶段。早在20世纪初，我国心理学界就引进了心理测量方法，并制定出自己的各种教育和智力测验，其中对中国心理测量领域影响最大的就是对比奈智力测验的引进和修订。1916年，樊炳清首先介绍了比奈—西蒙量表。1922年，费培杰将比奈—西蒙量表译成中文，并在江苏、浙江两省的一些中小学试测。1924年，燕京大学的心理学家，曾出任燕京大学校长的陆志韦先生发表了经修订的比奈—西蒙量表，这就是中国最早的标准化的比奈智力测验。

1949－1979年，我国心理测验一直停滞不前。自1979年以后，心理测验在我国开始恢复地位。1980年5月，中国心理学会实验心理学专业委员会在武汉召开全国心理测验研究协作会议。此后，我国人才测评的发展开始以修订国外心理测验量表为主。1982年，北京大学吴天敏教授修订出版《中国比奈测验》。龚耀先等主持修订了韦氏成人智力量表以及韦氏学前和学龄初期儿童智力量表。林传鼎、张厚璨等主持修订韦氏儿童智力量表。在人格测验方面，宋维真等修订明尼苏达多相人格问卷，陈仲庚、龚耀先等分别修订艾森克人格问卷。这些测验主要是用于教育领域和临床诊断方面，在其他方面应用较少。整个社会对人才测评的认识还很不够，企事业单位很少有应用现代人才测评技术的想法和尝试。

2. 初步应用阶段

此阶段人才测评技术的发展主要体现在国家公务员考试制度的建立。党的十一届三中全会提出了“改革开放”的政策，在此背景下，我国借鉴西方公务员考试录用制度，建立起中国特色的公务员考试录用制度。

1982年，劳动人事部下发《关于“吸收录用干部问题的若干规定”

的通知》的法规性文件，使招干考试有了基本规范。1987年11月，党的十三大决定建立国家公务员制度，并且明确提出，将来政府机关补充公务员都要通过法定考试。此后，国家人事部为国务院各部委多次进行了面向社会的联合公开招考。截至1992年底，全国29个省，国务院三个部门都不同程度地采用了人才测评方法补充人员，取得了良好效果。公务员的考查从纸笔测验到后来的结构化面试，都广泛应用了现代人才测评技术。1994年，我国政府正式颁布实施了《国家公务员暂行条例》《国家公务员录用暂行规定》，由此展开了从中央到地方的国家公务员录用考试。与此同时，我国在高级官员的任用中也开始引入现代人才测评技术。北京、上海、四川、湖南等许多省市都曾用测评技术来选拔厅局领导，测评手段包括纸笔测验、结构化面试、文件筐、情境模拟等等。由于这种选拔方式比较客观公正，选出来的领导大都能较好地胜任岗位。

3. 繁荣发展阶段

随着各地纷纷建立人才市场，我国人才交流日益频繁。目前人才市场已成为企事业单位招聘员工的主要途径，这些单位越来越认识到现代人才测评技术在员工录用和培训中的作用。国家人事部人事考试中心1995年4月的一份调查表明，部分企业已开始采用心理测试来考查应聘人员的素质，特别是管理人员的素质。与此同时，新的人才测评工具不断产生。自1994年开始，国家人事部人事考试中心为满足企业管理人才的评价需要，组织国内心理学家、管理学家和企业咨询界人士开发了“企业管理人才测评系统”，借鉴了国内外先进的人才测评技术，该系统在评价标准的建立过程中，抽取了全国26个省市224家企业的3000多名管理人员进行充分调研，编制了一系列针对企业管理人员的测评工具，主要包括企业管理职业能力倾向测验、企业管理基本技能测验、管理者组织行为动机测验等。目前该系统已通过国家人事部的部级鉴定，其应用前景良好。

除了新的人才测评工具开发外，各种人才测评研究和服务机构也不断增加。在这些机构中，有政府扶持办的，也有民间社团组织办的，还有个人私营性质的。从服务内容来看，有专门从事人才测评服务的，也有以人才测评服务为基础的管理咨询公司。从服务对象上来看，有面向普通员工的，也有面向中高层管理人员的。目前仅在北京，为人才测评服务的公司及其他机构已有几十家之多。从以上几个方面可以看出，近些年，无论是政府机构还是企业单位，都充分认识到了现代人才测评在市场经济环境下的重要作用，而且在实践中不断地运用测评技术，各种人才测评服务机构也都为这些应用努力提供支持。可见，我国已进入了一个人才测评技术运用的繁荣发展时期。

新时期繁荣发展阶段的人才测评有以下三个显著的特点。

（1）人才市场如雨后春笋，人才交流频繁

人才市场日益普遍，使现代人才测评技术得以广泛应用。从某种意义上讲，人才市场类似于商品市场，商品交换是必须以某种价值和使用价值为基础的，人才交流同样必须有价值尺度，那么人才交流的价值尺度怎样确定呢？传统的学历、职称标准固然能说明一定的问题，但只能说明某个方面，例如，研究生的能力未必一定比本科生的高等等。可见传统的这些价值尺度是远远不够的，必须借助于更加全面客观的价值尺度才能说明问题，而做到这一点，现代人才测评技术是必不可少的。当前，一些大型的人才市场已利用这些技术建立了人才测评机构，并取得了良好的社会效益和经济效益。

（2）企事业单位越来越重视人才测评技术

在80年代初，企事业单位还没有认识到现代人才测评技术的作用，当时只有少数的三资企业尝试着应用人才测评技术来选人。而近几年来，无论是在民营企业、国有企业、还是在一些事业单位，人们不仅在观念上逐渐接受现代人才测评技术，而且在人才选用和晋升中越来越多地使用现代人才测评方法。一些比较成功的企业已经把测评看作是企业在引进特殊的生产资源—人力资源时的质量检测过程，而且是必不可少的直接关系到企业投入产出效益的一个生产环节，十分强调人才测评的筛选淘汰功能。把人才测评看作是企业选拔优秀人才，确保组织战略被合格的人员贯彻实行的“传动带”和事关到企业长远发展的一个质量检验生产环节，十分强调人才测评的择优功能。

（3）测评工具的研发增多

由于人才测评的应用需求不断扩大，测评工具满足不了现实的需要，这主要有两个方面的原因，一是原有的测评工具大多是从国外修订过来的，由于文化差异和国情的不同，使得这些测评工具不太适应我国的现实。二是已有的测评工具大多是用在教育和临床诊断领域的，在人事测评领域适应性不强。在这样的情况下，许多机构开始考虑开发新的人才测评工具。例如，国家人事部人事考试中心为满足企业管理评价需要，自 1994 年开始组织国内心理学家、管理学家和企业咨询界人士历时三年多，开发了“企业管理人才测评系统”。该系统借鉴了国内外先进的人才测评技术，在对我国的企业进行充分调研分析的基础上，自行编制了一系列针对企业管理人员的测评工具。还有许多测评机构、测评公司根据业务对象，建立胜任力模型，不断开发新的测评工具以满足现实的需要。

## 三、人才测评技术发展的新趋势

### （一）当代计算机技术的迅猛发展

有人将目前信息技术的发展称为第五次信息技术革命，它始于 20 世纪 60 年代，其标志是电子计算机的普及和计算机技术与现代通信技术的有机结合。为了满足资源共享的需求，计算机网络化技术迅速发展，实现了计算机之间的数据通信、数据共享。

互联网技术的飞速发展，使得以网络为依托，采用 B/S 模式，基于 web2.0 技术的网站系统的开发成为可能，所以将人才测评工作从传统的笔纸测验转移到互联网已经成为主流。

随着计算机技术的不断发展和编程环境的不断优化，计算机编程从传统的汇编语言发展到现在的 c 语言、c + +、java 等，极大地方便了编程人员的程序开发。同时，软件开发市场竞争日益激烈，极大地降低了软件的开发成本，从而使各级单位与开发公司合作开发符合自身实际需要的软件系统成为可能。

从 1945 年美国生产第一台全自动电子数字计算机“埃尼阿克”，到现在的便携式计算机和平板电脑，计算机技术越来越成熟，价格也越来越便宜，每个人拥有一台属于自己的计算机不再是困难的事情。

目前计算机的操作普及程度也很高，很多人可以非常娴熟地使用计算机常用的软件功能，对于教育管理干部来说，计算机的操作和应用更为普及。所以，参与测评的教育管理干部完全可以选择在网上进行答题，人才测评专家也可以应用人才测评系统进行在线评价。

### （二）计算机技术对人才测评技术的影响

1. 提高了考题的安全性

传统的笔试测评题目通常是在专家提前预设的题库中生成的，并印刷成试卷，那么在试卷生成、印刷试卷、试卷运送的环节都可能会出现试题泄密的情况。然而，利用人才测评信息化平台，试卷是由答题者登录到系统后，系统才从题库中根据生成试题的要求随机生成的，这样每个批次的答题人所测量的能力素质维度是相同的，但题目是随机的，除非答题者提前已经知道了题库中所有的题目（但如果题库足够大，答题者不可能将题库中所有的题目都做过），使得试题泄密的情况成为不可能。

2. 促进测评的真实有效性

人才测评中有一部分试题是心理测验题，心理测验题目一般会要求答题者根据自己的第一印象进行作答，不能考虑过多的时间，而且心理测验题的试卷设计往往前后有所呼应。

如果是纸笔测验，答题者可以有充分的时间分析心理测验部分的所有题目，有心理学相关常识的人在整体分析试卷后，可能会答出符合岗位要求的心理特质的答案。而在人才测评系统中答题，系统会规定每一道题或几道题的答题时间，答题时间一到，系统会自动跳转到下一题或下几道题，而且之前答过的题不能返回修改。这样就使得答题者没有过多的时间来分析题目的设计，不得不以第一印象作答，保证了心理测验部分答题的有效性和真实性。

3. 提高测评工作的效率

由于人才测评信息化平台可以随机生成不同类型的试卷，方便不同的群体进行测评，而且它以网络为依托，答题者可以在任何能够上网的地方进行测评，所以人才测评工作可以随时随地进行，省去了印刷试卷、安排考场、运送试卷等环节，大大减少了人事部门、组织部门或人才测评专业机构的工作量，特别是对人员流动量比较大的单位更为有利。

4. 节约测评的成本

因为人才测评信息化平台可以异地答题，从而减少了应聘者从异地赶到考试地的路费、住宿费等成本。同时，组织考试的单位也节省了印刷试卷、考场租赁费、试卷运输费、监考人员劳务费等费用。如果应聘者、专家的计算机设备成熟，也可异地进行面试，应聘者和面试专家都可以在不同的地域同时登录人才测评信息化平台进行视频面试和在线打分，这极大地降低了测评成本。

### （三）人才测评技术未来发展的趋势与方向

1. 视频会议技术带来的机遇

现在国内外的人才测评信息化平台基本只能完成人—机对话部分的测评，不能完成面试、无领导小组讨论等需要人与人进行对话的测评工作，更不用说异地面试了。但是，当今视频会议技术在不断地发展和普及，如果能将视频会议系统嵌入到人才测评信息化平台中来，将解决面对面交流和异地面试的问题，使人才测评信息化平台功能得到更大的完善。

（1）视频会议技术介绍

“视频会议”（VideoConfnerece System），包括软件视频会议系统和硬件视频会议系统。它是指两个或两个以上不同地方的个人或群体，通过现有的各种电信通信传输媒体，将人物的静、动态图像、语音、文字、图片等多种资料分送到各个用户的计算机上，使在地理上分散的用户可以共聚一处，通过图形、声音等多种方式交流信息，增进双方对交流内容的理解。目前，视频会议正逐步向多网协作、高清化、开放化的方向发展。

视频会议是目前最先进的通信技术，只需借助互联网，即可实现高效高清的远程会议、办公，在持续提升用户沟通效率、缩减差旅费用成本、提高管理成效等方面具有得天独厚的优势，已成为远程办公最新模式。

近年来，视频会议的应用范围迅速扩大，从政府、公安、军队、法院到科技、能源、医疗、教育等领域，涵盖了社会生活的方方面面。

（2）视频会议技术运用前景

根据视频会议系统的主要功能，如果将其嵌入到人才测评信息化平

台中，将会使人才测评信息化平台从单一的“人—机”对话发展为“人—机—人”之间的对话，完成异地的面试、无领导小组讨论、角色扮演等，极大提高面试组织的便捷高效性。参与面试的专家、用人单位代表和应聘者可以同时在异地登录到系统中，通过视频进行面试、小组讨论等。如果视频会议系统的设备先进，那么这种测评的效果将与现场面试基本相同。同时，系统还可以记录面试过程的影像资料，专家也可以通过系统对面试者进行打分评价，系统自动汇总多名打分者的打分情况，生成报告。

另外，视频系统还可以选择让面试官能彼此看见或者看不见，这样能为有特殊需要的面试工作提供更多便利。

2. 云计算技术带来的机遇

目前各人才中介机构、人才测评机构都在建立和完善自身的人才测评系统，类似的工作不断重复，如果各人才中介或人才测评机构能够在同一平台上进行优化、更新，既节约了资源，又能将多家机构的长处融合在一起，为人才测评信息化平台的飞速发展奠定基础。

（1）云计算介绍

云计算（Cloud computing），是在互联网相关基础和服务使用与交付模式上形成的，通常涉及通过互联网来提供动态易扩展且经常是虚拟化的资源。云是网络、互联网的一种比喻说法。之前往往用云来表示电信网，后来也用来表示互联网和底层基础设施的抽象意义。狭义云计算是指 IT 基础设施的交付和使用模式，指通过网络以按需、易扩展的方式获得所需资源；广义云计算是指服务的交付和使用模式，指通过网络以按需、易扩展的方式获得所需服务。这种服务可以与 IT 和软件、互联网相关，也可是其他服务。它意味着计算能力也可作为一种商品通过互联网进行流通。

（2）云计算运用前景

云计算的发展给人才测评信息化平台建设带来了机遇。就人才测评来说，付出工作的单位和个人可以获得一定量的测评资源使用权限，对平台建设没有贡献的，则可支付一定的费用通过信息化平台使用这些资源。

云计算的强大网络集群，极大地改善了人才测评信息化平台原有的由各单位提供单一服务器和有限带宽的网络环境，提高了信息化平台数据处理的速度，并且能够承载上万人同时在线答题。这样，对人才测评组织者和被测评者都提供了高质量、方便快捷的服务。

云计算在人才测评信息化平台中应用的优点是显而易见的，但同时也会产生很大的问题，如使用公共人才测评信息化平台的测评数据如何能够做到保密，各行业、各单位投入大量的人力、物力和财力开发的测量量表如何能够得到知识产权的保护等，这些都是有待于进一步研究和解决的问题。

随着我国社会、经济、文化的发展，对教育管理干部测评的需要会不断增加。科学技术的飞速发展，为人才测评领域提供了更多的技术可能性。这些将为人才测评工作向更客观、更准确、更高效的方向发展提供强大的支持和动力。

## 四、人才测评技术在教育领域中的应用

人才测评技术在企业中应用较为广泛，为企业科学选拔人才、优化人员配置、改进员工培训、留住核心员工、整合社会资源发挥了重要的作用。随着人才测评技术的发展，人才测评在教育领域中的应用越发广泛起来。

### （一）人才测评技术在教育领域中的作用

人才测评技术为教育领域中人力资源政策的制定提供可靠的依据和

建议，是教育人力资源决策的基本工具，其在教育领域人力资源开发与整合中的作用主要有以下三个方面。

1. 教师方面

（1）有助于提高学校人力资源的利用率

人才测评是学校管理者了解教职工的重要工具和手段，这是因为一方面人员测评建立在现代科学理论和技术研究的基础之上，有可靠的理论依据和技术保障，能避免传统人员评价、甄选方法的主观盲目性。另一方面，无论是单项测评还是综合测评，因其严密的控制，能有效减少测评的随机误差，避免无关因素的干扰，因此测评结果能较真实地反映受测者的素质水平和工作绩效。因此，借助人才测评，学校管理者能更准确、客观地了解学校人力资源的现实状况，从而为现实人力资源的利用提供依据，提高人力资源的利用率，使教职工的才能得到充分发挥，促进学校发展。

（2）有助于学校招聘到真正适合从事教育的人才

人力资源管理工作的核心是人与岗位的匹配，这种匹配，要求把个人特征同工作岗位的特征有机结合起来，从而获得理想的人力资源配置或使用效果。学校每年需要从外部招一些或聘任一些人才，给学校补充新鲜血液。传统的招聘方式主要根据应聘者的学历、专业、毕业院校、行为表现等来推断其素质情况，普遍遵循着“看简历—面试（试讲）—录用（或辞退）”的老套路，这样学校招聘到的人员有可能不符合学校教学和科研的要求，甚至会招聘上不喜欢从事教育工作的人员。人才测评技术在这方面弥补了传统招聘技术的短处，可以让学校在对应聘者有了比较全面的了解后，结合应聘岗位，作出合理的科学有效的招聘决策，让优秀的、真正适合于从事教育的人才脱颖而出。

（3）有利于学校人才队伍的合理流动

学校人力资源是一个动态的综合体，人员总处于不断地流动中，建立合理的人员流动机制，必须以科学手段为前提，只有在明确了学校自身人力资源需求的基础上，切实解决和正确使用选贤任能的方法，才能真正实现按需择人、因才施事、人与事相配的目的。例如，根据人才测评结果，对于那些既有管理能力，又有科研和教学能力的人员可考虑"双肩挑"，调整到管理岗位，一方面从事管理工作，另一方面从事教学和科研工作；对于教学和科研水平较高，但管理能力相对较低的人员，可调整到教学和科研第一线，发挥其优势；对于有一定工作能力，由于个性或人际关系等原因造成工作成绩不佳的人员，可调整到与其个性、特点相适应的岗位；对于能力较差，不能胜任工作的则进行培训提高（进行学历提高或课程进修），或流向学校外部人才市场。通过人员测评，达到学校人才合理流动的目的。

（4）有助于建立学习型学校

美国著名的管理学家彼德·圣吉认为，学习型组织是一个不断创新、进步的组织，在这个组织中，大家得以不断突破自己的能力上限，培养全新而开阔的方式，全力实现共同的抱负。在人才测评中通过对教职工的个性特征、工作兴趣以及能力进行客观、全面的评价，再根据学校教学和科研的发展和需要，找到教职工认知以及能力的欠缺点，以测评结果为起点，制定人力资源开发和培训措施，能够使教职工树立终生学习和培训的观念，不断学习，不断更新知识，不断进行知识的积累和重新组合，建立学习型学校。

2. 学生方面

（1）有助于促进学生的职业发展和生涯规划

就学生而言，为有效完成生涯设计，要对自己有全面理性的认识和评价，了解自身智能倾向、个性特点、职业兴趣等，以确定职业发展方向。现代人才测评通过对个体能力、个性特征和人格的测量及综合性描述，借助量化和综合性手段使个体从感觉经验的自身局限性中解脱出来，由感性定位上升为理性测评，由模糊体验变为客观的评价，个体客观全面认识自身，有针对性地完成职业训练和职业适应性的培养，准确地进行职业定位。在专业、职业选择时，人才测评以心理测验为主，具体如卡特尔16因素人格测验(16PF)、霍兰德职业适应性测验（SDS)、一般能力倾向成套测验（GATB）等。就人才的培养机构而言，借助上述测评工具，可对人才培养中存在的问题有准确了解，在生涯指导过程中，通过心理辅导和专业教育，使学生在职业选择中准确定位。还可在以上心理测验的同时，结合对职业决策自我效能测验、职业未决测验、领悟社会支持测验等，对学生的生涯设计有一个全面了解。

（2）有助于提高学生的心理健康

激烈的社会竞争不仅要求学生具有较高的驾驭科学文化知识的能力，还要求其具备良好的心理素质，以适应瞬息万变的形势和环境。学生的生理、认知、情感、意志、自我意识在不断成熟和发展，如果家庭、学校、社会不能对其加以正确的引导，很容易产生心理不平衡、性格偏异等不良的结果。借助人才测评中的心理测试工具，能较为准确地诊断出需要提供心理健康服务的学生，有针对性地提升其心理健康素质。

（3）有助于准确评估学生素质，促进学生发展

学校评估学生成长时，有时过多地看中学习成绩，而忽略其他方面。换言之，对于学生素质的评估太过片面。这就使得一些学生在发展过程中由于学习成绩好（不好）而获得（丧失）教师的关注，从而出现学校中的马赛效应——好的越来越好，差的越来越差。因此，准确地对学生进行评估就显得非常重要。

3. 教育管理方面

（1）有助于优化教育管理

就组织而言，人才测评技术能帮助优化教育管理。教育系统中的管

理较为老套，有的虽然借鉴了一些现代教育管理的方法，但有时又显得比较生硬，如完全按照量化的方法来考核教师。可以借鉴和学习人才测评技术来进行折中，例如，在聘期考核或学年考核中，采用多方人才测评的技术，进行全方位的考查，可能会有效评估教师的发展与提高，还会为学校营造一种公平公正的氛围。

（2）有助于优化班级管理

就教师而言，尤其是对于班主任而言，班级管理的好坏，直接影响学生正确价值观的形成和发展，同时也决定学校教育活动的成功与否。将人才测评技术应用到班级管理中，例如在班干部选拔中，为了使班干部选拔工作更科学化、合理化，可以结合当前学校班级管理工作实际，尝试在班干部评定和选拔中采用人才测评技术和方法，这种方法对优化班级管理效果大有裨益，尤其是对于大学班级的管理来说，有重要的作用。

### （二）人才测评技术在教育领域中的应用示例

1．专业教师招聘

人才测评在专业教师招聘中的应用主要包括以下三个步骤。

（1）建立测评模型

学校的招聘职位主要是专业教师，招生对象主要是应届毕业生，在对职位进行综合分析的基础上，进行测评维度的评价。表 1－6 给出了一个人才测评模型的例子，测评的主要维度有学习能力、创新能力、沟通能力和专业知识等。

表1-6　人才测评模型示例

| 胜任力素质分类 | 测评项目 |
|---|---|
| 能力素质 | 学习能力 |
| | 沟通能力 |
| 心理素质 | 事业心与责任感 |
| | 创新意识 |
| | 主动性 |
| 知识素质 | 专业知识 |
| | 基础知识 |

（2）确定测评方法

可针对不同的维度选择和开发相应的测评工具，例如学习能力的测评可采用国际上通用的非文字逻辑推理能力测验来测评；沟通能力可采用情境模拟的方法；事业心、责任感和创新能力的测评历来是个难题，尤其是创新能力的高低与很多素质有直接关系，所以宜采用综合的方法；对主动性的测试宜采用人—机测评方法；对专业知识和基础知识的测试宜采用笔试和面试方法。

（3）实施测评

先通过毕业生推荐表及简历分析，确定首批参加笔试和初步面试的人员，然后对首轮笔试和面试合格的人员，采用合适的测评方法进行测评，并撰写出比较全面的测评报告，相关部门根据面试和测评报告，作出招聘决策。专业教师的招聘决策过程模型如图1-3所示。

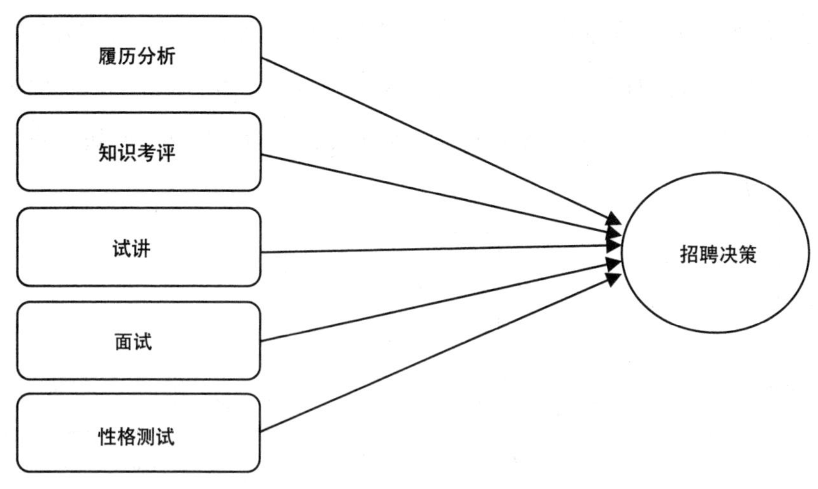


**图 1－3　教师招聘流程**

2．干部选拔与岗位竞聘

人力资源管理工作的核心是人与岗位的匹配，这种匹配要求把个人特征同工作岗位的特征有机结合起来，从而获得理想的人力资源效果。干部选拔和竞聘上岗的首要目的就是要实现人职匹配。不同的工作岗位对任职者的素质有不同的要求。只有当任职者具备岗位要求的素质并达到规定的水平时，才能胜任这项工作。

（1）明确岗位素质要求和任职条件

对学校而言，可以先通过工作分析和职位说明书对岗位工作职责进行分析和界定。工作分析对岗位的具体工作进行梳理，岗位说明书是工作分析的具体成果体现。通过工作分析，初步明确岗位的素质要求和任职条件。

（2）建立岗位胜任力模型

在对竞聘岗位进行详细的职位分析的基础上，建立胜任力模型。现代人才测评技术通常采用关键事件法，判断出岗位所需的“核心”素质，同时对各种素质要素分配相应的权重，建立竞聘岗位的基本素质测评维度体系，从而保证考官在考聘过程中对竞聘者有明确、科学的考查依据。例如，行政岗位的竞聘，其一般模型包含了6项胜任力：人际沟通能力、团队协作、专业技术能力、创新能力、责任心和分析判断力，如图1－4所示。

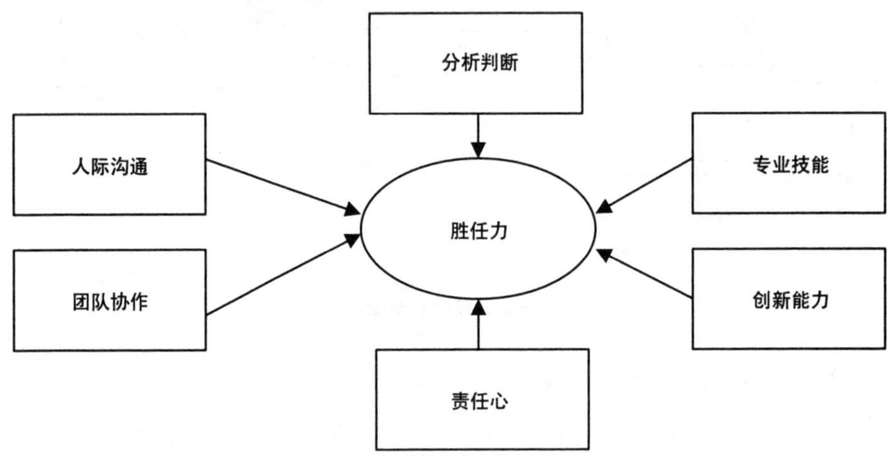


图1－4　行政岗位胜任力模型

（3）选定测评方法

在选拔和岗位竞聘中主要采用笔试、民主测评、心理测验、文件筐测试和半结构化面试等方法，运用这些方法从工作业绩、能力、群众基础、动机和个性方面对被选拔者和竞聘者进行考查评估。

（4）设计选拔和竞聘流程

选拔和竞聘实施过程中测评环节的先后排列，应遵循先易后难，低费用优先的原则。通常先进行笔试和民主测评，进行大面积筛选；然后，对初步入选者进行文件筐测试和半结构化面试。

（5）实施选拔和竞聘

对笔试合格人员，分组进行面试，每组可设立3－5名考官。最后结合民主测评、笔试成绩和面试成绩，进行综合评定，得出选拔和竞聘结果。选拔和竞聘决策模型如图1－5所示。

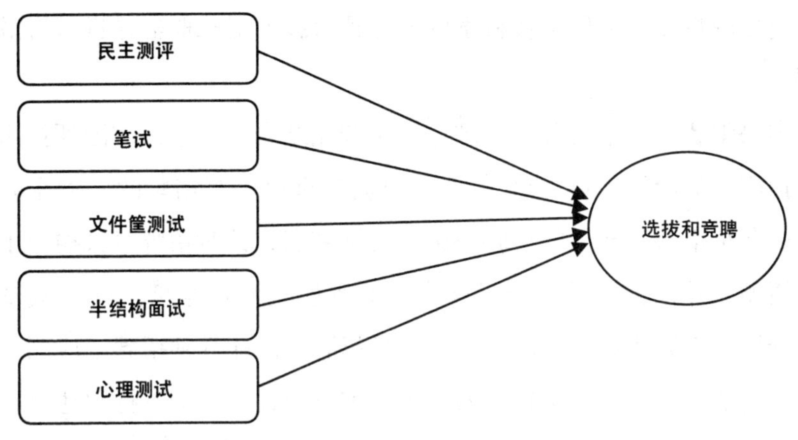


**图1－5 选拔和竞聘决策模型**

人才测评技术在教育领域中的应用应注意以下三点：一要因地制宜，由于各个学校存在着个体差异，因此在选择人才测评方法时，要根据各自的特点和需要，灵活地选择使用；二要防止滥用误用，同时要严格依照人才测评的标准进行操作；三要注重与时俱进，当前的人才测评技术并不是十分完美的，应随着时代的发展和技术的进步不断完善，因此，要注重探索和与时俱进，只有这样，人才测评工作才能跟上时代的步伐，才能推动人力资源管理和开发工作更上一层楼。

教育部在《教育部下发"关于印发〈幼儿园教师专业标准（试行)〉、〈小学教师专业标准（试行)〉和〈中学教师专业标准（试行)〉的通知》的实施建议中提到，各级教育行政部门要将该《专业标准》作为教师队伍建设的基本依据。制定符合地区实际的教师准入标准，严把教师入口关。

面向应届毕业生和社会人员的公开招聘的数据均表明，近年来，报考人数与岗位录用人数之比逐年攀升，拟聘人员的学历也有明显提升。随着应聘者的人数和学历层次的逐渐提高，原来看学历、看名校、凭经验的招聘方式已不能对目前的应聘群体进行有效的筛选，所以必须根据

教师岗位的特点，应用当代科学的人才评价技术对求职群体进行有效的测评。

本书编者致力于将胜任力理论与实践相结合，探索人才测评技术在教师招聘中的应用。自 2008 年起，根据北京市公开招聘的三种主要渠道，以北京市某区教委的招聘考试作为突破点，针对招聘对象构建了胜任力模型，并依据科学、便于操作的原则确定测评维度，开发测试题库，分别在应届毕业生招聘、社会人员招聘、高端教师招聘中应用，积累了丰富的经验，取得了较好的成果，本书后文将分别进行阐述。在探索测评技术应用的同时，也探索了将现代信息技术应用于测评当中，开发了信息化测试平台，部分批次的应届毕业生招聘和社会人员招聘及高端教师招聘应用了该平台进行笔试，提高了测评的效率。对于该平台的结构和使用将在第五章进行介绍。

# 第二章
# 人才测评技术在应届毕业生招聘中的应用

## 第一节　应届毕业生教师胜任力模型构建

时至今日，“科教兴国”已经成为各个国家、民族和地区的共识。教师作为知识的传递者在“科教兴国”战略中起着非常重要的作用，2010 年教育部颁布的《国家中长期教育改革和发展规划纲要（2010－2020 年)》中明确指出了“努力造就一支师德高尚、业务精湛、结构合理、充满活力的高素质专业化教师队伍”的宏伟目标。建设高素质专业化教师队伍的一条重要途径就是把优秀的人才引入到教师队伍中来，为教师队伍补充新鲜的血液。应届毕业生是国家为各个行业培养的优秀储备人才，从应届毕业生中招聘优秀人才是各个企事业单位人才招聘的主要渠道之一。对于教师队伍来说，吸纳优秀的应届毕业生，有利于更新教师队伍的年龄结构、知识结构等，有利于推动教师队伍健康发展。

优化教师队伍，提高教师队伍素质是保持科技和文化领先地位的必要措施，每年都有大量应届毕业生补充到现有的教师队伍中去。招聘与选拔作为教师来源的入口关，对师资队伍整体素质起着关键性作用，也直接影响到了教学质量的提高。如何通过科学的选聘方式来扩充中小学教师队伍，加强整体师资力量建设是目前教育系统管理部门面临的一个重要课题。最近的许多研究表明，“胜任力”与个体的工作绩效有着紧密的关系，是预测个体工作有效性的强有力的指标。因此，构建适用于应届毕业生的教师胜任力模型及其相应的测评体系，是提高教师队伍选拔有效性的可行途径。本书在分析大量国内外有关教师专业标准及教师选拔文献的基础上，结合目前的教育实际，通过内容分析法和开放式问卷调查等方法构建了应届毕业生教师胜任力模型，根据该胜任力模型建立了相应的招聘测评体系，并在招聘中进行了应用。

## 一、模型构建的方法与过程

结合应届毕业生的特点，应届毕业生教师胜任力模型的构建主要采用内容分析法和开放式问卷调查法来实现。其过程是通过选取有关教师资格标准、教师选拔等相关文献资料进行内容分析，从中提取出应届毕业生教师胜任特征项，然后以开放式问卷调查的方式，向 4 所学校（包括示范小学和中学各 1 所，普通小学和中学各 1 所）的部分中小学教师（涵盖了语文、数学、外语、物理、科学、化学、地理、历史、政治等学科）发放开放式问卷，请他们回答小学、中学教师应该具备什么特征。对回收的问卷按照《胜任特征词典》进行编码，并统计各个胜任特征出现的频次。最后对两次获取的胜任特征项目进行整合，设计出应届毕业生教师胜任力模型，并请相关方面的专家对模型的内容效度及构建方法和研究结果的科学性做出评价。

### （一）内容分析法提取应届毕业生教师胜任特征项

内容分析法（Content analysis），是最常用的文献分析方法中的一种，它是一种对于传播内容进行客观、系统和定量描述的研究方法。从方法论的角度看，内容分析方法分为定量和定性两种，大部分著作中只将定量取向的一种称为内容分析法。内容分析法与调查研究的方法类似，在研究过程中需要对研究对象的总体范围、分析单位、样本抽取、编码方法、分析方式等进行选择。

使用内容分析法提取应届毕业生教师胜任特征项的过程主要分为以下三个步骤。

第一步，抽取样本

本书主要是构建适用于应届毕业生的教师胜任力模型，通过文献资料的统计，目前对此方面的研究较少，暂时还没有此类教师模型。虽然与在职普通教师相比，应届毕业生缺乏相应的教育教学实践技能，但大部分人接受过系统的教育教学方法方面的训练，或者至少是取得了相应级别的教师资格证书，所以适用于应届毕业生的教师胜任力模型与在职社招教师基本上是相通的。因此本书中选取教师资格标准、教师选拔标准等相关文献作为构建应届毕业生教师胜任力模型的参考。为了提高内容分析的有效性，在抽取样本的过程中坚持以下三个方面的标准。

（1）相关性，指确定研究是否属于中小学学科教师胜任力范畴，排除其他群体如大学教师、班主任教师、心理健康教师等。

（2）学术性，指为了提高学术性，只选取在公开期刊上发表的较有影响力因子的文献。

（3）质量，指纳入本分析的文献必须满足高质量的要求，即研究方法设计合理、分析方法选择恰当，研究方法比较科学，解释被支持并且研究内容符合本书要求。

明确抽取样本的范围和标准后，分别以“中小学教师资格标准”“教师专业标准”“教师选拔标准”作为关键词，通过中国知网（CNKI），检索 1985 – 2014 年间发表的符合条件的文献，总共检索到有关教师资格标准文献 25 条，有关教师选拔标准的文献 24 条。剔除高等学校、中等职业学校教师专业标准及选拔标准文献 12 条，以及无关文献 5 条，最后选出 32 条有效文献作为研究对象进行分析。

第二步，信息编码

一般来说，信息编码有两种方法。一种是根据研究的需要，设计一种简单的编码方案或者利用现有的编码方案，这种编码是建立在已有的理论基础之上的方法，也称“先验编码”；另一种是根据资料编码，这种方法是在研究者不知道研究主题包括哪些变量，不能预测所有可能答案时候进行的编码。这种方法是在对数据做初步的分析以后制订编码方案，也称“急诊编码”。根据本文研究的内容，本书拟选取第一种编码方法。并对选取样本信息设计简单的编码方案，制作记录信息的编码表，如表 2 – 1 和表 2 – 2 所示。

**表 2 – 1　教师选拔标准中教师胜任特征项编码表**

| **文献标题** | **新教师选拔的标准及其成长（美国）** | **作　者** | **李进忠<br>郝　静** |
|---|---|---|---|
| 发表时间 | 2006 | 期刊或数据库名称 | 基础教育参考 |
| 胜任特征项 | | | |
| 课堂管理能力 | 积极的态度 | 热情 | 爱学生 |
| 期望 | 学科知识 | 与学生互动 | 持久性 |
| 保护学生 | 概括能力 | 帮助学困生 | 献身精神 |
| 勇于承认和改正错误 | 高效性 | | |

**表 2 – 2　教师专业标准中教师胜任特征项编码表**

| **文献标题** | **英国教师专业标准研究** | **作　者** | **尹妙辉** |
|---|---|---|---|
| 发表时间 | 2008 | 期刊或数据库名称 | CNKI 硕士论文 |
| 胜任特征项 | | | |
| 期望 | 信任学生 | 师生互动 | 遵守教师法 |
| 与同事、家长建立关系 | 反思能力 | 创新 | 掌握教学策略 |
| 教育测量 | 教育评价 | 教育监控 | 学科知识 |
| 教育教学知识 | 读写及多媒体技术 | 了解学生心理 | 了解安全知识 |
| 制订教学计划 | 提供反馈 | 团队协作 | |

第三步，胜任特征项汇总

通过对32篇有效文献编码，合并同类项或相似项，共得到54个胜任特征项，剔除出现频率低于20%的特征项，剩余26个中小学教师胜任特征项，如表2－3所示。

**表2－3　中小学教师胜任特征频次表**

| 编号 | 胜任特征项 | 出现频次 | 频率 |
|---|---|---|---|
| 1 | 学科知识 | 25 | 96% |
| 2 | 教育学心理学知识 | 19 | 73% |
| 3 | 通识知识 | 12 | 46% |
| 4 | 教学策略 | 24 | 92% |
| 5 | 教育监测与评价 | 15 | 58% |
| 6 | 课堂组织管理 | 26 | 100% |
| 7 | 教学计划与准备 | 17 | 65% |
| 8 | 评估与反思 | 14 | 54% |
| 9 | 信息收集能力 | 10 | 38% |
| 10 | 计划性和条理性 | 14 | 54% |
| 11 | 创新性 | 12 | 46% |
| 12 | 概念性与分析性思考 | 10 | 38% |
| 13 | 应变能力 | 16 | 62% |
| 14 | 自我发展与学习 | 20 | 77% |
| 15 | 进取心 | 11 | 42% |
| 16 | 成就导向 | 15 | 58% |
| 17 | 责任心 | 25 | 96% |
| 18 | 沟通能力 | 23 | 88% |
| 19 | 合作能力 | 18 | 69% |
| 20 | 情绪稳定性 | 15 | 58% |
| 21 | 个人修养 | 13 | 50% |

续表

| 编号 | 胜任特征项 | 出现频次 | 频率 |
| --- | --- | --- | --- |
| 22 | 乐观幽默 | 9 | 35% |
| 23 | 宽容耐心 | 20 | 77% |
| 24 | 诚实正直 | 18 | 69% |
| 25 | 认真坚持 | 16 | 62% |
| 26 | 职业热情 | 20 | 77% |

### （二）开放式问卷调查获取应届毕业生教师胜任特征项

除了提取中小学教师胜任特征项作为参考外，为了能够获取更多适用于应届毕业生教师胜任特征项，本书按照分层随机取样的策略分别抽取了示范小学和中学各一所，普通小学和中学各一所，以开放式问卷调查的方式调查了这些学校教师对于应届毕业生教师应该具备的胜任特征的看法。总共发放问卷20份，有效回收12份，有效回收率为60%。对回收的数据进行开放式编码，合并一些意思相同但是表达不同的项目，并统计每个胜任特征被提及的频次，最后的结果如表2－4所示。

**表2－4　应届毕业生教师被期望具有的胜任特征项**

| 编号 | 胜任特征 | 出现频次 | 频率 |
| --- | --- | --- | --- |
| 1 | 学科知识 | 10 | 83% |
| 2 | 教育学心理学知识 | 7 | 58% |
| 3 | 课堂管理理念 | 11 | 92% |
| 4 | 教学设计理念 | 9 | 75% |
| 5 | 分析和概括思维 | 6 | 50% |
| 6 | 逻辑推理 | 8 | 67% |
| 7 | 计划性思维 | 7 | 58% |
| 8 | 责任心 | 11 | 92% |
| 9 | 情绪调控 | 7 | 58% |

续表

| 编号 | 胜任特征项 | 出现频次 | 频率 |
|---|---|---|---|
| 10 | 人际沟通与团队协作 | 6 | 50% |
| 11 | 职业热情 | 8 | 67% |
| 12 | 通识知识 | 8 | 67% |

### （三）应届毕业生教师胜任力模型构建

本书通过内容分析法获取了中小学教师胜任特征群，又通过开放式问卷调查得到了相关人事负责人对应届毕业生教师胜任特征的要求，本书认为应届毕业生是未来中小学教师的后备军，即将成为新任教师，应该具备教师所拥有的大部分胜任特征，但是鉴于其缺乏相应的教育教学实践经验和技能，表现出的更多是一些观念，因此对于应届毕业生教育教学技能方面的考查重点在于考查其教育教学方面的观念。结合目前教育的实际情况以及招聘单位对于应届毕业生教师胜任力的一些要求，本书构建了应届毕业生教师胜任力模型，构建的原则是把内容分析法所获得的结果与开放式问卷调查的结果进行比较，二者一致的部分保留在模型中，二者不一致的部分以开放式问卷调查的为准，放入模型中，最后在一级编码的基础上根据各个特征的内涵总结出两级胜任力模型，其结果如表 2－5 所示。

**表 2－5　应届毕业生教师胜任力模型**

| 一级维度 | 二级维度 |
|---|---|
| 教育教学知识 | 学科知识 |
| | 通识知识 |
| | 一般教育学心理学知识 |

续表

| 一级维度 | 二级维度 |
|---|---|
| 基本认知能力 | 分析与概括思维 |
| | 逻辑推理 |
| | 计划性思维 |
| 教育教学观念 | 职业热情 |
| | 课堂管理理念 |
| | 教学设计理念 |
| 社会适应特质 | 情绪调控 |
| | 人际沟通与协作 |
| | 责任心 |

该模型充分考虑到了应届毕业生缺乏教育教学实践能力的特点，重点考查其综合能力如基本认知能力和社会适应性，并辅以教育教学知识和观念的测查，了解应届毕业生的专业准备性，从而全方位的掌握了其潜在的职业胜任力。

## 二、模型的验证

### （一）专家评定胜任力模型内容效度

1. 设计应届毕业生教师胜任特征核检表

根据整理所得的应届毕业生教师胜任特征（表2-5），采用“里克特5点量表”形式设计了胜任力模型专家意见调查问卷。下面是一份关于应届毕业生教师应该具备的知识、能力、态度、观念等的调查核检表。被调查者根据自身的专业知识和相关工作经验对应届毕业生教师所需要具备的胜任特征项进行评价。

本检核表共分为两部分。第一部分是个人基本信息；第二部分是应届毕业生教师胜任特征检核项目，被调查者根据对各个项目的理解，选择不同的评价等级。

第一部分　个人基本信息

1. 性别：A. 男□　B. 女□

2. 年龄：A. 30 岁以下□　B. 30 – 40 岁□　C. 41 – 50 岁□　D. 50岁以上□

3. 身份：A. 校长□　B. 副校长□　C. 教授/研究员　D. 特级教师□　E. 教学主任/教研组长□

4. 受教育情况：A. 大专及以下□　B. 本科□　C. 硕士□　D. 博士□

第二部分《应届毕业生教师胜任特征检核表》，如表 2 – 6 所示。

**表 2 – 6　应届毕业生教师胜任力模型专家评定表**

| 编号 | 胜任特征 | 非常不重要 | 比较不重要 | 不确定 | 比较重要 | 非常重要 |
|---|---|---|---|---|---|---|
| 1 | 学科知识 | | | | | |
| 2 | 教育学心理学知识 | | | | | |
| 3 | 课堂管理理念 | | | | | |
| 4 | 教学设计理念 | | | | | |
| 5 | 分析和概括思维 | | | | | |
| 6 | 逻辑推理 | | | | | |
| 7 | 计划性思维 | | | | | |
| 8 | 责任心 | | | | | |
| 9 | 情绪调控 | | | | | |
| 10 | 人际沟通与团队协作 | | | | | |
| 11 | 职业热情 | | | | | |
| 12 | 通识知识 | | | | | |

注：请在表格的相应位置填写相应的数字。

2. 选取研究对象

为了提高取样的有效性，本书选取了某大学教育学部 2 位研究方向为教师专长的教授，心理学院2位教育心理学方向的教授，2所示范学校的2位校长和2位教学主任，以及某学校的2位特级教师作为专家，对本书编制的胜任力模型进行评定。专家的基本信息如表2－7所示。

**表2－7　应届毕业生教师胜任力模型内容效度验证专家基本情况表**

| 编号 | 职位 | 性别 | 年龄 | 学历 | 职称 | 专业领域/学科 |
|---|---|---|---|---|---|---|
| 1 | 大学教师 | 女 | 56 | 硕士 | 教授 | 教育学（教师职业发展） |
| 2 | 大学教师 | 女 | 48 | 博士 | 教授 | 教育学（教师专长） |
| 3 | 大学教师 | 女 | 52 | 博士 | 教授 | 教育心理学 |
| 4 | 大学教师 | 男 | 55 | 博士 | 教授 | 教育心理学 |
| 5 | 中学校长 | 男 | 59 | 本科 | 中学高级 | 语文 |
| 6 | 小学校长 | 女 | 51 | 硕士 | 小学高级 | 美术 |
| 7 | 教学主任 | 女 | 43 | 硕士 | 中学高级 | 生物 |
| 8 | 教研组长 | 男 | 45 | 本科 | 中学高级 | 化学 |
| 9 | 数学教师 | 男 | 40 | 本科 | 中高特级 | 数学 |
| 10 | 语文教师 | 女 | 54 | 本科 | 小高特级 | 语文 |

3. 结果及分析

（1）评价结果统计

10位专家对应届毕业生教师胜任力模型二级指标的评价结果如表2－8所示。

**表2－8　应届毕业生教师胜任力模型专家评定结果**

| 胜任特征 | 评价者 | | | | | | | | | |
|---|---|---|---|---|---|---|---|---|---|---|
| | 1 | 2 | 3 | 4 | 5 | 6 | 7 | 8 | 9 | 10 |
| 学科知识 | 5 | 4 | 4 | 3 | 3 | 4 | 5 | 5 | 4 | 5 |
| 教育学心理学知识 | 4 | 5 | 5 | 4 | 4 | 3 | 3 | 5 | 3 | 5 |
| 课堂管理理念 | 5 | 4 | 3 | 4 | 3 | 4 | 4 | 3 | 4 | 5 |
| 教学设计理念 | 5 | 5 | 3 | 5 | 3 | 5 | 3 | 4 | 2 | 4 |

续表

| 胜任特征 | 评价者 | | | | | | | | | |
|---|---|---|---|---|---|---|---|---|---|---|
| | 1 | 2 | 3 | 4 | 5 | 6 | 7 | 8 | 9 | 10 |
| 分析和概括思维 | 4 | 2 | 3 | 5 | 4 | 3 | 5 | 5 | 4 | 5 |
| 逻辑推理 | 5 | 3 | 2 | 3 | 4 | 5 | 4 | 3 | 2 | 5 |
| 计划性思维 | 4 | 5 | 4 | 3 | 2 | 5 | 5 | 5 | 4 | 5 |
| 责任心 | 4 | 5 | 4 | 5 | 3 | 3 | 3 | 3 | 4 | 5 |
| 情绪调控 | 5 | 3 | 5 | 3 | 5 | 3 | 4 | 3 | 3 | 5 |
| 人际沟通与团队协作 | 4 | 4 | 4 | 3 | 4 | 5 | 5 | 3 | 5 | 5 |
| 职业热情 | 5 | 4 | 4 | 3 | 3 | 4 | 5 | 5 | 4 | 5 |
| 通识知识 | 4 | 5 | 5 | 4 | 4 | 3 | 3 | 5 | 3 | 5 |

（2）胜任特征项目均值和标准差分析

10位教育教学领域的专家对应届毕业生教师胜任力模型评价的描述性统计结果如表2－9所示。从表2－9可以看出，12个特征项中有7个特征项目都被专家评定为重要性等级超过了4（平均值为3），剩余5个特征项目的重要性也被评价为超过了3.5（平均值为3），可见，专家认为此胜任力模型中所列出的12个胜任特征项目对于应届毕业生教师来说都是非常重要的。

**表2－9　应届毕业生教师胜任特征项专家评定描述性统计结果**

| 编号 | 胜任特征 | 平均数 | 标准差 |
|---|---|---|---|
| 1 | 学科知识 | 4.5 | 0.527 |
| 2 | 教育学心理学知识 | 4 | 1.054 |
| 3 | 课堂管理理念 | 3.7 | 0.949 |
| 4 | 教学设计理念 | 3.8 | 0.919 |
| 5 | 分析和概括思维 | 3.5 | 0.85 |
| 6 | 逻辑推理 | 4 | 0.943 |

续表

| 编号 | 胜任特征 | 平均数 | 标准差 |
| --- | --- | --- | --- |
| 7 | 计划性思维 | 4. 1 | 0. 876 |
| 8 | 责任心 | 3. 9 | 0. 994 |
| 9 | 情绪调控 | 3. 5 | 0. 972 |
| 10 | 人际沟通与团队协作 | 4. 9 | 0. 316 |
| 11 | 职业热情 | 4. 6 | 0. 699 |
| 12 | 通识知识 | 4. 5 | 0. 527 |

（3）专家评定一致性

专家评定结果的一致性是研究可靠和有效的一个重要指标。在本书中有10位专家对12个特征项目进行了评估，对专家评估意见的一致性进行考查，需计算肯德尔和谐系数W。在本书中被评价样本的个数即胜任特征数目（N）是12，大于7，因此评分制一致性系数W显著性的考查采用卡方检验的方法。用SPSS软件计算肯德尔和谐系数值，结果为W=0. 261，利用卡方转化公式，即$\chi^2 = K(N-1)W$公式计算卡方值（本公式中N为评价对象的数目，K为评价者人数，在本书中N=12，K=10），其结果为$\chi^2 = 28.71$，查表知：$\chi^2_{.05(11)} = 19.7$，$\chi^2_{.01(11)} = 24.7$；28. 71 24. 71，P <0. 01，结果非常显著，说明10位专家的评分制一致性非常高，评分结果是非常可靠可信的。

### （二）专家评定胜任力模型构建流程及结果

1. 设计胜任力模型构建流程及结果专家评定表

根据本书的基本流程及相应结果，编制《应届毕业生教师胜任力模型构建流程及结果专家评定表》，详细描述本书中胜任力模型构建的基本流程和主要结果，请有关方面的专家对模型构建过程本身的有关问题做出评定。评定内容为：胜任力模型构建方法科学性，文献资料取样代表性，特征词汇编码的规范性，特征词提炼、归类的准确性，胜任力模型结构要素合理性。

2. 选取研究对象

本书中的专家是通过专业学术委员会推荐的方式邀请到的。首先联系了某大学心理学专业学术委员会的一位重要成员，详细地向其介绍了研究的目的和主要内容，并请其帮助推荐几名在人力资源管理、心理测量与评价、教育心理学等相关领域中熟悉胜任力相关研究的专家。最终研究者与8位相关专家取得了联系，6位专家均同意了研究者的请求，这其中包括3位人力资源管理方向的专家，1位心理测量与评价方向的专家和2位教育心理学方向的专家，这六位专家均具有正教授称职，并且均有胜任力研究领域的学术文章发表在国内外核心期刊上。

3. 结果及分析

（1）胜任力模型构建方法科学性专家评议结果

本书采用里克特5点计分量表的方式调查了专家对于本书中应届毕业生教师胜任力模型构建方法的科学性的看法，调查结果如表2－10所示。

**表2－10　胜任力模型构建方法科学性专家评议表**

| 专家编号 | 评价等级 | | | | |
|---|---|---|---|---|---|
| | 1. 非常不科学 | 2. 比较不科学 | 3. 不确定 | 4. 比较科学 | 5. 非常科学 |
| 1 | | | | √ | |
| 2 | | | | | √ |
| 3 | | | | | √ |
| 4 | | | | | √ |
| 5 | | | | | √ |
| 6 | | | | | √ |

由表2－10可见，6位专家中有5位认为本书中胜任力模型构建的方法非常科学和可靠，只有1位专家认为是比较科学的，没有专家认为本书中胜任力模型构建方法不够科学和严谨。由此可见，本书中胜任力模型的构建方法获得了专家的高度认可。

（2）文献资料取样代表性专家评议结果

本书采用里克特5点计分量表的方式调查了专家对于本书中应届毕业生教师胜任力模型构建中文献资料取样的代表性程度的意见，调查结果如表2－11。

**表2－11　文献资料取样代表性程度专家意见**

| 专家编号 | 评价等级 | | | | |
|---|---|---|---|---|---|
| | 1. 非常不具有 | 2. 比较不具有 | 3. 不确定 | 4. 比较具有 | 5. 非常具有 |
| 1 | | | | | √ |
| 2 | | | √ | | |
| 3 | | | | √ | |
| 4 | | | | | √ |
| 5 | | | | | √ |
| 6 | | | | √ | |

由表2－11可知，6位专家中有一半的专家认为本书中资料取样的代表性程度是非常高的，有2位认为是比较高的，还有1位专家认为代表性处于中等水平。由此可见，专家对本书中文献资料取样的代表性程度也给予了较为肯定的意见。

（3）特征词汇编码的规范性专家评议结果

本书采用里克特5点计分量表的方式调查了专家对于本书中应届毕业生教师胜任力模型构建中特征词汇编码的规范性程度的看法，调查结果如表2－12所示。

表 2-12　特征词汇编码规范性程度专家意见

| 专家编号 | 评价等级 | | | | |
| --- | --- | --- | --- | --- | --- |
| | 1. 非常不规范 | 2. 比较不规范 | 3. 不确定 | 4. 比较规范 | 5. 非常规范 |
| 1 | | | | | √ |
| 2 | | | | | √ |
| 3 | | | | | √ |
| 4 | | | | √ | |
| 5 | | | | | √ |
| 6 | | | | | √ |

由表 2-12 可知，6 位专家对本书中特征词汇编码的规范性程度给予了高度认可，认为本书中特征词汇的编码符合科学研究的要求。

(4) 特征词提炼、归类的准确性专家评议

本书采用里克特 5 点计分量表的方式调查了专家对于应届毕业生教师胜任力模型构建中特征词汇提炼、归类的准确性程度的看法，调查结果如表 2-13 所示。

表 2-13　特征词提炼、归类的准确性专家意见

| 专家编号 | 评价等级 | | | | |
| --- | --- | --- | --- | --- | --- |
| | 1. 非常不准确 | 2. 比较不准确 | 3. 不确定 | 4. 比较准确 | 5. 非常准确 |
| 1 | | | | √ | |
| 2 | | | | | √ |
| 3 | | | | | √ |
| 4 | | | | | √ |
| 5 | | | | √ | |
| 6 | | | | | √ |

由表 2-13 可知，6 位专家中有 4 位专家认为本书中特征词提炼、归类的准确性程度非常高，还有 2 位认为是比较准确的，说明本书中特

征词的提炼、归类获得了专家的一致性认可。

（5）胜任力模型结构要素合理性专家评议

本书采用里克特5点计分量表的方式调查了专家对于本书中最终构建的应届毕业生教师胜任力模型结构要素的看法，调查结果如表2－14所示。

**表2－14　应届毕业生教师胜任力模型结构要素合理性专家意见**

| 专家编号 | 评价等级 | | | | |
|---|---|---|---|---|---|
| | 1. 非常不合理 | 2. 比较不合理 | 3. 不确定 | 4. 比较合理 | 5. 非常合理 |
| 1 | | | | | √ |
| 2 | | | | √ | |
| 3 | | | | | √ |
| 4 | | | | | √ |
| 5 | | | | | √ |
| 6 | | | | | √ |

由表2－14可知，所有专家对本书中构建的应届毕业生教师胜任力模型的结构要素持肯定性意见。

应届毕业生教师胜任力模型内容效度及科学性等有关问题的专家评定结果显示，本书中构建的胜任力模型适合应届毕业生教师，研究流程科学、研究结果可靠，可以作为选拔、测评和培养优秀应届毕业生加入到教师队伍中的重要依据。

## 三、模型组成因素说明

本书构建的应届毕业生胜任力模型共包括4个一级维度，12个二级维度。其中4个一级维度为教育教学知识、基本认知能力、教育教学观念、社会适应特质。该模型基本与冰山模型相对应，涵盖了知识、技能、自我概念与个人特质等层次的特征。其中，教育教学知识包括学科知识、一般教育学心理学知识、通识知识；基本认知能力包括分析与概括思维、逻辑推理、计划性思维；教育教学观念包括职业热情、课堂管理理念、教学设计理念；社会适应特质包括情绪调控、人际沟通与协作、责任心。

### （一）社会适应特质

社会适应特质是指一个人面对纷繁复杂社会环境的一种准备心理及进入环境后的承受适应性方面的特征。通俗地讲，就是大学毕业生进入工作新环境后对新环境的适应以及利用工作资源快速成长的特征。适应新环境是一个人能有效开展工作的前提。融入环境的速度越快，个体拥有的资源越多，获得优秀绩效的可能性越大。“80 后”“90 后”的学生大多数在父母的呵护下长大，独立处事的能力、与他人沟通协作的能力、工作主动性等方面的能力可能受到某些限制。因此，社会适应特质决定了大学毕业生进入未来工作状态的速度，以及是否能适应瞬息万变的社会环境。

### （二）基本认知能力

基本认知能力主要体现了与各种职业胜任力密切相关的一系列心理潜能。这些潜能是从业和胜任的最基本的和核心的条件，也影响着个体从事职业活动的效率和成功的可能性。基本认知能力是一个人发现问题、分析问题、解决问题的最基础的能力。如果缺乏相应的能力，则个体很难适应一般的工作。一般来说，基本认知能力比较高的个体，能够在工作中及时地发现问题、解决问题，能够提高工作的效率。应聘者基本认知能力是从事教师工作最基本的一种能力要求。

### （三）教育教学知识

教育教学知识是反映应届毕业生教师胜任力中知识层面的内容，它是指能够使得应届毕业生教师胜任教书育人工作所需要的最基本的专业知识，包括学科知识、一般教育学、心理学知识和通识知识。学科知识是从事某个专业课程教学工作所必须具备的与该学科有关的知识，一般是由应届毕业生大学期间所读专业所确定。一般的教育学心理学知识是指用于创造教与学环境的知识，包括那些在各个学科通用的陈述性的和程序性的知识。这种知识是教师职业特有的，并且是随着教师职业的发展逐步提高的。它包括班级管理知识、教学方法知识、课堂评价知识、学习过程知识、学生个体特征等方面的知识。通识知识是指教师拥有的有利于开展有效的教育教学工作的普通文化知识，包括自然科学知识如地理、化学、生物、机械等方面的知识和人文社会科学知识如哲学、宗教、艺术等方面的知识。教育教学知识是从事教师职业必备的职业素养之一，考查应届毕业生的教育教学知识是了解该群体职业准备性的有效途径。

**（四）教育教学观念**

教育教学能力是教师胜任力的核心成分，有关教育教学的各种观念影响着教育教学目标的设定、教育教学策略选择及具体的教育教学行为。本书中教育教学观念是指教师拥有的关于教育教学方面的认识、看法、信念等相关的内容。包括教师对于教育职业本身、对学科、对学生的热爱，对于课堂管理、教育测评、教学设计及教师专业发展等方面的看法。通过考查应届毕业生的教育教学观念，可以了解该群体对教育教学的基本看法，进而确认其是否符合教师职业标准。

## 第二节　应届毕业生教师测评体系构建

胜任力模型为人才测评体系的建立和实施提供了重要的测评依据。为了更好地运用胜任力理论指导教师招聘工作，本书将胜任力模型运用于具体的人才测评体系中，确立了以胜任力模型为核心的应届毕业生教师测评体系。

## 一、指标体系的构建

### （一）指标体系构建的原则

1. 针对性原则

由于测评的目的、对象和侧重点不同，在选择确定测评的要素和具体指标时，应从实际情况出发，使其具有较强的针对性，充分体现出作为所测评对象的性质和特点。

2. 科学性原则

测评要素指标体系的确定应以生理学、心理学、管理学、行为科学、人才学等科学原理为依据，采用科学的调查研究方法（如问卷调查法、个案研究法等），借用先进的测量工具。

3. 明确性原则

明确性原则是指在所确认的测评体系中，每个测评要素指标都要有明确的内容、定义或解释说明，必要时还要列出计算公式，使测评要素和指标的概念内涵明确、外延清晰。同时，测评要素指标的文字表述应力求精练、直观、通俗，所选择的要素指标要少而精，测评体系的设计达到规范化和标准化的要求。

4. 独立性原则

独立性原则是指同一层次的评价指标之间应该尽可能独立，指标的关联性应该尽可能小。各个测评指标之间不相互包含，不能出现大范畴和小范畴并列或相互交叉的情况。

### （二）指标体系构建的结果

本书拟采用构建的应届毕业生教师胜任力模型（见表2－5）作为

测评的指标体系，即将4个一级维度作为测评的指标，编制测验，全面考查应届毕业生在知识、能力、个人特质、自我概念方面的特征，通过履历分析、纸笔测验、心理测验、结构化面试、试讲、实习等多种测评方法进行考查。

## 二、招聘过程中人才测评体系的建立

依据要测评的指标，运用多种测评工具进行多角度的测评，使得各种测评工具测的结果能够互相印证，互相补充。在应届毕业生的测评中，主要有以下五种测评工具。

### （一）履历分析

应届毕业生缺乏具体的教育教学实践经历，根据应届毕业生教师胜任力模型，履历分析重在了解其教育经历、实习经历、参与社会活动记录、专业成绩排名、以及自我认识与评价等方面的内容。各个单位可以根据自己对拟招聘人员的胜任力要求设计相应的履历表，以考查相应的胜任力。

### （二）职业适应度测验

职业适应度测验是应届毕业生招聘主管部门为公开招聘专门开发的专业化测评工具。该测评工具以纸笔测验的方式，通过问卷法，测验法，情境判断测验的方式重点考查胜任力模型中的一般认知能力、社会适应性和教育教学观念三个方面的一些胜任特征，具体包括以下三个分测验。

1. 心理特质测验

心理特质测验主要测查应聘者在情绪稳定性、责任感、人际交流与沟通等方面的胜任力。应届毕业生的社会适应性在一定程度上也反映着其心理健康的程度。该测验以问卷调查的方式，让应聘者针对所描述的题项与自己实际情况的符合程度做出评价，根据评价的结果来判断应聘者的胜任特征。

2. 能力倾向测验

能力倾向主要体现了与各种职业胜任力密切相关的一系列基本认知方面的心理潜能，如分析问题能力、概括总结能力、资料分析能力等。这些潜能是从业和胜任的基本条件，也影响着个体从事职业活动的效率和成功的可能性。能力倾向测验既非一般的智力测验，也不同于某职业领域内通用的基础知识测验和具体专业知识技能测验，它是对职业工作需要具备的多种能力的综合考查。针对教师工作高知识性、高复杂性以及计划性比较强，同时突发事件出现频率又比较高的特点，基本能力倾向测验主要考查应聘者在分析问题、概括问题、逻辑推理、语言理解、资料分析等几个主要方面的胜任特征。

3. 教师教育教学观念和知识测验

在应届毕业生教师胜任力模型中，教师的教育教学技能与知识不是最核心的胜任力，但是鉴于教育教学能力是教师专业胜任力的核心成分，且应届毕业生大都接受过系统的教师专业训练或者拿到了教师资格证书，他们拥有一些教育教学方面的基础知识和观念，主要包括教育教学目标的设定、教育教学策略选择及具体的教育教学行为选择等各种有关教育教学的知识和观念，因此测验还是对应聘者的教育教学观念进行了考查，以了解其从事教师工作的专业准备状况。该测验主要考查应聘者对相关的教育教学专业知识和技能的理解与判断。重点考查五个维度：学生的发展及其多元性、班级管理与学习环境设置、教育教学方法与策略、教育教学测量与评价、专业化发展与人际互动。

### （三）结构化面试

结构化面试是指依据预先确定的内容、程序、分值结构进行的面试形式。面试过程中，主试人须根据事先拟订好的面试提纲逐项对被测评者进行测试。在结构化面试中，面试的程序、内容以及评分方式等标准化程度都比较高，使面试结构严密，层次性强，评分模式固定。目前，结构化面试因其直观、灵活、深入、具有较高的信度和效度而不断为许多用人单位接纳和使用，成为现代人员素质测评中一种非常重要的方法且日益受到人们的重视。一般来说，结构化面试多采用情境问题或者行为事件访谈法进行。

**（四）试讲**

试讲是应届毕业生专业化面试的重要组成部分。针对教学经验比较少、教学技能尚不娴熟的应届毕业生，试讲的主要目的是了解应聘者的语言表达能力、课堂组织能力、多媒体软件制作、板书板画能力、学科知识掌握程度及知识面的广度。此外，对于应届毕业生，试讲时表现的个人气质、仪容姿态、是否具有亲和力等也是考查其是否具有成为合格教师潜质的重要指标。

**（五）实习状况**

在正式录用之前，用人单位一般会要求应届毕业生在单位实习一段时间。实习期间是全面考查其胜任力的绝佳时期。用人单位可以在自然的状态下观察其在实习期教育教学知识、技能等方面的表现，也可以观察其在人际沟通、团队合作、师生交往、责任心、情绪稳定性、问题解决能力等方面的胜任力，也可以在人为设计的情境中观察其在某些方面的表现，如故意设计一些冲突情境，考查其应变能力。

## 三、应届毕业生教师招聘胜任力测评相关试题设计

适用于应届毕业生的教师招聘，其胜任力测评方式主要采用用人单位自评和上级主管部门统一测评相结合的方式。目前，教育主管部门主要负责应届毕业生教师的职业适应度测验。有关该测验的命题相关内容如下。

## （一）试题的命题

### 1. 命题形式的要求

为了能够全面的测量应届毕业生应聘者的胜任力，同时也为了适应公开、公正、公平考试的需求，职业适应度测验命题的形式以客观题为主，同时辅以少量的主观题目以考查一些较为深层和复杂的能力、心理等方面的胜任力。在具体的命题形式中，根据兼顾效率和速率的原则，采用多种测评形式相结合的方式，如具体的题目类型包括选择题、正误判断题、案例分析题、情境判断题等形式。

### 2. 试题难度和区分度的要求

难度是指试题的难易程度，是评价题目质量的一个非常重要的指标。根据难度系数的计算公式，一个题目，如果大部分应聘者都能答对，那么这个题目的难度系数大，难度比较低；如果大部分应聘者都不能答对，那么这个题目的难度系数就比较小，难度则较大。在具体考试过程中，题目过于简单或者过难都无法真实地反应考试的真实能力水平，中等难度水平的试题才具有较大的区分性。考试中对于题目难度的划分一般来说分为易（难度系数在 0.7 以上）中（难度系数在 0.4 - 0.7 之间）难（难度系数在 0.4 以下）三类。在选拔性考试中，往往根据选拔的性质确定整套试题中各种难度题目类型的比例。一般来说，整套试题中难易度的比例按照易、中、难（3∶4∶3）比较合适。本测验中试题设计时候基本按照该比例来设计试题。

区分度是指考试题目对应聘者心理特征的区分能力。区分度高的试题能将不同水平的应聘者区分开来，水平高的应聘者得高分，水平低的应聘者得低分。区分度高的考试，“优秀”“一般”“差”三个层次的学生都有一定比例。如果某一分数区间的学生相对集中，高分太多或不及格太多则该考试的区分度较低。本测验设计过程中基本要保证每个题目的区分度处于可接受的水平之上（区分度 d 值大于 0.3）。

### （二）具体题目的编制

针对应届毕业生的职业适应度测验包括三个分测验，各个测验的具体题目类型如下。

1. 心理特质测验

心理特质测验主要考查应届毕业生应聘者在情绪的稳定性、人际交流与团队协作、教师责任感等方面的胜任特征。该测验采用单项选题题目的形式。如针对应聘者情绪的稳定性，设置题项“我经常对他人大发脾气”，让应聘者根据自己的情况选择“A．非常符合；B．有些符合；C．有些不符合；D．非常不符合”。另外，针对问卷调查有可能导致的社会称许性比较高的问题，在该测验中加入了社会称许性问卷来考查应聘者的社会称许性程度，并根据应聘者在社会称许性量表上的得分情况来适当地矫正其在该测验上的成绩。

2. 能力倾向测验

能力倾向主要体现了与各种职业胜任力密切相关的一系列心理潜能，如分析问题能力、概括总结能力、资料分析能力等。基于对应届毕业生教师的特定要求，本测验主要包括四个维度：概念理解、文字推理、逻辑判断、资料分析。这四个维度的题目均通过客观题的形式来考查。例如，为了考查应聘者的逻辑判断能力，设置了如下题项。

如果每一个东北人都是肉食主义者，而所有香港人都是素食主义者；并且所有肉食主义者与素食主义者都是对立的。已知李萍是素食主义者。

根据以上条件，我们能够推出（　　）

A．李萍是东北人　　B．李萍不是东北人

C．李萍是香港人　　D．李萍不是香港人

3. 教育教学观念和知识测验

教育教学观念与知识测验主要考查应届毕业生在基本的教育教学知识和理念上的胜任情况。该测验重点考查五个维度：学生的发展及其多元性、班级管理与学习环境设置、教育教学方法与策略、教育教学测量与评价、专业化发展与人际互动。针对应聘者的教育教学知识，该测验主要通过选择题或判断题的形式来考查应聘者的准备状况。如为了考查应聘者对学生的心理的把握情况，编制如下单项选择题来考查。

内部动机调动的方法对下面的哪类学生不太有效？(　　)

A. 对学习内容感兴趣者　　B. 对社会赞许看重者

C. 对学习能力改善看重者　　D. 对所学内容掌握看重者

针对应届毕业生的教育教学观念与态度，本测验主要是通过情境判断测验的形式来考查应聘者的相应胜任力。如针对学生的发展及其多元性，编制了如下情境题目。

在批改同学们的作文时，你发现了小明的作文本中有一张他写给小红的纸条，在纸条中小明表示了对小红的好感。如果你是这位语文兼班主任老师，你会怎么处理这张纸条呢？(　　)

A. 把纸条重新夹回小明的作文本，装作什么也没发生但留意观察

B. 把这张纸条夹到小红的作文本，当作什么也没发生

C. 在纸条背面回复小明表示感情是美好的事情，但是现在学习更重要

D. 一笑了之，认为这是学生正常的心理发展过程

# 第三节　应届毕业生测评体系在教师招聘实践中的应用

## 一、测评的目的

应届毕业生的测评体系在教师招聘中运用已有八年，主要的应用是将职业适应度测试用于笔试阶段。2011 年之前，该体系处于试运行阶段，测试环节是在学校进行笔试、面试、试讲之后，参加测试的应聘者已经通过初审和面试，测验的目的主要是劣汰，筛选出在心理特征和教师职业准备方面与正常人群有较大偏差的个体，供用人单位在录用时作为参考，并根据测试结果为学校提供培养建议，在使用时营造更积极、宽松的成长环境，降低教师心理问题被诱发的可能性，测试结果只是学校录用教师的参考。从 2011 年起，职业适应度测试用于面向应届毕业生公开招聘的笔试环节，未通过笔试的应聘者不能进入面试环节，因此考试具有了择优的意义。结构化面试、试讲、履历分析等测评方式，由学校进行操作。

## 二、测评的内容

### （一）测验内容的确定

测验内容维度的确定来自两方面的依据，一是教育及心理学的科研成果，二是对用人单位需求的调研。用人单位的需求是编制测验的出发点。2008 年 3 月，围绕合格教师和优秀教师的标准、有效的选拔方式及用人单位的需求等问题对有关学校的领导、教师进行了访谈，表 2－15是调研的具体信息。

表 2－15 第一次调研概览

| 调研时间 | 2008 年 3 月 4 日 –3 月 7 日 | |
|---|---|---|
| 主访人 | 北师大心理学院：姚梅林<br>海淀区教委人才中心负责人 | |
| 调研目的 | 了解对合格教师与优秀教师标准的看法<br>了解对拟选用人员的素养的期望与要求<br>了解对教师后续的专业发展的期望与要求 | |
| 调研学校 | 中国农科院附属小学<br>海淀区第四实验小学<br>北京商务管理学校<br>知春里小学<br>石油附小 | 海淀区职业艺术学校<br>北京信息管理学校<br>交大附中<br>知春里中学<br>北京师范大学第三附属中学 |
| 调研对象 | 11 名各校的主管领导<br>近 30 名教师 | |
| 主要调研内容 | 学校的状况与需求<br>合格教师的标准<br>优秀教师的特点、素养<br>优秀教师成长的条件或因素 | |

这次访谈先后走访了 10 所普通中小学和职业学校，对 11 名学校主管领导以及近 30 名担任语文、数学、外语、历史、美术等多个学科的任课教师进行了深度访谈。从访谈对象来看，其师资水平、办学条件和生源质量等方面均具有典型性和代表性，这在一定程度上保证了所访谈信息的丰富性和代表性。虽然每所学校的特点不同，对拟招聘教师的具体期望和要求并不完全一致，但是各用人单位在合格教师和优秀教师的特点、教师成长的影响因素等方面也具有许多共性的、规律性的看法，这些信息也为构建教师职业适应度测试维度提供了现实方面的支撑和佐证。

鉴于纸笔测验这种形式的适用条件及测试时间的限定，综合考虑既往研究结论，选择心理特质、能力倾向、教育教学观念和知识这三个重要方面，构成教师职业适应度测验的三大维度：心理特质测验、基本能力倾向测验和教育教学观念和知识测验。

教师首先必须具备良好的心理特质，即健康的心理状况和积极的人格特征，这无论对于教师本人还是学生都具有重要的意义。心理健康问题有一定的隐蔽性，在某些不良环境和事件的诱发下才会外化，表现出临床症状。为了做到对教师心理健康问题的早发现、早干预，在教师招聘考试中应有对其心理特质的考查。而对于应届毕业生招聘来说，考查其未来在新环境中的成长潜质也非常重要。一般认知能力、问题解决能力等基本能力倾向，与对教学情境的洞察和把握能力、对学生特点的识别和理解等教育教学观念和知识，是教师必备的职业能力，对教学任务的完成和教师个人的成长有重要影响。为了把更好、更优的人才选拔出来，本测验也加入了对教师一般认知能力和教育教学观念方面的测查。

### （二）测验内容

针对应届毕业生设计了“教师职业适应度测验”，该测验由三大部分构成：心理特质测验、能力倾向测验、教育教学观念和知识测验。在后来的使用中，能力倾向测验、教育教学观念和知识测验的成绩被合成为一个总成绩。建议用人单位以心理特质测验作为录用与否的重要参考指标，将能力倾向测验与教育教学观念和知识测验合成的总成绩作为择优录取的主要依据。

#### 1．心理特质测验

心理特质体现了个体在不同情境下所表现出的相对稳定的心理特点与行为倾向。教师的心理特质无论对于教师本人还是学生都具有重要的意义。教师职业的特殊性要求教师要拥有正常的、健康的心理品质及可持续发展的成长潜质。心理特质测验针对教师职业的特定要求，主要包括两个方面：一是基本的心理健康测验，二是成长潜质测验。

（1）心理健康测验

主要测查教师应聘者在情绪、态度、应对方式等方面的状况。其中情绪的稳定性、兴奋性、忧虑性、紧张性以及应对生活事件的方式等是反映心理健康与否的重要指标。

在稳定性因素上，较低时表现为情绪易激动，急躁不安，身心疲乏，甚至失眠、恐怖等；自我控制力较弱，易受环境支配而心神不定；通常也不易应付生活中所遇到的挫折，不能面对现实。较高时表现为自我控制力较强，能振作勇气；情绪稳定而成熟，通常能以沉着的态度应付现实中的棘手问题；有维护团结的精神；偶尔也可能因无法应对生活中的困境而自我安慰。

在兴奋性因素上，较低时表现为冷淡、沉默、克制，有时会郁郁寡欢、自我压抑甚至抑郁。较高时表现为热情活泼、轻松兴奋，随遇而安，对人对事热心而富有感情，但有时也可能过分冲动，以致行为变化莫测。

在忧虑性因素上，较低时表现为闲适无忧，自足快乐，自信安然。较高时表现为忧虑烦恼、内疚，有时缺乏生活勇气，甚至时有犯罪感。

在紧张性因素上，较低时表现为心平气和、放松宁静，不颓丧；有时由于过分满足反而导致懒惰和效率低。较高时表现为紧张劳累、冲动不安、无忍耐性，常显得匆匆忙忙而心神不定。

在应对方式上，消极、不成熟的应对主要表现为在面对生活中的重要事件时，倾向于使用诸如逃避、幻想、自责、悲观等无建设性的方式来应对困难和挫折，长时间地沉浸在不愉快的事件中无法自拔，或者因过分冲动而导致行为失控。对自己和他人有刻板印象，缺乏灵活变通；经常因过于执着追求完美而导致精神和身体紧张。积极而成熟的应对方式主要表现为个体倾向于使用乐观、灵活变通的多视角去看待生活中遇到的问题，体验生活的乐趣和意义。生活态度独立，不喜欢依赖他人，不会纠缠于细枝末节而对他人耿耿于怀。面对困难和挫折时，情绪和行为具有稳定性和主动性。

（2）成长潜质测验

主要测查教师应聘者有效适应新环境、具有可持续发展潜质的一些人格因素。其中聪慧性、有恒性和自律性是重要指标。

在聪慧性因素上，较低时表示以具体性思维为主，领悟及反应有些缓慢、迟钝，对事物的理解多是具体的甚至刻板的。较高时表示具有抽象性思维的潜质与倾向，能迅速领悟各种观念并作出反应，思维敏捷。

在有恒性因素上，较低时表示浮躁、不审慎；缺乏责任感，易动摇。由于不容易自控且不易受集体约束，故有可能表现出反社会行为。较高时表示有恒心、稳重；做事有条理、有责任感，善始善终，更倾向于奉公守法。

在自律性因素上，较低时表示难以自控，内心容易产生冲突；很少考虑社会要求，不明大体，常感不能适应环境。较高时表示自律严谨、言行一致，对自己的情绪和行为具有较强的控制能力；能认知社会，反省自身，自尊心较强。

2. 能力倾向测验

能力倾向主要体现了与各种职业胜任力密切相关的一系列心理潜能。这些潜能是从业和胜任的基本条件，也影响着个体从事职业活动的效率和成功的可能性。能力倾向测验既非一般的智力测验，也不同于某职业领域内通用的基础知识测验和具体专业知识技能测验，它是对职业工作需要具备的多种能力的综合考查。基于教师职业的特定要求，本测验主要包括四个维度：概念理解、文字推理、逻辑判断、资料分析。

概念理解维度主要考查应聘者理解概念定义，并运用概念进行判断的能力。

文字推理维度主要测查应聘者运用语言文字进行交流和思考、迅速而又准确地理解文字材料内涵的能力。包括根据材料查找主要信息及重要细节；正确理解阅读材料中指定词语、语句的准确含义；概括归纳阅读材料的中心主旨；根据上下文合理推断阅读材料中的隐含信息；判断作者的态度、意图、倾向、目的；准确地遣词用字等。

逻辑判断维度主要考查应聘者应用常用的逻辑分析方法，通过对已获取的各种信息和综合知识的理解、分析、综合、判断、归纳等，引出概念、寻求规律，对事物间关系或事件的发展趋势进行合理的判断与分析，确定解决问题的途径和方法。

资料分析维度主要考查应聘者对包括文字描述、数据、图表的多种类型的资料信息进行综合分析与加工的能力。

3. 教育教学观念和知识测验

教育教学能力是教师胜任力的核心成分，有关教育教学的各种观念影响着教育教学目标的设定、教育教学策略选择及具体的教育教学行为。通过对教师应聘者的教育教学观念的考查，可以了解其从事教师工作的专业准备状况。该测验主要考查教师应聘者对相关的教育教学专业知识和技能的理解与判断。重点考查四个维度：学生的发展及其多元性；班级管理与学习环境设置；教学活动与评价；专业化发展与人际互动。

学生的发展及其多元性维度主要考查教师应聘者是否理解学生个体身心发展的特点及其影响因素，如何运用这些知识促进学生的身心发展；理解学生的多元差异，评析不同的教学策略，并能正确选择适宜的、有针对性的教学策略。

班级管理与学习环境设置维度主要考查教师应聘者是否理解教育与教学过程中的有效激励原则及手段、懂得如何应用这些规律促进学生积极参与学习；识别激发内外动机的策略及其各自的适用条件；理解多种

课堂管理策略；理解如何帮助学生发展自我意识、自我控制、自尊、自我决定和自我管理的能力。理解、评析不同课堂环境的教学设计策略。

教学活动与评价维度主要考查应聘者是否理解课程内容、有效的教学设计方案、教学模式与教学方法、原则；理解如何进行具有建设性的评估、反馈。

专业化发展与人际互动维度主要考查应聘者能否理解如何建立并维持有效的家庭—学校关系，从而促进学生的学习与发展；理解如何有效地与同事合作；理解如何反思自己的教学行为，寻求专业支持，提升自身的专业知识水平和教学能力。

## 三、测评的实施

为了更好地保证测验的客观性，本书在测验施测过程中采用了统一的指导语，并对测验说明进行修改完善，尽可能清晰地指导应聘者作答。与某大学心理学院合作，对监考人员进行培训，以掌握测验过程中的标准化操作。每年根据测验内容的变化对各分测验的考试时间进行协调，以便于组织测验，各年度的测验构成及时间分配见表 2－16 至表 2－22。2011 年为适应公开招聘的需要，将能力倾向与教育教学观念和知识两部分按照一定比例合成为分数呈现。

**表 2－16　2008 年与 2009 年测验构成及时间分布**

| 测　验 | 组　成 | 题　量 | 施测时间 |
|---|---|---|---|
| 测验一 | 宜人性和情绪稳定性测验 | 60 | 15 分钟 |
| | 教育教学观念和知识测验 | 50＋2 | 45 分钟 |
| 测验二 | 心理健康总测验 | 187 | 40 分钟 |
| 测验三 | 能力倾向测验 | 50 | 60 分钟 |

表 2-17　2010 年测验构成及时间分布

| 测　验 | 组　成 | 题　量 | 施测时间 |
| --- | --- | --- | --- |
| 测验一 | 教育教学观念和知识测验 | 68 | 40 分钟 |
| 测验二 | 心理特质测验 | 187 | 40 分钟 |
| 测验三 | 能力倾向测验 | 50 | 60 分钟 |

表 2-18　2011 年测验构成及时间分布

| 测　验 | 组　成 | 题　量 | 施测时间 |
| --- | --- | --- | --- |
| 测验一 | 心理特质测验 | 193 | 40 分钟 |
| 测验二 | 能力倾向测验 | 40 | 50 分钟 |
| 测验三 | 教育教学观念和知识测验 | 54 | 55 分钟 |

表 2-19　2012 年测验构成及时间分布

| 测　验 | 组　成 | 题　量 | 施测时间 |
| --- | --- | --- | --- |
| 测验一 | 心理特质测验 | 152 | 35 分钟 |
| 测验二 | 能力倾向测验 | 40 | 45 分钟 |

表 2-20　2013 年测验构成及时间分布

| 测　验 | 组　成 | 题　量 | 施测时间 |
| --- | --- | --- | --- |
| 测验一 | 心理特质测验 | 187 | 35 分钟 |
| 测验二 | 能力倾向测验 | 36 | 45 分钟 |

表 2-21　2014 年测验构成及时间分布

| 测　验 | 组　成 | 题　量 | 施测时间 |
| --- | --- | --- | --- |
| 测验一 | 心理特质测验 | 150 | 35 分钟 |
| 测验二 | 能力倾向测验 | 30 | 45 分钟 |
| 测验三 | 教育教学观念和知识测验 | 36 | 40 分钟 |

表 2－22　2015 年测验构成及时间分布

| 测　验 | 组　成 | 题　量 | 施测时间 |
|---|---|---|---|
| 测验一 | 心理特质测验 | 150 | 30 分钟 |
| 测验二 | 能力倾向测验 | 30 | 45 分钟 |
| 测验三 | 教育教学观念和知识测验 | 27 | 45 分钟 |

2008－2015 年，共组织考试 23 次，其中 2008 年 4 次，2009 年 4 次，2010 年 5 次，2011 年 2 次，2012 年 2 次，2013 年 2 次，2014 年 2 次，2015 年 2 次，测查招聘对象 4418 人，提供测评报告 23 份，根据测查结果提出心理健康方面重点关注的对象 111 人，为用人单位提供培养建议 111 条。具体统计结果见表 2－23。

表 2－23　测评对象数量统计

<table>
<tr><th>年份</th><th>2008</th><th>2009</th><th>2010</th><th>2011</th><th>2012</th><th>2013</th><th>2014</th><th>2015</th><th>总计</th></tr>
<tr><td>总人数</td><td>293</td><td>395</td><td>370</td><td>328</td><td>492</td><td>420</td><td>1218</td><td>902</td><td>4418</td></tr>
<tr><td>心理特质重点关注对象</td><td>17</td><td>14</td><td>7</td><td>11</td><td>9</td><td>10</td><td>23</td><td>20</td><td>111</td></tr>
<tr><td>能力倾向重点关注对象</td><td>0</td><td>30</td><td>20</td><td rowspan="2">8</td><td rowspan="2">8</td><td rowspan="2">29</td><td rowspan="2">63</td><td rowspan="2">36</td><td rowspan="2">236</td></tr>
<tr><td>教育教学观念和知识重点关注对象</td><td>0</td><td>33</td><td>9</td></tr>
</table>

## 四、测评的结果

测评结果的准确性和权威性是测验的生命线，本测验从两大方面来保证测验内容的有效性和准确性：测验前根据教育测量理论和胜任力模型结构来确定测验的内容和维度；测验后根据结果反馈进行完善优化。

2009年和2012年对用人单位的回访表明本测验在应届毕业生教师招聘中是有效的，体现在以下四个方面。

**（一）用人单位对新任教师满意度较高**

从对用人单位的回访来看，各学校的主管领导在评价新录用教师时，基本上都持有肯定评价，比如“比较热爱教育事业，也有奉献精神”；“工作态度还是可以的，热爱孩子、热爱教育事业，沟通起来比较顺利，管理起来比较方便”；“虽然是中途接班主任工作，但是肯付出，非常尽职尽责。来了之后党员转正，整个工作得到大家认可，人际协调也不错，缺点就是教学经验不足，角色转换稍微有些慢”；“特别认真、踏实、肯干，绝对没有出现做事情打折扣的问题”；“体现了农村孩子能艰苦和有韧性的优点，每天晚上留下学生补课。班主任工作做得也是有条不紊，稳稳当当的。经过磨砺脱颖而出，今年外语组上课比赛获得了二等奖”；“虽然教的是副科，但是班头多，工作量挺大的。可以胜任这个工作，学生反映挺好的。在业务上特别敢于挑战自己，每个学期都做公开课，这点特别不容易”；“感觉还是不错的，比较踏实，虚心好学，向老教师谦虚学习；踏实肯干，肯付出，经常利用放学之后的时间辅导有困难的学生；人际关系很好的，受到了称赞；教学基本功还是很扎实的，去年教学基本功大赛中就获得了板书等好几个奖项。元旦时候当主持，很有风采”；“这些人总体感觉虚心、正派、认真、勤恳，不偏执，性格上没有什么缺陷，把关把得挺好的”。总体上，学校领导认为这些新教师无论性格是活泼还是沉稳，都有较好的工作责任感，对工作有热情，有较强烈的把工作做好的意愿，具有较高的素质。比如有些学校虽然学生质量不很好，且这些新教师被赋予毕业班的课程，但新教师勇于承担，能虚心向师父请教，虽然在班级管理和课堂组织方面欠缺经验，缺乏手段，但是个人素质比较好，有进步空间。

以上反馈说明经过面试和笔试的筛选之后，用人单位对于初任教师还是比较满意的。

**（二）新任教师的工作表现与测验成绩基本相符**

访谈的新任教师个案在工作适应上的表现，与其在测验上的分数相吻合。例如某高中的一名新任教师，其教师职业适应度成绩较好，领导对其评价是“适应能力强，业务能力也是很强的，总体上感觉挺好的，带给我们比较民主的新精神。在人际沟通方面，付出较多，也比较谦虚。有思想，能够培养学生的管理能力，善于发动学生，与学生平等亲近，尊重学生。”从主管领导对该教师的评价及她的自我评价和反思来看，该教师的适应力比较强，能够比较好地处理教育教学中的问题，有清晰的认识、准确的反思、明确的规划和进取的精神。这些表现与职业适应度测验所预期的结果基本吻合。有的学校录取了测验中在发展潜力或者心理健康方面得分较低需要重点关注的对象，在实际使用过程当中发现确实有一些问题，比如与人不易相处，遇事处理不冷静，或者成长进步较慢等。例如某幼儿园新任教师，该教师在职业适应度测验上的成绩不甚理想，研究者曾建议用人单位慎重考虑。但鉴于某些特殊原因，该教师仍然被录用。园长对该教师的总体评价是“踏实认真……虽然个性很强，但是态度很好，跟她提出任何工作上的不足，都是虚心接受。但是调整起来有些困难。一般情况下情绪蛮稳定的，但是遇到特殊时候，就可能表现出来的。”从整体来看，该教师态度是认真的，对工作也具有认同感，但对情绪的自我调控能力比较弱，对工作中所存在问题的认识、反思不甚透彻，适应性弱些。这与该教师在职业适应度测验上所预期的结果是一致的。

也有些学校录取了在测验中得分偏低的学生后，在使用中并没有发现有异常表现。这可能有三个原因：一是尚未遇到恶性诱发事件的刺激，心理问题没有暴露；二是新教师意识到自己的问题，并努力去修正、化解这些问题；三是招聘学校在得到测验结果的提示后，对这个新教师的培养更加关注，有意或者无意中提供了更宽松的环境和发展空间，降低了诱发心理问题的可能性，从而使其心理问题不再继续发展。如果外界给予有潜在心理问题的新教师以足够的关心、帮助，为个体解决心理问题提供重要的社会支持，那么个体也会在这种帮助之下逐渐治愈心理问题，而这一点正与本测验的初衷相吻合。这些问题是下一步工作和研究重点关注的方面。

### （三）用人单位认为有必要对心理方面进行把关

用人单位认为教师的心理素质确实对新教师的工作适应有很直接而重要的影响，但是在面试中并不能全面地把握，作为学校，只能通过观察应聘者的表现，由主试老师根据经验进行判断，这种判断不能量化，是一种主观的模糊的判断，受招聘者本人主观经验的影响较大。而测验则能比较全面地对一个人的心理素质进行考查，并且能够量化呈现，具有较好的操作性。有了心理测验，他们的招聘就多了一道把关的程序，多了一分保障。许多用人单位的领导提到，以前选拔教师主要凭借直觉经验，基本上属于尝试、摸索型的，缺少理论指导。“一眼看准的占70%已经很不错了，还有30%看走了眼。”尤其对于隐性的心理品质以及职业道德、责任心等，更是难以通过短暂的面试考查出来。由此又引发一系列问题，“如果不适应，没有办法，只能转岗，占了名额，其他想要的人就进不来”。“如果心理素质不过关，不能很快适应岗位要求，那么无论对教师本人还是对用人单位都是比较受煎熬的”。大部分学校领导都认为，“心理测试挺好的，原来不是特别留意，现在觉得心理健康对教师来说真的很重要”；“能用很好的量表帮助我们鉴别初任教师的沟通能力与适应能力，是非常棒的!”显然，学校领导对由专业人员

进行专业化的测评这种方式是认可的，认为更可取、更科学。

**（四）新任教师对测验表示认可**

在访谈过程中，许多新任教师也提到，职业适应度测验确实可以测查出自己的教育观念和心理素质。“前面一些测验（心理健康测试）从表面看起来跟教师这个职业没有多大关系，但是我觉得其实内在的联系特别的密切。我觉得当一名教师，首先是想法和自己的心理一定要正常。”“不是很难。有一部分是关于教师这一行业的，然后问一下当你的学生发生了什么样的情况，你来怎么处理？然后，还有一些跟自己的生活习惯和自己的品德有关系的。我觉得这些测试内容与我做教师是相通的，我觉得教师面对的都是自己的学生，肯定会有这样或那样的问题，然后通过那种选择题，你可以多方面地考虑一下当你面对或亲身经历这些事情的时候，思考自己将会如何处理。因为在工作中肯定会遇到这些问题的。”

本书对历年测评对象各个测验上的表现进行了分析，分析的特征包括不同性别、学历、年龄、专业、应聘的学校类型、生源地、是否师范生等。统计学分析表明，在心理健康测验上，外地应届毕业生得分显著高于北京高校应届毕业生，具有统计学意义，其他因素如学历、年龄等对心理健康测验的分数没有显著影响，但是这些因素对能力倾向测验与教育教学观念和知识测验有较大影响：女生得分显著高于男生；年龄越大、学历越高、所教年级越高，测验得分越高；不同的专业在能力倾向测验与教育教学观念和知识测验表现上各有短长。结果见表 2 - 24 至表 2 - 31。

表 2－24　应届毕业生测验总体平均分

| 测验内容 | 心理健康 | 能力倾向 | 教育教学观念和知识 |
| --- | --- | --- | --- |
| 总体平均分 | 81.4 | 74.8 | 78.9 |
| 满分 | 100 | 100 | 100 |
| 合格分数线 | 65 | 60 | 70 |

表 2－25　不同性别应届毕业生测验平均分对比

| 性别 | 心理健康 | 能力倾向 | 教育教学观念和知识 |
| --- | --- | --- | --- |
| 男 | 81.6 | 75.4 | 77.5 |
| 女 | 81.1 | 74.7 | 79.3 |

表 2－26　不同学历背景应届毕业生测验平均分对比

| 学历 | 心理健康 | 能力倾向 | 教育教学观念和知识 |
| --- | --- | --- | --- |
| 大专 | 80.2 | 66.7 | 75.9 |
| 本科 | 81.1 | 74.8 | 77.9 |
| 硕士及以上 | 81.6 | 78.5 | 80.5 |

表 2－27　不同年龄应届毕业生测验平均分对比

| 年龄 | 心理健康 | 能力倾向 | 教育教学观念和知识 |
| --- | --- | --- | --- |
| 20 岁以下 | 81.2 | 66.4 | 77.5 |
| 20－25 岁 | 81.1 | 74.1 | 78.4 |
| 26 岁以上 | 81.2 | 77.6 | 80.4 |

表 2－28　不同生源地应届毕业生测验平均分对比

| 生源地 | 心理健康 | 能力倾向 | 教育教学观念和知识 |
| --- | --- | --- | --- |
| 北京 | 80.9 | 72.9 | 78.2 |
| 非京 | 81.8 | 78.8 | 80.3 |

表 2-29 师范与非师范专业应届毕业生平均分对比

| 是否师范生 | 心理健康 | 能力倾向 | 教育教学观念和知识 |
| --- | --- | --- | --- |
| 是 | 81.3 | 66.4 | 77.5 |
| 否 | 80.9 | 74.2 | 78.4 |

表 2-30 不同学校类型应届毕业生测验平均分对比

| 学习类型 | 心理健康 | 能力倾向 | 教育教学观念和知识 |
| --- | --- | --- | --- |
| 幼儿园 | 80.1 | 67 | 76.3 |
| 小学 | 81.1 | 72.2 | 78.6 |
| 中学 | 81.4 | 77 | 79.3 |

表 2-31 不同专业门类应届毕业生测验平均分对比

| 专业门类 | 心理健康 | 能力倾向 | 教育教学观念和知识 |
| --- | --- | --- | --- |
| 理科 | 81.6 | 77.2 | 79.2 |
| 工科 | 81.7 | 73.8 | 78.1 |
| 文科 | 81.1 | 75.5 | 80.1 |
| 艺术体育 | 80.9 | 74.8 | 75.7 |

## 五、测评的优化

测验的效度也源于对测验的不断完善和优化。在测验使用期间，进行了大量有针对性的工作来完善和优化测验。具体的工作可以分为四个方面。

（1）测验的回访调查。

（2）吸收应用新的测验理论。

（3）更新、完善、补充题目、题型。

（4）测验的优化。

## （一）测验的回访调查

2008年第一次调研之后，研究者又进行了三次较大规模的调研，以进一步了解用人单位的需求，发现测验存在的问题，检验测验的效度。三次调研回访的相关信息见表2－32。

**表2－32 三次调研回访的相关信息**

| 回访时间 | 第一次回访调研 | 第二次回访调研 | 第三次回访调研 |
|---|---|---|---|
| | 2008年12月30日 | 2009年2月27日—3月4日 | 2012年3月中旬 |
| 主访人 | 北师大心理学院：车宏生<br>海淀区教委人事科及人才中心负责人 | 北师大心理学院：姚梅林<br>海淀区教委人事科及人才中心负责人 | 北师大心理学院：潘利若 |
| 调研目的 | 了解当前选拔中的问题<br>了解用人单位对选拔的意见与建议 | 了解用人单位对初任教师的评价和满意度<br>了解初任教师的适应状况、发展规划与需求<br>了解对适应度测验的意见及建议 | 了解用人单位对三年来入职新教师的评价及满意度<br>了解初任教师的适应状况<br>了解对适应度测验的意见 |
| 调研学校 | 北京市商务管理学校<br>北京市十一学校<br>今典小学及其他学校 | 交大附中<br>学院路小学<br>明天幼稚集团二幼<br>香山中学 | 北京市育英学校<br>首师大附属小学<br>人大附中西山学校 |
| 调研对象 | 学校主管人事的领导 | 12名学校主管领导<br>16名被录用的初任教师 | 学校主管人事的干部<br>7名被录用的初任教师 |
| 主要调研内容 | 进人选人的原则<br>选拔教师的经验与问题<br>留人机制 | 优秀教师的标准<br>初任教师的工作状况<br>初任教师的发展规划与期望、需求<br>选拔测评的有效性及改进建议 | 初任教师的工作状况<br>学校对初任教师的工作评价<br>初任教师的需求 |

第二次和第三次调研的结果肯定了测验内容的适宜性和有效性，并对测验的完善提供了有益的建议和意见，研究者根据这些建议和意见对测验进行了优化。例如，针对应聘者对能力倾向测验的意见，在后续的测验中适当降低了测试题目的难度水平，并调整了考试顺序，按照由易到难的顺序呈现测题；在教育教学观念和知识测验中加入对独生子女内容的考查。此外，在每年测验使用中和使用后，研究者均与用人单位进行沟通，了解测验使用中的问题，在下一年的使用中进行改进。

**（二）吸收应用新的测验理论**

测量理论是心理测验的基础，随着心理测量学的不断发展，新的测量理论和思想也不断出现，对这些理论的吸收应用也是保证测验有效性的重要途径。本书与某大学等相关科研单位就大样本心理健康筛查工具的探索进行了研讨，根据研讨的结果，结合心理健康测量工具及相关理论的发展，将原来的三个心理健康测验整合为心理健康和成长潜质两个分测验，并选用了更具隐蔽性的测量工具，加入对个体应对方式的考查，考查个体在遇到生活挫折和重大问题时是否能采用积极的应对方式而非消极的应对方式。整合完善以后的测验更有针对性，对测评成绩的解读也更加明确，更加贴合测验目的。

**（三）更新、完善、补充题目、题型**

测验题目、题型的更新完善是优化测验的重要方面，结合访谈和历次测评结果的数据分析，本书进一步完善了选项和题目的陈述，保留具有较高区别度的题目，删减区别度相对较低的题目，并增加新内容，编写更新题目、添加新题型。如根据访谈提及的“80后”独生子女教育独生子女的现象，补充了人际交往和合作、责任心和自我中心等内容的测查，减少了图形推理和数字推理的题目，更多地侧重于文字形式的测题，并增补主观论述题、排序题、问答题等题型。

### （四）测验的优化

为了方便用人单位更好地理解分数，本书对测评报告的内容也不断进行了完善，除了对测验结果的说明之外，对每位在分测验上得分偏低的应聘者，都依据心理学意义进行了客观科学的解释，并提出了具体而有针对性的培养意见。同时也向用人单位指出：不能过分依赖该分数，不能刻板、教条地套用分数，对应聘者进行简单化的评定或形成先入为主的偏见。历年来对测验的优化项目见表 2－33。

**表 2－33 历年来对各分测验的优化内容**

| 年份 | 心理健康分测验 | 能力倾向分测验 | 教育教学观念和知识分测验 |
|---|---|---|---|
| 2009 | 修正个别题目陈述<br>修改题目呈现格式<br>调整测验呈现顺序 | 更新题目<br>降低测题难度 | 增加对独生子女内容的考查<br>增补论述题型<br>更新题目<br>改变各维度题目编排 |
| 2010 | 整合为两个分测验<br>选用题目更具隐蔽性的测量工具 | 更新题目<br>改变各维度编排顺序<br>改变各维度题目数量 | 更新题目<br>增加幼儿教育的题目<br>增加两个排序题 |
| 2011 | 加入对应对方式的考查<br>修正个别题目陈述和格式<br>改变题目呈现顺序 | 更新题目<br>减少图形推理和数字推理题目<br>增加文字推理题目<br>调整测验时间 | 更新题目<br>增加问答题<br>重新编排各维度题目 |
| 2012 | 改变题目呈现顺序<br>删减个别题目 | 更新题目<br>增加文字推理题目<br>缩短测验时间 | 删去教育教学观念和知识测验 |

续表

| 年份 | 心理健康分测验 | 能力倾向分测验 | 教育教学观念和知识分测验 |
|---|---|---|---|
| 2013 | 改变题目呈现顺序<br>修改个别题目的语言表述 | 更新题目<br>降低测验难度 | 删去教育教学观念和知识测验 |
| 2014 | 加入对社会称许性的考查<br>加入对大五人格的考查<br>删除了16PF中能力倾向部分内容 | 更新题目<br>增加类别推理测验<br>去掉概念理解测验<br>增加语言理解测验内容<br>修改各个部分的题目数量<br>减少了总题目数量 | 加入教育教学观念和知识的考查<br>加入了主观题，考查教师对教育教学问题的分析和处理能力<br>加入了基本教育教学知识的考查 |

# 第三章
# 人才测评技术在社会人员招聘中的应用

## 第一节　社招教师胜任力模型构建

除了应届毕业生的招聘渠道之外，用人单位的另外一个重要招聘渠道是面向社会公开招聘有一定工作经验的人员。相对于应届毕业生，用人单位招聘具有一定经验的工作人员具有以下几个方面的优点。

首先，节省培训的费用。具有工作经验的应聘者一般都在相应的岗位上经过了一段时间的训练，掌握了基本的技能技巧，无须投入大量的时间和金钱用于培训。

其次，工作容易上手。具有工作经验的应聘者在进入新的单位之后，适应期比较短，能够较快适应新岗位的要求，迅速投入到新的工作环境中去。

再次，可以弥补单位人员年龄结构性缺失的问题。因为政策、学校发展阶段等原因，部分单位可能面临着人员年龄结构性缺失的问题（如单位中青年人和老年人过多，而中间出现了断层等），通过社会人员招聘，可以较大程度上改善单位的这类问题。

最后，可以弥补单位因为各种原因（离职、转岗、病退）造成的人员匮乏问题。因此，面向社会公开招聘有一定工作经验的社会人员是当前各类事业单位常用的招聘渠道。本书针对中小学事业单位在面向社会人员公开招聘过程中缺乏相应的理论支持和实践研究的问题，结合目前教育的实际情况，采用内容分析法、访谈法、调查法等手段构建了适合中小学校招聘社会人员所用的《社招教师胜任力模型》，并依据模型构建了测评系统，在实践中进行了应用，其理论价值和实践意义表现在以下四个方面。

第一，研究社招教师胜任力模型，弥补了以往教师胜任力模型研究中重视优秀教师胜任力，忽视普通教师胜任力的研究倾向，丰富了中小学教师胜任力研究的文献。

第二，研究社招教师胜任力模型，为中小学及教育主管部门面向社会公开招聘教师的工作提供了理论依据和实践支持。

第三，研究社招教师胜任力模型，还可以为中小学及教育主管部门针对教师的绩效考核、职称评定等相关工作提供实践支持，有助于促进教师评价工作的顺利开展。

第四，研究社招教师胜任力模型，还可以为职前教师培训及新任教师培训提供相应的理论支持。

## 一、模型构建的方法与过程

### （一）内容分析法提取社招教师胜任特征项

内容分析法是社会科学中一种常用的研究方法，它是一种将非定量的文献材料转化为定量的数据，并依据这些数据对文献内容做出定量分析以及做出关于事实的判断和推论，以帮助研究者了解事物的现状、特点、发展趋势等的研究方法。用内容分析法提取中小学教师胜任特征项的过程主要分为以下三个步骤。

第一步，抽取样本

抽取研究样本是内容分析法非常关键的一个环节，因为只有当抽取的样本比较科学、规范、代表性比较强的时候，才能为后续的编码和结果汇总打下坚实的基础。为保证取样的代表性，本书在抽样的时候坚持以下三个方面的严格取样标准。

（1）相关性。指确定研究是否属于中小学科任教师胜任力范畴，排除其他群体如大学教师、班主任教师、心理健康教师等。

（2）学术性。指为了提高学术性，研究者只选取在公开期刊上发表的较有影响力因子的文献。

（3）质量。指纳入本分析的文献必须满足高质量的要求，即研究方法设计合理、分析方法选择恰当，研究方法比较科学，解释被支持并且研究内容符合本书要求。

根据此取样标准，研究者以中国知网（CNKI）作为研究检索平台，以源数据库作为文献来源，确定文献发表日期截至 2014 年 11 月 20 日，选取“主题”为检索项目，以“教师胜任力”为检索词，共检索到文献 487 篇。研究者对检索到的文献进行逐一的筛选，剔除无关文献和重复发表的文献，只选择以中小学教师为研究对象，采用实证研究方法且研究结果为胜任特征模型或胜任力模型的文献，最终获得有效文献 27 篇。

第二步，信息提取

选取了有效文献之后，需要对有效文献中的有效信息进行信息提取工作，以汇总所有的研究信息，如表 3－1 所示。

表 3－1　社招教师胜任特征项记录表

| 文献标题 | 中小学教师胜任力模型：一项行为事件访谈研究 | 作　者 | 徐建平，张厚粲 |
|---|---|---|---|
| 发表时间 | 2006 | 期刊名称 | 教育研究 |
| 胜任特征 | | | |
| 1. 组织管理能力 | 2. 诚实正直 | 3. 创造性 | 4. 宽容性 |
| 5. 团队协作 | 6. 反思能力 | 7. 热情 | 8. 沟通技能 |
| 9. 尊敬他人 | 10. 分析性思维 | 11. 稳定的情绪 | 12. 提升的动力 |
| 13. 责任心 | 14. 理解他人 | 15. 自我控制 | 16. 专业知识和技能 |
| 17. 情绪觉察能力 | 18. 挑战与支持 | 19. 自信心 | 20. 概念性思考 |
| 21. 自我评估 | 22. 效率感 | | |

第三步，信息编码与统计

一般来说，信息编码有两种方法。一种是根据研究的需要，设计一种简单的编码方案或者利用现有的编码方案，这种编码是建立在已有的理论基础之上的方法，也称“先验编码”。另一种是根据资料编码，这种方法是在研究者不知道研究主题包括哪些变量，不能预测所有可能答案时候进行的编码。这种方法是需要对数据做初步的分析以后制订编码方案，也称“急诊编码”。根据本文研究的内容，本书拟选取第一种编码方法。研究者在已有文献基础上，根据胜任特征词条属性分别进行归类，对于某一个或某几个胜任特征词条的归属具有较高的一致性时，将其归为一类并命名。例如，将“个人发展”“持续学习”“专业发展能力”等归为一类，命名为“自我发展与学习”；将“事业进取心”“目标明确”等归为一类，命名为“进取心”；将“成就欲”“成就导向”均归为一类为，命名为“成就导向”，根据这一原则，我们在原始登陆信息的基础了形成了面向社会人员的《社招教师胜任力初级模型》，如表 3－2 所示。

表 3－2　社招教师胜任力初级模型及频次

| 维度 | 频次 | 特征词 |
| --- | --- | --- |
| 自我发展与学习 | 22 | 自我发展与学习：个人持续学习，终身学习，不断更新知识和教育理念 |
| 进取心 | 8 | 进取心：对事业积极进取 |
| 成就导向 | 7 | 成就导向：希望出色完成任务，从事挑战性的任务 |
| 对学生责任心 | 73 | 对学生的责任心：责任心，关心学生，公平对待学生，尊重、了解学生 |
| 教学责任心 | 16 | 教学责任心：工作质量意识，职业承诺，乐于奉献 |
| 沟通与交往 | 31 | 沟通与交往：与学生的沟通技能，人际关系构建和谐师生关系 |
| 团队协作 | 9 | 团队协作：团队协作，合作能力，合作关系，团队合作能力 |
| 信任构建 | 3 | 信任构建：获得信赖，互换角色，信任构建 |
| 情绪觉察与稳定 | 6 | 情绪觉察与稳定：情绪觉察能力，情绪稳定 |
| 情绪控制 | 5 | 情绪控制：情绪控制，情绪管理 |
| 评估与反思 | 25 | 评估与反思：反省能力，反思能力，审视能力，专业实践反思与研究力 |
| 信息收集能力 | 7 | 信息收集能力：技术与信息寻求，信息搜索，信息管理 |
| 计划性和条理性 | 4 | 计划性和条理性：目标明确，规划清晰，逻辑清晰 |
| 创新性 | 20 | 创新性：创造性，创新能力，爱创造 |
| 概念性与分析性思考 | 8 | 概念性与分析性思考：分析思维，概括性思维 |
| 应变能力 | 15 | 应变能力：应变能力，反应能力，心理承受力 |
| 口头语言 | 11 | 口头语言：语言表达能力，普通话能力，说服力，语言趣味性 |
| 书面语言 | 4 | 书面语言：书写能力，阅读能力，写作沟通能力 |
| 肢体语言 | 2 | 肢体语言：非语言表达，肢体语言 |

续表

| 维度 | 频次 | 特征词 |
| --- | --- | --- |
| 个人修养 | 38 | 个人修养：人格魅力，有涵养气质好，举止文明，穿着端庄整洁，感染力，亲和力 |
| 乐观幽默 | 20 | 乐观幽默：积极乐观，幽默风趣，开朗热情 |
| 宽容耐心 | 15 | 宽容耐心：宽容理解，平和宽容有耐心 |
| 诚实正直 | 13 | 诚实正直：正直诚实，公正公平，诚实守信 |
| 认真坚持 | 12 | 认真坚持：意志力，韧性，毅力，处事认真 |
| 职业热情 | 11 | 职业热情：热爱教学，职业志趣，组织认同感 |
| 职业道德与价值观 | 22 | 职业道德与价值观：为人师表，职业道德，正确的教学态度，专业态度 |
| 学科知识 | 11 | 学科知识：专业知识，学科专业，知识功底 ，基础知识 |
| 教育学心理学知识 | 4 | 教育学与心理学知识：教育理论素养，教育学和心理学知识 |
| 通识知识 | 4 | 通识知识：人文社会科学知识，职业知识，个人文学修养，人文知识，普通文化知识 |
| 教学策略 | 52 | 教学技能：教学能力，因材施教，运用教法能力，学习指导 |
| 教育监测与评价 | 6 | 教学监测与评价：教学测评能力，教学监控力，教学反思能力 |
| 课堂组织管理 | 22 | 课堂组织管理：组织管理能力，控制课堂气氛能力，学生管理能力 |
| 教学计划与准备 | 11 | 教学计划与准备：教学计划，课程开发，分析处理教材 |

由于表 3－2 的结果是根据原始文献中胜任特征词条自下而上进行初步归纳分类得出，对于各胜任特征及其内涵的把握还不够深刻，因此

研究者在此编码的基础上根据每个胜任特征内涵与外延的不同范围对各个胜任特征的命名及归类进行了二次编码加工。编码加工的基本原则如下。

（1）合并重复内容。对概念有所重合的词条进行合并，如“自我发展与学习”下的胜任力词条同属于“进取心”范围，即教师积极寻求发展自我，不断进行主动学习与“充电”的过程也是进取心的一方面表现，因此将“自我发展与学习”合并到“进取心”维度。

（2）更改表述方式。如“信息收集能力”这一胜任力应包括对信息的搜寻与收集的能力，同时，在搜集信息的过程中，要求教师能够对搜集到的信息进行概括总结，因此还应包括概括能力，便将该维度描述更改为“信息搜集与概括能力”。而“对学生责任心”和“教学责任心”维度的表述与其他胜任力维度的表述不在同一层面，过于简单没有凸显教师胜任力的特点，根据已有文献发现，教师的责任感体现在其对工作的主动性、关注学生的主动性，以及遇到困难时的坚持等方面，同时也体现在教师对学生和工作的认真负责上面，因此重新命名为“主动性与坚持性”“严谨认真”。

（3）根据概念类属对词条进行再归类。如“个人修养”维度的胜任力特征词条包含的范围较广且分散，聚合到“个人修养”维度的程度不高，因此删除这一维度，将所属的胜任特征词条归类到其他类别，将“亲和力”归纳到“宽容耐心”维度。

按照上述原则，我们对表 3－2 的内容重新进行了归类整理，结果如表 3－3 所示。

表 3－3　社招教师胜任力模型

| 一级维度 | 二级维度 |
|---|---|
| 成就动机 | 进取心<br>成就导向 |
| 情绪稳定性与调控 | 情绪觉察与理解能力<br>情绪调控与表达能力 |
| 责任心 | 严谨认真<br>顾全大局 |
| 专业精神 | 宽容耐心<br>诚实正直<br>乐于奉献<br>职业热情 |
| 人际沟通与协作 | 沟通与交往<br>团队协作 |
| 问题解决能力 | 信息搜集与概括能力<br>计划性和条理性<br>评估与反思 |
| 语言表达能力 | 口头语言表达能力<br>书面语言表达能力<br>肢体语言表达能力 |
| 专业知识 | 学科知识<br>教育学心理学知识<br>通识知识 |
| 专业技能 | 教学计划与准备<br>教学策略<br>课堂组织管理<br>教育测量与评价 |

### （二）访谈法提取社招教师胜任特征项

1. 编制访谈提纲

为了使得构建的《社招教师胜任力模型》更契合目前教育的实际情况，本书中欲通过对一批中小学校长或者教学主任进行访谈以进一步确立社招教师胜任力模型，为此，研究者编制了一个半结构化的访谈提纲，了解学校对于社招教师的基本要求和期望。访谈的问题有：

（1）作为一个领导，您认为一个合格的教师需要具备的基本能力是什么？（可能的排序）

（2）作为一个领导，您认为优秀教师的突出特点是什么？（重要特点的排序）

（3）作为一个领导，您认为从一名刚入职的新教师，成长为一名优秀教师应具备什么样的核心潜力？

2. 选取研究对象并实施访谈

本书中采用目的性抽样的原则，选择了 3 所小学、3 所普通中学、3 所职业中学的 10 位校长/教学主任进行了访谈。采用半结构化访谈的方法，获取了 10 段访谈录音。

3. 胜任特征编码与频次统计

（1）胜任特征编码

将所有访谈录音转化为文本后，研究者对访谈文本进行开放式编码。本开放式编码利用了内容分析法中总结的胜任特征词条，对所有录音文本中的内容进行主题分析，分析主要概念和思想，提炼基本主题，进行简单的归类，记录他们在文本中出现的位置，并在相应的文字和段落上做标注。对那些在现有胜任特征词典中无法找到的胜任特征词条，进行补充和完善。表 3－4 是用主题分析法对访谈内容进行开放式编码的一个示例。为了提高编码的有效性，本书胜任特征的编码采用两位研究者共同编码的技术。编码初期两位研究者会就编码中遇到的有分歧的地方进行协商和沟通，直到达成一致意见。最后，等所有编码结束后，分别计算编码一致性信度，本书中的编码一致性信度为0.92，说明两位研究者的一致性非常高，编码的结果比较可信。

**表3-4　访谈文本开放式编码表示例**

| 访谈文本 | 开放式编码 |
| --- | --- |
| P1：我们觉得第一个，就是说做一个老师的话应该是人品，人品是他的第一位的。第二个，我觉得就是还应该有一个积极的生活态度，因为我觉得积极的生活态度，在各个方面都对学生有潜移默化的影响。所以，我觉得她的积极的生活态度对于学生将来走上工作岗位非常重要。第三个，我觉得应该是工作态度。因为作为我们职业学校来讲，我觉得就是说，从他们接受了高等教育之后，从他们接受的知识的角度来讲，应该说不比任何人欠缺，和普教的老师，在竞争上可能他们也能一拼，尤其是文化课。但是，就是到我们这儿之后，更强调的就是工作态度和工作的责任心。还有，我觉得在职教师要做一名好的老师特别要动脑筋。 | 诚实正直<br>积极乐观<br>责任心<br>问题解决 |
| P2：合格教师我们认为需要具备的基本能力主要有几种，应该是有比较好的表达能力，包括口头和书面的；有比较强的组织能力，因为组织教学，没有组织能力就比较难带班，比较难把课堂秩序保持好。另外，要具有合作精神和与人沟通的能力，还应该具有继续学习能力。 | 表达能力<br>组织管理能力<br>团队协作<br>人际沟通<br>继续学习 |
| P3：基本达标的话，第一，我觉得就是他要了解这个专业，了解专业特点，了解教学课程的特点。第二，要了解这个学科基本的教法是什么。第三，对于这个学科你的专业知识多与少，比如我们现在有些弱的学科：科学、实践。他能对一些新科目认识到多少，你的专业知识是否能够帮助孩子们增长知识。 | 学科知识 |
| P4：我特别关注心态，是不是阳光心态。另外最主要有两点：一是人际沟通，二是情绪管理。我们很多优秀老师，在最后的时候都是输在情绪管理上了。 | 积极乐观<br>人际沟通<br>情绪管理 |

（2）频次统计

研究者对开放式编码所获得的胜任特征频次进行统计，结果如表3－5所示。

**表3－5　社招教师胜任特征频次调查结果表**

| 编号 | 胜任特征 | 频次 | 编号 | 胜任特征 | 频次 |
|---|---|---|---|---|---|
| 1 | 诚实正直 | 6 | 2 | 积极乐观 | 8 |
| 3 | 责任心 | 8 | 4 | 表达能力 | 4 |
| 5 | 组织管理能力 | 9 | 6 | 团队协作 | 9 |
| 7 | 人际沟通 | 7 | 8 | 学科知识 | 6 |
| 9 | 情绪管理 | 8 | 10 | 教学知识 | 5 |
| 11 | 反思能力 | 5 | 12 | 学习能力 | 8 |
| 13 | 爱岗敬业 | 10 | 14 | 进取心 | 4 |
| 15 | 职业热情 | 9 | 16 | 职业道德 | 10 |
| 17 | 广博的知识 | 7 | 18 | 育人的能力 | 6 |
| 19 | 问题解决能力 | 6 | 20 | 主动性 | 5 |
| 21 | 创新思维 | 5 | 22 | 变通能力 | 4 |

通过半结构访谈，研究者发现学校的相关负责人对社招教师在胜任特征的要求与通过内容分析法获得的胜任力模型基本一致。但是，因为每个学校具体情况有差异，如师资力量、学生来源、校园氛围、培养目标等等，因此，不同学校的领导者对不同胜任特征重要性的强调水平不同，如有的学校比较强调教师要爱岗敬业、有责任心，有的学校则强调教师要有创新性、要善于思考问题，还有的学校强调教师要有积极的心态并热爱生活、热爱教育事业。

**（三）社招教师胜任力模型构建**

根据内容分析法获得的《社招教师胜任特征》以及访谈法获得的《社招教师胜任特征频次调查结果表》，研究者构建了社招教师胜任力

模型，构建的基本原则是以内容分析法获得的普通中小学胜任特征为基础，通过对比分析访谈法所获得的胜任特征信息，根据每个胜任特征出现的频次及对其重要性的强调，来构建社招教师胜任力模型，并在二级编码的基础上根据每个胜任特征的内涵总结出一级胜任特征，其结果如表3－6所示。

**表3－6　社招教师胜任力模型**

| 一级维度 | 二级维度 |
| --- | --- |
| 成就动机 | 进取心<br>成就导向 |
| 主动性与坚持性 | 积极主动<br>不懈坚持 |
| 情绪稳定性与调控 | 情绪觉察与理解能力<br>情绪调控与表达能力 |
| 责任心 | 严谨认真<br>顾全大局 |
| 专业精神 | 乐观幽默<br>宽容耐心<br>诚实正直<br>乐于奉献<br>职业热情 |
| 人际沟通与理解 | 人际沟通<br>人际理解 |
| 团体协作 | 团队配合<br>团队建设 |
| 问题解决能力 | 信息搜集与概括能力<br>计划性和条理性<br>评估与反思 |

续表

| 一级维度 | 二级维度 |
| --- | --- |
| 变通性 | 应变能力<br>创新性 |
| 语言表达能力 | 口头语言表达能力<br>书面语言表达能力<br>肢体语言表达能力 |
| 专业知识 | 学科知识<br>教育学心理学知识<br>通识知识 |
| 专业技能 | 教学计划与准备<br>教学策略<br>课堂组织管理<br>教育测量与评价 |

## 二、模型的验证

### （一）设计社招教师胜任特征核检表

根据构建的《社招教师胜任力模型》，研究者编制了《社招教师胜任特征检核表》（见表3－7），就模型中各个胜任特征对于社招教师的重要性进行了问卷调查。

**表3－7　社招教师胜任特征检核表**

| 编号 | 胜任特征 | 非常不重要 | 比较不重要 | 不确定 | 比较重要 | 比较不重要 |
| --- | --- | --- | --- | --- | --- | --- |
| | | 1 | 2 | 3 | 4 | 5 |
| 1 | 进取心 | | | | | |
| 2 | 成就导向 | | | | | |
| 3 | 积极主动 | | | | | |

续表

| 编号 | 胜任特征 | 非常不重要 | 比较不重要 | 不确定 | 比较重要 | 比较不重要 |
|---|---|---|---|---|---|---|
| 4 | 不懈坚持 | | | | | |
| 5 | 情绪觉察与理解能力 | | | | | |
| 6 | 情绪调控与表达能力 | | | | | |
| 7 | 严谨认真 | | | | | |
| 8 | 顾全大局 | | | | | |
| 9 | 乐观幽默 | | | | | |
| 10 | 宽容耐心 | | | | | |
| 11 | 诚实正直 | | | | | |
| 12 | 乐于奉献 | | | | | |
| 13 | 职业热情 | | | | | |
| 14 | 人际沟通 | | | | | |
| 15 | 人际理解 | | | | | |
| 16 | 团队配合 | | | | | |
| 17 | 团队建设 | | | | | |
| 18 | 信息搜集与概括能力 | | | | | |
| 19 | 计划性和条理性 | | | | | |
| 20 | 评估与反思 | | | | | |
| 21 | 应变能力 | | | | | |
| 22 | 创新性 | | | | | |
| 23 | 口头语言表达能力 | | | | | |
| 24 | 书面语言表达能力 | | | | | |
| 25 | 肢体语言表达能力 | | | | | |
| 26 | 学科知识 | | | | | |
| 27 | 教育学心理学知识 | | | | | |
| 28 | 通识知识 | | | | | |
| 29 | 教学计划与准备 | | | | | |

续表

| 编号 | 胜任特征 | 非常不重要 | 比较不重要 | 不确定 | 比较重要 | 比较不重要 |
|---|---|---|---|---|---|---|
| 30 | 教学策略 | | | | | |
| 31 | 课堂组织管理 | | | | | |
| 32 | 教育测量与评价 | | | | | |

### （二）选取研究对象

根据分层取样的原则，研究者在小学中随机抽取了一所普通小学和示范小学，并邀请这些学校主管教学的校长和教务主任作为专家参与对胜任特征重要性的评价工作。同样，研究者在中学中也随机选取了一所示范中学、一所普通中学和一所职业中学，并邀请这些学校中主管教学的校长和教务主任作为专家参与到本书中来。专家的基本信息如表3－8所示。

**表3－8　社招教师胜任力模型验证专家信息表**

| 编号 | 职位 | 性别 | 年龄 | 学历 | 职称 | 所教学科 | 单位性质 |
|---|---|---|---|---|---|---|---|
| 1 | 校长 | 女 | 38 | 本科 | 中高 | 语文 | 普通小学 |
| 2 | 教务主任 | 女 | 40 | 本科 | 小高 | 语文 | 普通小学 |
| 3 | 教学副校长 | 女 | 52 | 本科 | 小高 | 数学 | 示范小学 |
| 4 | 教务主任 | 男 | 43 | 本科 | 小高 | 语文 | 示范小学 |
| 5 | 校长 | 男 | 58 | 本科 | 中高 | 政治 | 普通中学 |
| 6 | 教务主任 | 女 | 41 | 本科 | 中高 | 语文 | 普通中学 |
| 7 | 校长 | 男 | 50 | 研究生 | 中高 | 数学 | 示范中学 |
| 8 | 教务主任 | 女 | 56 | 本科 | 中高 | 英语 | 示范中学 |
| 9 | 校长 | 女 | 58 | 本科 | 中高 | 语文 | 职业中学 |
| 10 | 教务主任 | 女 | 46 | 本科 | 中高 | 美术 | 职业中学 |

## （三）结果及分析

1. 评价结果统计

10位专家对社招教师胜任力模型一级指标的评价结果如表3－9所示。

**表3－9　社招教师胜任特征专家评定结果**

| 胜任特征 | 评分者 | | | | | | | | | |
|---|---|---|---|---|---|---|---|---|---|---|
| | 1 | 2 | 3 | 4 | 5 | 6 | 7 | 8 | 9 | 10 |
| 进取心 | 4 | 3 | 5 | 4 | 4 | 4 | 3 | 4 | 4 | 4 |
| 成就导向 | 3 | 4 | 4 | 4 | 4 | 4 | 3 | 4 | 4 | 4 |
| 积极主动 | 4 | 4 | 5 | 5 | 5 | 5 | 5 | 5 | 5 | 5 |
| 不懈坚持 | 5 | 5 | 5 | 4 | 4 | 4 | 4 | 4 | 4 | 4 |
| 情绪觉察与理解能力 | 5 | 5 | 5 | 4 | 5 | 4 | 4 | 4 | 5 | 5 |
| 情绪调控与表达能力 | 5 | 5 | 5 | 5 | 5 | 5 | 5 | 5 | 5 | 5 |
| 严谨认真 | 3 | 5 | 4 | 5 | 4 | 4 | 4 | 4 | 4 | 5 |
| 顾全大局 | 4 | 4 | 4 | 4 | 4 | 5 | 4 | 4 | 4 | 5 |
| 乐观幽默 | 3 | 3 | 3 | 3 | 3 | 3 | 4 | 3 | 3 | 3 |
| 宽容耐心 | 5 | 5 | 5 | 5 | 5 | 5 | 5 | 5 | 5 | 5 |
| 诚实正直 | 5 | 5 | 5 | 5 | 5 | 5 | 5 | 5 | 5 | 5 |
| 乐于奉献 | 3 | 4 | 4 | 4 | 4 | 4 | 4 | 4 | 4 | 4 |
| 职业热情 | 5 | 5 | 5 | 5 | 5 | 5 | 5 | 5 | 5 | 5 |
| 人际沟通 | 5 | 5 | 5 | 5 | 5 | 5 | 5 | 5 | 5 | 5 |
| 人际理解 | 5 | 5 | 5 | 5 | 5 | 5 | 5 | 5 | 5 | 5 |
| 团队配合 | 5 | 5 | 5 | 5 | 4 | 4 | 5 | 5 | 5 | 5 |
| 团队建设 | 4 | 4 | 4 | 4 | 5 | 4 | 4 | 4 | 4 | 4 |
| 信息搜集与概括能力 | 4 | 5 | 3 | 3 | 3 | 4 | 4 | 4 | 4 | 4 |
| 计划性和条理性 | 4 | 5 | 4 | 4 | 4 | 4 | 3 | 4 | 4 | 4 |
| 评估与反思 | 4 | 4 | 5 | 5 | 5 | 5 | 5 | 5 | 4 | 4 |

续表

| 胜任特征 | 评分者 | | | | | | | | | |
|---|---|---|---|---|---|---|---|---|---|---|
| | 1 | 2 | 3 | 4 | 5 | 6 | 7 | 8 | 9 | 10 |
| 应变能力 | 3 | 3 | 3 | 3 | 3 | 3 | 3 | 3 | 4 | 3 |
| 创新性 | 5 | 4 | 5 | 5 | 5 | 5 | 5 | 5 | 5 | 5 |
| 口头语言表达能力 | 5 | 4 | 4 | 5 | 5 | 5 | 5 | 5 | 5 | 5 |
| 书面语言表达能力 | 4 | 4 | 4 | 4 | 4 | 4 | 5 | 5 | 4 | 5 |
| 肢体语言表达能力 | 4 | 4 | 4 | 4 | 4 | 4 | 4 | 4 | 4 | 4 |
| 学科知识 | 5 | 5 | 5 | 5 | 5 | 5 | 5 | 5 | 5 | 5 |
| 教育学心理学知识 | 4 | 4 | 4 | 4 | 4 | 4 | 3 | 4 | 4 | 4 |
| 通识知识 | 4 | 4 | 4 | 4 | 4 | 4 | 4 | 4 | 4 | 4 |
| 教学计划与准备 | 3 | 4 | 4 | 5 | 4 | 4 | 4 | 4 | 4 | 4 |
| 教学策略 | 5 | 4 | 4 | 4 | 5 | 4 | 4 | 4 | 4 | 4 |
| 课堂组织管理 | 5 | 5 | 5 | 5 | 5 | 5 | 5 | 5 | 5 | 5 |
| 教育测量与评价 | 3 | 4 | 4 | 3 | 3 | 3 | 3 | 3 | 3 | 3 |

2. 胜任特征项目均值和标准差分析

10位中小学教育领域的专家对社招教师胜任力模型评价的描述性统计结果如表3－10所示。从表3－10可以看出，28个特征项中有20个特征项目都被专家评定为重要性等级超过了4（平均值为3），占所有胜任特征条目的比例是71.4%，剩余8个特征项目的重要性也被评价为超过了3（平均值为3），可见，专家认为此胜任力模型中所列出的28个胜任特征项目对于社招教师来说都是非常重要的。

**表 3－10　社招教师胜任特征专家评定描述性统计结果**

| 编号 | 胜任特征 | 最小值 | 最大值 | 平均数 | 标准差 |
|---|---|---|---|---|---|
| 1 | 进取心 | 3 | 5 | 3.9 | 0.568 |
| 2 | 成就导向 | 3 | 4 | 3.8 | 0.422 |
| 3 | 积极主动 | 4 | 5 | 4.8 | 0.422 |
| 4 | 不懈坚持 | 4 | 5 | 4.3 | 0.483 |
| 5 | 情绪觉察与理解能力 | 4 | 5 | 4.6 | 0.516 |
| 6 | 情绪调控与表达能力 | 5 | 5 | 5.0 | 0.000 |
| 7 | 严谨认真 | 3 | 5 | 4.2 | 0.632 |
| 8 | 顾全大局 | 4 | 5 | 4.2 | 0.422 |
| 9 | 乐观幽默 | 3 | 4 | 3.1 | 0.316 |
| 10 | 宽容耐心 | 5 | 5 | 5.0 | 0.000 |
| 11 | 诚实正直 | 5 | 5 | 5.0 | 0.000 |
| 12 | 乐于奉献 | 3 | 4 | 3.9 | 0.316 |
| 13 | 职业热情 | 5 | 5 | 5.0 | 0.000 |
| 14 | 人际沟通 | 5 | 5 | 5.0 | 0.000 |
| 15 | 人际理解 | 5 | 5 | 5.0 | 0.000 |
| 16 | 团队配合 | 4 | 5 | 4.8 | 0.422 |
| 17 | 团队建设 | 4 | 5 | 4.1 | 0.316 |
| 18 | 信息搜集与概括能力 | 3 | 5 | 3.8 | 0.632 |
| 19 | 计划性和条理性 | 3 | 5 | 4.0 | 0.471 |
| 20 | 评估与反思 | 4 | 5 | 4.6 | 0.516 |
| 21 | 应变能力 | 3 | 4 | 3.1 | 0.316 |
| 22 | 创新性 | 4 | 5 | 4.9 | 0.316 |
| 23 | 口头语言表达能力 | 4 | 5 | 4.8 | 0.422 |
| 24 | 书面语言表达能力 | 4 | 5 | 4.3 | 0.483 |
| 25 | 肢体语言表达能力 | 4 | 4 | 4.0 | 0.000 |
| 26 | 学科知识 | 5 | 5 | 5.0 | 0.000 |

续表

| 编号 | 胜任特征 | 最小值 | 最大值 | 平均数 | 标准差 |
|---|---|---|---|---|---|
| 27 | 教育学心理学知识 | 3 | 4 | 3.9 | 0.316 |
| 28 | 通识知识 | 4 | 4 | 4.0 | 0.000 |
| 29 | 教学计划与准备 | 3 | 5 | 4.0 | 0.471 |
| 30 | 教学策略 | 4 | 5 | 4.2 | 0.422 |
| 31 | 课堂组织管理 | 5 | 5 | 5.0 | 0.000 |
| 32 | 教育测量与评价 | 3 | 4 | 3.2 | 0.422 |

3. 专家意见一致性

专家评定结果的一致性是衡量研究可靠和有效的一个重要指标。在本书中有10位专家对32个特征项目进行了评估，要对专家评估意见的一致性进行考查，就要计算肯德尔和谐系数W。因为在本书中被评价样本的个数即胜任特征数目（N）是32，大于7，因此评分制一致性系数W显著性的考查采用卡方检验的方法。具体方法是利用SPSS软件计算肯德尔和谐系数值，本书中的计算结果为W=0.732，然后再利用卡方转化公式，即$\chi^2 = K(N-1)W$公式计算卡方值，其结果为$\chi^2 = 226.98$，查表知：$\chi^2_{.05(31)} = 43.8$，$\chi^2_{.01(31)} = 50.9$；$204.93 > 50.9$，$P < 0.01$，结果非常显著，说明10位专家的评分一致性非常高，评分结果是非常可靠可信的。

## 三、模型组成因素说明

《社招教师胜任力模型》共包括12个一级维度，32个二级维度。12个一级维度为专业知识、专业技能、专业精神、成就动机、责任心、主动性与坚持性、情绪稳定性与调控、人际沟通与理解、团体协作、问题解决能力、变通性、语言表达能力。32个二级维度为学科知识、教育学心理学知识、通识知识、教学计划与准备、教学策略、课堂组织管理、教育测量与评价、乐观幽默、宽容耐心、诚实正直、乐于奉献、进取心、成就导向、积极主动、严谨认真、顾全大局、不懈坚持、情绪觉察与理解能力、情绪调控与表达能力、职业热情、人际沟通、人际理解、团队配合、团队建设、信息搜集与概括能力、计划性和条理性、评估与反思、应变能力、创新性、口头语言表达能力、书面语言表达能力、肢体语言表达能力。

**（一）专业知识**

教师的专业知识是指从事教师职业的系统的稳定的知识。对于胜任教师工作来说，最为重要的专业知识包括学科知识、教育学心理学知识以及通识知识。学科知识是指专业领域内的知识，例如，对于数学教师来说，学科知识就是数学学科的内容知识。拥有扎实的学科知识是从事某一科目专业教学工作的必要条件和最基本条件。教育学心理学知识通常是指教师拥有的教育教学规律、学生心理发展规律等方面的知识，只有掌握了该方面的知识，教师才能够把学科知识通过合适的教学方式教给适龄的学生。因此，教育学和心理学知识也是从事教师职业必备的基本知识。通识性知识是指教师拥有的有利于开展有效教育教学工作的普通文化知识，包括一些基础的自然科学知识和社会科学知识。通识性知识是教师知识广泛性的体现，拥有大量通识知识的教师才能够更灵活地在课堂中把教材中的知识与其他学科知识或者生活常识有效地联系起来，从而促进学生学习的兴趣并提高学生对知识价值的认识。

**（二）专业技能**

技能是指通过练习获得的能够完成一定任务的动作系统。教师的专业技能是指教师通过教学实践的联系形成的完成教学工作的动作系统，该系统主要包括教师在课前制订教学计划，为教学工作做好准备，在课堂上利用教学策略把知识有效地传递给学生，并利用课堂组织与管理技能有效地组织班级活动、维持班级纪律，并注意在整个教学活动中监控学生的知识掌握状况，及时给予学生合适的反馈信息，促进学生有效地掌握知识等几个方面。教师的专业技能是在教学实践中形成的，并对教师的教育教学实践活动具有重要的影响。

### （三）专业精神

教师的专业精神是指教师对教育事业的热爱和投入的品质。大量的实证研究表明，教师的专业精神主要体现在教师是否具有宽容耐心、诚实正直、乐于奉献、乐观幽默的品质以及是否真正地热爱本学科并热爱教师工作。教师的专业精神是致力于教育教学工作，保持旺盛的精力，永不懈怠的重要保障。

### （四）成就动机

成就动机是指设定目标、并通过克服困难来取得成功的动机、愿望。教学工作是一种具有较高难度的工作，需要教师克服一些固有的传统观念，持续不断地更新知识和观念，在日常工作任务极其繁重的情况下，这种要求对教师来说是一种较大的挑战，需要教师具有较高的成就动机才能够应对这种挑战。

### （五）责任心

责任心是遵守规范、承担责任和履行义务的自觉态度与行为。对于教师职业来说，责任心主要体现在教师能够在工作中做到严谨认真，认知准备讲课的内容，严谨对待学生出现的问题，并能够在个人利益和集体利益发生冲突的时候顾全大局，主动地维护集体的利益。教师工作是一份良心工作，责任心的高低影响了教师在工作中的投入状态。

### （六）主动性与坚持性

主动性和坚持性是指教师为出色地完成任务，主动地克服困难并付出额外努力。主动性和坚持性包括为了完成一项困难的任务或者达到挑

战性目标而担负责任、付出比所要求的标准更多的努力。具有超常主动性和坚持性的教师对他们的学科拥有无限的能量和热情，他们每天都会把教学材料设计得新颖、吸引人，他们真的感兴趣于学生对学科问题的反应，因为他们相信他们总能找到更吸引人、更缜密的活动来更好地帮助学生学习，他们经常在寻找新的方法并且相信他们总是能够工作得更好。

**（七）情绪稳定性与调控**

教师工作是一种情绪性工作，每天教师都要处理各种各样的情绪事件。对于教师来说，只有具有稳定的情绪特征，并能够有效控制和调节自己的情绪情感，才能够始终如一地表达出符合教师职业素养的特征，才能够有效地避免各种冲突。因此，教师需要具有稳定的情绪特征，并能够对自己的情绪进行有效的调控。

**（八）人际沟通与理解**

人际沟通与理解是指理解他人的情绪、动机及行为并给予相应回应。教师需要和学生、家长、同事、领导等其他一些利益相关者保持密切交往，为了促进有效的交往，就需要教师具有较高的人际沟通能力。具有高水平的人际沟通与理解胜任力的教师是敏锐的观察者，他们善于收集有关学生和其他关键影响人物（如家长、同事等）的信息，并利用这些信息建立礼貌性人际关系。他们能够发现学生的学习兴趣，并利用这些信息来选择那些对每个学生都具有吸引力和效果的学习活动，并且当学生出现明显的个人问题的时候他们能够做出有效的行动。

**（九）团队协作**

团队协作是指为了达到共同的目标和他人一起工作的能力。团队协作对于教师和学校的发展都是非常重要的。通过教师之间的有效配合，可以分享好的思想和创意，也可以共同促进学生的发展，还能促使学校整体目标的达成。具有高水平的团队工作胜任力的教师把其他利益相关者（同事、家长、学生）视为有价值的资源，并渴望在那些促进学生成功的活动中吸引他们。他们寻找一切机会，在与他人的合作中来学习如何更好地吸引和激励学生、如何更有效地呈现材料、如何确保学生的社会需要与感情需要都得到满足。

**（十）问题解决能力**

问题解决能力是指综合、有逻辑性地分析事物的内在关系，抓住问题本质，提出并实施可行、有效的解决方案的能力。教师每天都会面临着不少的问题，如分析学生课堂不注意听讲的原因、解决学生上课随意发言的问题、找出学生做错题的原因等等，要解决这些问题，就需要教师有较高的问题解决能力，能够透过事物的表面现象认识事物的本质，及时有效地把问题解决在萌芽状态。

**（十一）变通性**

变通性是指根据环境的特定要求而调整方法和改变策略的能力。变通性包括教师能够和各种各样的人在一起工作并对自己的观点做出所需的改变、能够尝试新的教学方法，能够发现和了解同一事物的不同方面等方面的能力。高变通性的教师能够快速适应新的环境，能够从多个角度看问题，并且不把一系列僵化的价值观用于新的情境。当遵守原则会带来损害的时候他们将乐意为学生改变原则。变通性也使教师能够与那些持有和自己不同观点的人建立关系。

**（十二）语言表达能力**

教师的语言表达能力是指抓住事物的本质，清晰、准确地表达自己观点及态度的能力。在课堂上教师需要把自己的知识和观点用清晰可懂的方式传达给学生，这就需要教师具有较高的口头语言表达能力以及肢体语言表达能力。另外，为了总结经验和规律，教师还必须拥有较好的书面语言表达能力。

## 第二节　社招教师测评体系的构建

根据构建的《社招教师胜任力模型》，结合教育主管部门人事招聘工作的具体情况，研究者构建了一个有效的测评体系以完成社会人员招聘测评工作，并根据相应的测评体系构建了一套有效的测评方案。

### 一、指标体系的构建

#### （一）构建人才选拔测评指标体系应注意的问题

根据胜任力模型来构建相应的人才测评指标体系应该注意以下两个方面的问题。

1. 胜任力有可塑性高低之分，人才选拔测评对可塑性较低的胜任特征应给予特别关注

胜任特征可塑性具有高低之分。处于冰山模型上层的胜任特征，如知识和技能，可塑性比较强，比较容易通过后天的培养发生改变，而处于冰山模型底层的最基本的核心动机和人格特征等，可塑性比较差，在人才测评中，如果这类胜任特征恰好又是该岗位非常重要的胜任特征的话，则一定要通过多种测评手段加以区分和鉴别，以提高人才测评的有效性，降低人才培养的成本和时间。

2. 胜任特征具有一定的情境性，胜任特征的重要性根据组织氛围的不同而不同

胜任特征具有一定的情境性，不同的组织、不同的岗位需要不同的胜任特征。并且即便是同样的岗位，因为组织文化氛围的差异，对胜任特征侧重点的要求也不一样。如对一个具有创新精神的学校来说，对教师的胜任力要求更强调教师的创造性、主动性和灵活性，而对于一个保

守的学校来说，对教师胜任力的要求则更强调教师的纪律性和稳定性。

### （二）指标体系构建的结果

从教师职业的岗位特征来看，不管是新任教师还是有过一定教师工作经验的教师，所需要具备的岗位胜任力的核心成分是基本相同的，但是在具体的胜任力维度及不同维度的发展水平上存在着一定的差异，而且新任教师的胜任力模型更侧重其对工作岗位的准备。具体来说，有过一定教学经验的教师在具体的教育教学技能和策略上比应届毕业生要丰富一些。针对这种情况，针对有过一定教学经验的应聘者考查的重点应该放在教师的职业精神和深层的胜任力如成就动机、责任心、问题解决能力等方面。根据构建的《社招教师胜任力模型》，有过一定经验的社招教师的测评指标包括以下两大模块。

1. 基本素养模块

（1）成就动机。

（2）责任心。

（3）主动性与坚持性。

（4）情绪稳定性与调控。

（5）人际沟通与理解。

（6）团队协作。

（7）问题解决能力。

（8）变通性。

（9）语言表达能力。

2. 专业素养模块

（1）专业精神。

（2）专业知识。

（3）专业技能。

## 二、招聘过程中人才测评体系的建立

### （一）履历分析

为了提高简历筛选的效率，在招聘过程中，实施严格的履历分析，会有效地节省招聘的时间和各项支出。履历分析的内容以胜任力模型中对应聘者专业知识和技能的要求为依据，将应聘者的学历、职称、教学经验、所获奖励、所参加的继续教育培训活动等作为履历分析的重点，依此来评价应聘者是否具有相应的教育教学能力和水平。社招教师一般都具有一定的教学经验，为了提高招聘的效率，可以让应聘者在提供履历表的同时，再提供自己以往的一段讲课视频资料，或者根据其提交的履历表及其他证明材料，了解其在教育教学能力方面既往的表现，并根据胜任力模型中的指标对应聘者的教育教学能力做出评价，以此作为是否通知下一步面试的重要依据。

### （二）职业适应度测验

职业适应度测验是专门为社会公开招聘人员开发的专业化测评工具。该测评工具以纸笔测验的方式，通过问卷法、传统测验法、情境判断测验等方式重点考查胜任力模型中的专业精神、专业知识与技能，一般认知能力和个性适应性等方面，具体包括以下三个分测验。

#### 1. 心理健康测验

心理健康测验主要侧重于社会交往、工作适应、自我评估等方面的个体适应状况。

#### 2. 基本能力倾向测验

基本能力倾向测验主要侧重于言语理解、类比推理、逻辑判断、资料分析等方面的能力潜质。

#### 3. 教育教学观念测验

主要侧重于教育教学基本知识的掌握、对学生发展、有效教学策略及其他相关教育教学活动的态度与观念等。

### （三）结构化面试

结构化面试是指依据预先确定的内容、程序、分值结构进行的面试形式。面试过程中，主试人须根据事先拟定好的面试提纲逐项对被测评者进行测试。在结构化面试中，面试的程序、内容以及评分方式等标准化程度都比较高，使面试结构严密，层次性强，评分模式固定。目前，结构化面试因其直观、灵活、深入、具有较高的信度和效度而不断为许多用人单位接纳和使用，成为现代人员素质测评中一种非常重要的方法，日益受到重视。针对社会人员招聘教师的结构化面试题目利用情境性问题和行为性问题两种题目类型，对应聘者的成就动机、责任心、主动性与坚持性、人际沟通与理解、团队协作、情绪调控、变通性、问题解决能力、语言表达能力进行全面详细地考查。

### （四）试讲

试讲是教师应聘者专业化面试的重要组成部分。对于有过一定教学经验的社招教师来说，试讲的主要目的是了解该教师的语言表达能力、课堂组织能力、多媒体软件制作及相应的板书板画能力，另外也考查教师相应的学科知识掌握程度及知识面的广度。

### （五）试用期360°测评

试用期期间由应聘者所在教研室组织、学校教学督导、教学副校长、学生等针对胜任力模型中的胜任特征对其胜任力做出综合评估。评估的主要内容包括专业精神，如该教师是否喜欢教学，是否喜欢自己的学科，是否有无私奉献的精神，是否对所有学生都很有耐心，是否诚实正直，是否乐观幽默等。专业知识，如该教师的学科知识掌握程度如何，一般的教育学心理学知识掌握程度如何，另外还考查该教师的知识面是否足够宽广（通识知识）。专业技能，该教师讲课是否通俗易懂、逻辑清晰、重难点突出，是否能够理论联系实际，是否能够有效地管理课堂秩序、应对课堂突发事件。一般胜任力，如该教师是否能够与学生、同事、领导有效地交流和沟通，是否善于团队合作，在遇到较大困难的时候该教师是否能够情绪稳定，有效地应对问题，是否能够坚持不懈地去想办法克服困难，是否能够保质保量地完成自己的本职工作，是否能够积极主动地承担任务，并愿意把自己的好的经验分享交流。是否具有良好的计划性，能够按计划有条不紊地处理工作，是否能够有效地收集各方面的信息反馈，有效地调整自己的教学策略，是否善于反思自己的教学过程，并不断地改进教学方法，是否具有较好的应变能力，能够灵活地解决问题等。

## 三、社招教师胜任力测评相关测验试题设计

目前，对于社会人员招聘选拔的测评体系，主要介绍职业适应度测验和结构化面试部分试题设计的具体情况。

### （一）职业适应度测验

职业适应度测验由三个分测验构成：分测验一，是心理健康测验，主要测查教师的情绪稳定性、责任心、人际交流与沟通等相关内容，在该测验上得分比较高，说明应聘者的心理健康水平比较高，比较善于适应社会生活，不会轻易出现严重的精神疾患；分测验二，是基本能力倾向测验，主要考查应聘者在类比推理、语言理解、逻辑判断、和资料分析等任务中表现出的认知能力，该种认知能力是应聘者问题解决能力的基础，在该测验上得分比较高的应聘者逻辑思维比较清晰，语言理解能力比较强，在教育教学过程中善于发现问题、分析问题和解决问题；分测验三，是教育教学观念测验，主要考查教师在学生的发展及其多元性、班级管理与学习环境设置、教育教学方法与策略、教育教学测量与

评价、专业化发展与人际互动等方面的专业特质，在该测验上得分比较高的应聘者具有较好的教育教学观念和态度，能够遵循教育教学规律组织和安排教育活动，有效促进学生全面发展。各个分测验的具体题目设计如下。

（1）心理健康测验

该测验以自评问卷方式，让应聘者针对所描述的题项与自己实际情况的符合程度作出评价，根据评价的结果来判断应聘者的胜任情况。如针对教师的人际交流与沟通，设置题项“和一般人相比，我的朋友的确太少”，让应聘者根据自己的情况选择：“A. 是的；B. 介乎 A 与 C 之间；C. 不是的。”另外，根据问卷调查有可能导致的社会称许性比较高的问题，在该测验中加入了社会称许性问卷来考查应聘者的社会称许性程度，并根据应聘者在社会称许性量表上的得分情况来适当地评估其在该测验上的成绩。

（2）基本能力倾向测验

基本能力测验主要体现了与各种职业胜任力密切相关的一系列心理潜能，如分析问题能力、概括总结能力、资料分析能力等。这些潜能是从业和胜任的基本条件，也影响着个体从事职业活动的效率和成功的可能性。基本能力倾向测验既非一般的智力测验，也不同于某职业领域内通用的基础知识测验和具体专业知识技能测验，它是对职业工作需要具备的多种能力的综合考查。基于教师职业的特定要求，本测验主要包括四个维度：类比推理、语言理解、逻辑判断、资料分析。其中，类比推理主要测查应聘者能否根据事物之间的相似性与差异性来判断它们之间关系的能力；语言理解测验主要测查应聘者运用语言文字进行交流和思考、迅速而又准确地理解文字材料内涵的能力；逻辑判断主要考查应聘者应用常用的逻辑分析方法，通过对已获取的各种信息和综合知识的理解、分析、综合、判断、归纳等，引出概念、寻求规律，对事物间关系或事件的发展趋势进行合理地判断与分析，确定解决问题的途径和方法的能力；资料分析题目主要考查应聘者对包括文字描述、数据、图表的多种类型的资料信息进行综合分析与加工的能力。这四类题目均采用客观题的形式考查，每个题目有，且只有一个正确答案。如针对应聘者类比推理能力，设置例题如下。

庸俗：文章，相当于（　　）

A. 木头：木炭　　B. 谬误：语法

C. 饼干：面粉　　D. 花哨：猴子

（3）教育教学观念测验

教育教学能力是教师专业胜任力的核心成分，是区分教师是否胜任工作的重要指标。有关教育教学的各种观念影响着教育教学目标的设定、教育教学策略选择及具体的教育教学行为。通过对应聘者的教育教学观念的考查，可以了解其从事教师工作的专业准备状况。该测验通过情境判断测验（Situational Judgement Test，SJT）的形式来考查应聘者对相关的教育教学专业知识和技能的理解与掌握程度。情境判断测验是一种新兴的人才选拔技术，是指向受测者描绘出与工作职位所相类似的问题情境，然后让受测者评价和选择与该问题相关的系列反应选项。在测验中，受测者只能在所给定的答案中进行选择，以此来预测受测者是否具备某一工作（职务）所要求的相关胜任特征，本书中的情境判断测验就是用于预测社招教师的胜任特征的测验，该测验重点考查教师在教育教学五个方面的能力与态度：学生的发展及其多元性、班级管理与学习环境设置、教育教学方法与策略、教育教学测量与评价、专业化发展与人际互动。其中学生的发展及其多元性主要考查应聘者是否理解学生个体身心发展的特点及其影响因素，如何运用这些知识促进学生的身心发展；理解学生的多元差异，评析不同的教育策略，并能选择适宜的、有针对性的教育策略。班级管理与学习环境设置主要考查应聘者是否理解教育教学过程中的有效激励原则与手段、懂得如何应用这些规律促进学生积极参与学习；掌握激发内外动机的策略及其各自的适用条件；理解多种课堂管理策略；理解如何帮助学生发展自我意识、自我控制、自尊、自我决定和自我管理的能力；理解、评析不同课堂环境的教学设计策略。教育教学方法与策略主要考查应聘者是否了解教育目标的含义并能够为自己所教的课程设置合理的目标；理解教学方案设计的原则并能够针对不同的内容设计有效的教学方案；掌握多种教学模式并能够选择适宜的教学模式与策略。教育教学测量与评价主要考查应聘者是否了解各种测评手段的目的及用途，选择合适的测评手段了解学生的知识掌握状况；掌握有效的课堂评价原则和策略，运用多样、灵活、生动、丰富的评价方法，提高学生学习兴趣、激发学生内在的学习动机。专业化发展与人际互动主要考查应聘者能否理解如何与学生家长进行有效沟通，从而促进学生的学习与发展；掌握与同事的积极合作的建设性策略；懂得反思自己的教学行为，主动寻求专业支持，进而有效地提升自身的专业知识水平和教学能力。针对不同的考查维度，编制了不同的情境题目，请应聘者根据所给出的情境选择出最佳的解决途径。如针对班级管理与学习环境设置维度，编制如下题目来考查应聘者。

教师发现小学三年级的学生上课时经常扔小纸球，此举引来周围同学的关注和哄笑，该生也因此很高兴。尽管教师曾对他的这种行为进行批评，但效果不佳。为减少并防止该生此类行为的继续出现，教师应该（　　）

A. 忽视该生的违纪行为，但当他认真听课时给予表扬

B. 关注此生的行为，表扬认真听课的其他学生

C. 将该生座位调至教室的前排

D. 把该生在课堂中的表现告知其家长

## （二）结构化面试

1. 结构化面试含义

结构化面试是指依据预先确定的内容、程序、分值结构进行的面试形式。面试过程中，主试人须根据事先拟订好的面试提纲逐项对被测评者进行测试。在结构化面试中，面试的程序、内容以及评分方式等标准化程度都比较高，使面试结构严密，层次性强，评分模式固定。目前，结构化面试因其直观、灵活、深入、具有较高的信度和效度而不断为许多用人单位接纳和使用，成为现代人员素质测评中一种非常重要的方法，日益受到人们的重视。

2. 结构化面试中应该注意的问题

（1）准备工作中应注意的问题

在结构化面试正式实施之前，测评者必须做好充分的准备，主要内容包括以下三个方面。

首先，是编制题目。不同的岗位对任职者的能力要求可能存在很大差别，因此在编制题目时要与招聘或测评岗位紧密结合，考虑到招聘岗位的特点。

其次，是选择适当的面试场所。面试场所的环境必须无干扰、安静，考场面积一般以 30－40 平方米为宜，温度、采光度要适宜。

最后，是面试场所的布置。主要是指测评者与被测评者的位置安排。通常情况下，如果是多个测评者面对一位被测评者，就采用一种圆桌会议的形式；如果是 1 对 1 的形式，则测评者与被测评者成一定的角度而坐。在这两种形式下，被测评者不会觉得心理压力太大，同时气氛也较为严谨。尤其是在1对1的面试中，测评者与被测评者之间有一定的角度可以避免目光过于直射，缓和心理紧张，避免心理冲突，同时也有利于对被测评者的观察。

（2）实施过程中应注意的问题

一般来说，结构化面试的具体操作步骤如下：首先，由主测评者宣读面试指导语；然后，由主测评者或其他测评者按事先的分工，依据面试题本请被测评者按要求回答有关问题；接下来，根据被测评者的回答情况，其他测评者可以进行适度的提问；最后，各位测评者独立在评分表上记录被测评者的回答并按不同的要素打分。

（3）具体观察中应注意的问题

结构化面试同无领导小组讨论一样，也是测评者与被测评者双方互动的评价方式，在面试中，测评者要注意观察和记录被测评者对设计好的问题的回答方式、对面谈的态度、思维的逻辑性、语言表达能力、应变能力、面对压力的情绪控制能力以及仪表风度等，同时也可观察和对比不同被测评者对同一问题的不同回答，从而发现他们的素质特点。

### 3. 社招教师结构化面试题目介绍

（1）面试内容

基于社招教师胜任力模型及教师专业发展的相关研究成果，并参考用人单位需求，结合面试这种测评方式的特点，确定9个方面的素质为面试的主要内容：成就动机、责任心、主动性与坚持性、人际沟通与理解、团队协作、情绪调控、变通性、问题解决能力、语言表达能力。

①成就动机：设定目标、并通过克服困难来取得成功的动机、愿望。

②责任心：遵守规范、承担责任和履行义务的自觉态度与行为。

③主动性和坚持性：为出色地完成任务，主动地克服困难并付出额外努力。

④人际沟通与理解：理解他人的情绪、动机及行为并给予相应回应。

⑤团队协作：为了达到共同的目标和他人一起工作的能力。

⑥情绪调控：控制和调节自己的感情，尤其是在受到刺激或遭遇重大挫折的时候。

⑦变通性：根据环境的特定要求而调整方法和改变策略的能力。

⑧问题解决能力：综合利用分析性思维和概括性思维发现问题、解决问题的能力。

⑨语言表达能力：抓住事物的本质，清晰、准确地表达自己观点及态度的能力。

（2）题目设计

本套面试题主要包括三类问题：背景性问题、情境性问题和行为性问题。

①背景性问题：一般是询问应聘者的个人基本情况。这类问题相对比较容易回答，其主要目的是对应聘者有一个初步了解，同时减轻其可能出现的紧张情绪。若用人单位对该应聘者已有较多了解，可以省略此问题。

首先请你用 2 分钟左右的时间介绍一下自己的基本情况。

②情境性问题：一般是给出一个真实或假设的问题情境，或提出一个未来可能发生的事件，要求应聘者针对题目的要求来做出回答。

如：假定同年级组的某位教师因家庭原因，在工作中经常带有一些消极情绪，爱抱怨，对学生也经常讽刺挖苦。你作为班主任，曾经多次听到班级的同学向你表达对该教师的不满，并希望能够换其他教师。面对这种情况，你该如何处理?

③行为性问题：是通过详细询问应聘者过去的行为表现来预测其未来的行为表现。考官可采用行为事件访谈法（Behavioral Event Interview, BEI）进行提问。行为事件访谈主要是让应聘者详细讲述其过去工作、学习或生活中的关键行为事件。鉴于应聘者在回答时可能很笼统、模糊，缺乏具体事例，考官要通过引导和追问，迫使应聘者详尽而充分地回答问题，从而获得真实的有价值的信息。追问过程中可以采用STAR追问法：

S：情境（Situation）

当时是什么样的情境?

什么原因导致了这种情境的出现?

这个情境中涉及到哪些人?

T：任务（Task）

你当时的主要任务是什么?

你的目标是什么?

A：行为（Action）

在当时的情境中，你的想法、感觉和想要采取的行动是什么?

R：结果（Result）

结果怎么样?

你现在如何看待这个结果?

此外，应强调真实的事件和反应，而不是假设的（如“我是这么做的”，而不是“我想我会这样做”）；强调具体的行为和反应，而不是一般的（如“我会……”，而不是“通常我会……”，或者“一般我会……”）

例题：请告诉我们一件对你来说感觉特别难堪的被别人拒绝的事件，并说说你是怎么从不开心中走出来的。

（3）面试评分维度及解释

面试评分维度是结构化面试中评分的重要依据，本书中的面试评分维度是在行为事件访谈的基础上确定的，可以有效地指导面试评分工作（见表3－11至表3－19）。

**表3－11　成就动机**

| 1. 成就动机：设定目标、并通过克服困难来取得成功的动机、愿望 | |
|---|---|
| 评分 | 解　释 |
| 0 | 没有明确目标及规划，将大部分时间用于工作以外的事务上 |
| 1 | 有明确意愿，但缺乏具体的目标及相应的行为 |
| 2 | 设定了需要通过克服一定的困难才能达成的具体目标 |
| 3 | 设定的目标有一定挑战性，需通过克服很多困难才能达成 |
| 4 | 设定的目标有挑战性，需克服多种困难；同时兼顾成本效益，追求低投入高回报 |

**表3－12　责任心**

| 2. 责任心：遵守规范、承担责任和履行义务的自觉态度与行为 | |
|---|---|
| 评分 | 解　释 |
| 0 | 逃避本职工作，不遵守规章制度 |
| 1 | 在外部监督下按要求完成分内工作 |
| 2 | 主动完成本职工作，自觉遵守规章制度 |
| 3 | 超额完成本职工作，带头遵守规章制度 |
| 4 | 乐于为集体或他人利益而牺牲个人利益，督促他人遵守规章制度 |

**表 3－13　主动性和坚持性**

| 3. 主动性和坚持性：为出色地完成任务，主动地克服困难并付出额外努力 | |
|---|---|
| **评分** | **解　释** |
| 0 | 没有表现出认真工作，或者需要外部监督才能完成工作 |
| 1 | 按要求完成规定的工作，并试图解决遇到的小障碍 |
| 2 | 主动加班完成工作，经常处理工作中出现的有一定难度的问题 |
| 3 | 主动承担有一定难度的额外工作，并处理一些棘手的问题 |
| 4 | 在无领导要求的情形下，主动开展工作；即使遇到很大困难，甚至经历过失败，也敢于面对挑战，打破成规 |

**表 3－14　人际沟通与理解**

| 4. 人际理解与沟通：理解他人的情绪、动机及行为并给予相应回应 | |
|---|---|
| **评分** | **解　释** |
| 0 | 自我中心，不理解他人的情绪及行为；或者在沟通协调过程中扮演被动角色 |
| 1 | 觉察到他人外显的情绪及行为表达，但不理解其内在因果缘由；试图做出回应，但不适宜 |
| 2 | 理解他人的内隐情绪或弦外之音，并做出相应的回应 |
| 3 | 理解他人情绪及行为原因，设身处地换位思考，并根据沟通对象的个性特征来给予相应的回应 |
| 4 | 在充分尊重、理解自己与他人情感及行为的基础上，试图达成双赢的目标 |

表 3－15　团队合作

5. 团队合作：为了达到共同的目标和他人一起工作的能力

| 评分 | 解　释 |
| --- | --- |
| 0 | 不参加团队活动，或者通过某种无益的行为方式破坏团队士气 |
| 1 | 乐于参加团体活动并完成分内工作；同团队中的其他成员保持良好的沟通，主动分享信息 |
| 2 | 尊重并理解团队中的其他成员；在完成分内工作的同时，积极配合团队其他成员 |
| 3 | 对团体成员所分享的信息进行评估分析并加以选择性利用，为团队建设和问题解决出谋划策 |
| 4 | 主动采取多种方式化解冲突，增强团队凝聚力，维护团队声誉，鼓励其他成员投入团队工作 |

表 3－16　情绪调控

6. 情绪调控：控制和调节自己的情绪情感，尤其是在受到刺激或遭遇重大挫折的时候

| 评分 | 解　释 |
| --- | --- |
| 0 | 情绪失控，并伴有不当行为（如痛哭、发脾气、自残、伤人等） |
| 1 | 情绪消沉，行为上极力回避（如逃避，转移话题）等 |
| 2 | 过度压制自己的情绪反应 |
| 3 | 客观面对自己的负面情绪，以平静的方式表达，以冷静的方式思考 |
| 4 | 有计划、有步骤地应对压力（如调整目标，放松或锻炼，主动求助）；适度控制负面情绪，展现积极情绪（如自我鼓励） |

表 3－17 变通性

| 7. 变通性：根据环境的特定要求而调整方法和改变策略的能力 | |
|---|---|
| 评分 | 解 释 |
| 0 | 不愿意改变自己的立场或观点，不承认他人观点的正确性 |
| 1 | 刻板地按照既定程序做事，即使这样可能与预期目标背道而驰 |
| 2 | 承认他人提供的新信息或证据的正确性，并愿意改变自己的立场 |
| 3 | 主动判断何时需要改进既定的工作程序，以实现更重要、更高级的目标 |
| 4 | 始终根据环境变化而不断做出调整，以高效率达成重要目标 |

表 3－18 问题解决能力

| 8. 问题解决能力：综合、有逻辑性地分析事物的内在关系，抓住问题本质，提出并实施可行、有效的解决方案 | |
|---|---|
| 评分 | 解 释 |
| 0 | 没有明确意识到问题的存在，或者表面化地、甚至错误地看待问题 |
| 1 | 把复杂问题分解、罗列，但未考虑其相对重要性或轻重缓急 |
| 2 | 识别问题中所包含的简单因果关系，采取非此即彼的简单处理（支持或反对，接受或拒绝等）；套用个人已有经验来解决眼前问题 |
| 3 | 认识全面，识别多重的复杂因果关系，并确立轻重缓急的解决顺序 |
| 4 | 抓住问题的本质，认识深刻，并提出综合、具有创造性的问题解决方案 |

表 3－19 语言表达能力

| 9. 语言表达能力：抓住事物的本质，清晰、准确地表达自己观点及态度的能力 | |
|---|---|
| 评分 | 解 释 |
| 0 | 词汇贫乏，用语不准确，缺乏流畅性、逻辑性 |
| 1 | 能表达自己的观点，但缺乏逻辑性 |
| 2 | 语言表达有逻辑性、准确 |
| 3 | 语言表达清晰、流畅、具有逻辑性，词汇丰富 |
| 4 | 语言表达非常清晰、流畅，具有逻辑性，生动形象，具有感染力 |

（4）面试评分表

表 3-20 面试评分表

| 应聘者 | 核心素养（0-4计分，0为最低分，4为最高分） | | | | | | | | | | 总分 |
|---|---|---|---|---|---|---|---|---|---|---|---|
| | 成就动机 | 责任心 | 主动性与坚持性 | 人际沟通与理解 | 团队协作 | 情绪调控 | 变通性 | 问题解决 | 语言表达 | 其他 | |
| 1 | | | | | | | | | | | |
| 2 | | | | | | | | | | | |
| 3 | | | | | | | | | | | |
| 4 | | | | | | | | | | | |
| 5 | | | | | | | | | | | |
| 6 | | | | | | | | | | | |
| 7 | | | | | | | | | | | |
| 8 | | | | | | | | | | | |
| 9 | | | | | | | | | | | |
| 10 | | | | | | | | | | | |

考官签名：

日期：____年____月____日

## 第三节 社会人员测评体系在教师招聘实践中的应用

### 一、测评的目的

在社会人员招聘中，对测评体系的应用主要体现在初试环节的职业适应度测验和复试环节的结构化面试中。初试环节，职业适应度测验具有择优劣汰的作用，通过测试者方可进入复试。复试阶段，将结构化面试技术应用于综合面试。与职业适应度测验不同，结构化面试属于发展性测评，不充当筛选工具，主要是作为学校试讲的补充，学校用人仍以试讲作为主要的测评方式。

## 二、测评的内容

目前，职业适应度测验作为初试，是由教育主管部门组织和负责的，结构化面试部分则选择了部分学校作为试点，结合试讲情况确定其复试成绩。其他的测评方法则由各个用人单位负责实施。下面具体介绍职业适应度测试和结构化面试的情况。

### （一）职业适应度测验

社会人员招聘职业适应度测验是在借鉴以往应届毕业生职业适应度测验的基础上，针对社会人员招聘的对象具有较为丰富的教育教学经历的特点而设计的。内容包括三个部分。第一部分是心理健康测验，采用问卷的形式考查应聘者在情绪稳定性、责任心、坚持性、变通性、冲动性、人际沟通等方面的发展水平，依此来判断该教师是否具有较好的心理素质和社会适应能力。第二部分是基本能力倾向测验，采用测验的形式考查应聘者在类别推理、概念理解、逻辑判断、资料分析等方面的能力。该测验能够较好地预测应聘者的基本认知能力，而这种基本认知能力对于做好教育教学工作是非常必需的。第三部分是教育教学观念测验，该测验采用情境判断和案例分析的方式，通过设置教育教学中常见的案例和情境，让应聘者做出判断或者陈述，能够较好地反映应聘者在教育教学中的观念及具体的教育教学能力。

### （二）结构化面试

针对社会人员招聘对象已经具有较为丰富的教育教学实践经验，较难仅通过教育教学外显知识和技能的考核便能甄别较为优秀的人才的特点，对他们的考核可以通过较为复杂的结构化面试的方式来考查其潜在的人格特征方面的内容，如成就动机、责任心、主动性等。根据社会招聘人员应聘者胜任力模型，教育招聘主管部门结合招聘实践情况，确定通过结构化面试的方式全面考查应聘者的9个方面的素质（详见本书第155页）。

## 三、测评的实施

### （一）职业适应度测验

社招教师职业适应度测验采用集体施测的方式，由教育招聘主管部门组织相关人员严格按照公开招聘考试的要求来组织实施。测验的具体题目构成等相关信息如表3－21所示。

**表3－21　社招教师职业适应度测验测验信息**

| 测　验 | 组　成 | 题　量 | 施测时间 |
|---|---|---|---|
| 测验一 | 心理健康测验 | 150 | 35分钟 |
| 测验二 | 基本能力倾向测验 | 30 | 45分钟 |
| 测验三 | 教育教学观念测验 | 36 | 40分钟 |

2014年至今，共组织社会人员招聘考试7次，实际测查应聘者675人，提供测评报告6份，根据心理特质测查结果提出心理健康方面重点关注对象13人，为用人单位提供培养建议13条。具体统计信息见表3－22。

**表3－22　测评对象数量统计**

| 测试时间 | 参与人数 | 心理健康重点关注对象 | 基本能力倾向＋教育教学观念关注对象 | 合计（关注对象） |
|---|---|---|---|---|
| 2014年1月18日 | 221 | 5 | 22 | 27 |
| 2014年7月19日 | 178 | 4 | 13 | 17 |
| 2014年9月26日 | 23 | 0 | 0 | 0 |

续表

| 测试时间 | 参与人数 | 心理健康重点关注对象 | 基本能力倾向＋教育教学观念关注对象 | 合计（关注对象） |
|---|---|---|---|---|
| 2014年12月5日 | 20 | 0 | 0 | 0 |
| 2015年1月16日 | 63 | 3 | 0 | 3 |
| 2015年4月16日 | 39 | 1 | 0 | 1 |
| 2015年7月9日 | 131 | 0 | 0 | 0 |
| 合计 | 544 | 13 | 35 | 48 |

### （二）结构化面试

（1）结构化面试题库介绍

结构化面试是指依据预先确定的内容、程序、分值结构进行的面试形式，因此结构化面试需要严格地按照流程进行。根据结构化面试的要求，结合用人单位的实际情况设计了一套针对中小学教师招聘的完整结构化面试题库，该题库包括《教师面试招聘指导手册》《教师招聘面试题A》《教师招聘面试题B》《面试评分表》以及《面试维度分值与解释》几个部分。A、B两套面试题共包括了8个测评维度的32道题目（其中语言表达能力这一维度通过综合评定给予分数，故不再单独出题）。32道题目当中有16道题目是行为性问题，16道题目是情境性问题，用人单位可以结合自己单位的具体情况及面试官的技巧水平选择合适的题目作为本单位的面试题本，对应聘者进行面试。

（2）参与结构化面试学校概况

参与结构化面试的试点学校有两所，分别是某实验小学和某附属中学。其中实验小学招聘5名教师，分别是语文、英语、思政、综合实践课。附属中学招聘14名教师，分别是英语、数学、化学、物理、政治、音乐、通用技术。

（3）试点学校的综合面试组织流程

试点学校的面试过程包括了试讲/说课环节以及综合面试环节。在试讲/说课环节中，应聘者进班讲课20分钟，或用20分钟的时间说课，学校的3－5位评课教师对应聘者的包括教学目标、教学内容、教学过程和教学能力几个大方面评定其教学技能，此外还对应聘者与学生的互动情况以及学生的表现等进行评价。

试讲/说课之后，由同样的3－5位考官对应聘者进行面试，在面试过程中，考官一般会提出3个问题，每次提问之后应聘者就问题进行回答，考官可以进一步追问，明确信息。每个应聘者的面试时间约为15分钟，一个应聘者面试结束后，考官立即在评分表上填入其对该应聘者在各个维度上的评分，应聘者的成绩是几位考官所给出的成绩的平均分。

## 四、测评的结果

### （一）职业适应度测验

职业适应度测验历次测评结果情况，见表3－23至表3－29。

**表3－23　第一次社招教师测验总体得分情况**

| | 各项子测验 | 满分 | 最低得分 | 最高得分 | 平均得分 | 参考达标值（≥） | 未达标人数 |
|---|---|---|---|---|---|---|---|
| 测验一 | 心理健康测验 | 100 | 23 | 97 | 82 | 65 | 5 |
| | 心理防御性测验 | 4 | 2 | 4 | 3 | / | / |
| 测验二 | 能力倾向测验 | 60 | 27 | 59 | 44 | / | / |
| 测验三 | 教育教学观念测验 | 40 | 16 | 38 | 27 | / | / |
| 测验合成 | 测验二＋测验三 | 100 | 46 | 93 | 70 | 60 | 22 |

表 3－24　第二次社招教师测验总体得分情况

| | 各项子测验 | 满分 | 最低得分 | 最高得分 | 平均得分 | 参考达标值（≥） | 未达标人数 |
|---|---|---|---|---|---|---|---|
| 测验一 | 心理健康测验 | 100 | 50 | 98 | 81 | 62 | 4 |
| 测验二 | 基本能力倾向测验 | 60 | 28 | 57 | 46 | / | / |
| 测验三 | 教育教学观念测验 | 40 | 12 | 32 | 23 | / | / |
| 测验合成 | 测验二＋测验三 | 100 | 44 | 86 | 69 | 60 | 13 |

表 3－25　第三次社招教师测验总体得分情况

| | 各项子测验 | 满分 | 最低得分 | 最高得分 | 平均得分 | 参考达标值（≥） | 未达标人数 |
|---|---|---|---|---|---|---|---|
| 测验一 | 心理健康测验 | 100 | 66 | 97 | 82 | 62 | 0 |
| 测验二 | 基本能力倾向测验 | 60 | 40 | 59 | 51 | / | / |
| 测验三 | 教育教学观念测验 | 40 | 15 | 30 | 23 | / | / |
| 测验合成 | 测验二＋测验三 | 100 | 60 | 83 | 74 | 60 | 0 |

表 3－26　第四次社招教师测验总体得分情况

| | 各项子测验 | 满分 | 最低得分 | 最高得分 | 平均得分 | 参考达标值（≥） | 未达标人数 |
|---|---|---|---|---|---|---|---|
| 测验一 | 心理健康测验 | 100 | 63 | 93 | 83 | 62 | 0 |
| 测验二 | 基本能力倾向测验 | 60 | 40 | 54 | 47 | / | / |
| 测验三 | 教育教学观念测验 | 40 | 19 | 29 | 23 | / | / |
| 测验合成 | 测验二＋测验三 | 100 | 61 | 83 | 71 | 60 | 0 |

**表 3-27　第五次社招教师测验总体得分情况**

| | 各项子测验 | 满分 | 最低得分 | 最高得分 | 平均得分 | 参考达标值（≥） | 未达标人数 |
|---|---|---|---|---|---|---|---|
| 测验一 | 心理健康测验 | 100 | 44 | 95 | 79 | 60 | 3 |
| 测验二 | 基本能力倾向测验 | 60 | 43 | 60 | 52 | / | |
| 测验三 | 教育教学观念测验 | 40 | 13 | 30 | 23 | / | |
| 测验合成 | 测验二+测验三 | 100 | 60 | 89 | 75 | 60 | 0 |

**表 3-28　第六次社招教师测验总体得分情况**

| | 各项子测验 | 满分 | 最低得分 | 最高得分 | 平均得分 | 参考达标值（≥） | 未达标人数 |
|---|---|---|---|---|---|---|---|
| 测验一 | 心理健康测验 | 100 | 56 | 95 | 83 | 62 | 1 |
| 测验二 | 基本能力倾向测验 | 60 | 46 | 57 | 52 | / | / |
| 测验三 | 教育教学观念测验 | 40 | 12 | 29 | 22 | / | / |
| 测验合成 | 测验二+测验三 | 100 | 60 | 84 | 74 | 60 | 0 |

**表 3-29　第七次社招教师测验总体得分情况**

| | 各项子测验 | 满分 | 最低得分 | 最高得分 | 平均得分 | 参考达标值（≥） | 未达标人数 |
|---|---|---|---|---|---|---|---|
| 测验一 | 心理健康测验 | 100 | 60 | 97 | 81.6 | 60 | 0 |
| 测验二 | 基本能力倾向测验 | 60 | 34 | 59 | 47.9 | / | / |
| 测验三 | 教育教学观念测验 | 40 | 15 | 31 | 23.2 | / | / |
| 测验合成 | 测验二+测验三 | 100 | 60 | 87 | 71.1 | 60 | 0 |

我们对测评对象在各个测验上的表现进行了分析，分析的特征包括不同性别、学历、年龄、工作年限、是否师范生、专业、应聘的学校类型、应聘的学科类型等。统计学分析表明，在心理健康测验上，除了学历背景具有统计学意义以外，工作年限、年龄等其他因素对心理健康测

验的分数没有显著影响。但是在能力倾向测验上，不少特征对该测验成绩具有显著的影响，具体表现在几个方面：性别对能力倾向成绩具有显著影响，男性应聘者的测验分数高于女性应聘者的测验分数；学历对于基本能力倾向测验成绩也有显著影响，学历越高，能力倾向测验分数越高；应聘学校类型对能力倾向测验成绩有显著影响，应聘的学校类型为中学的教师在该项测验上的得分要比应聘幼儿园和小学的教师高；应聘的学科类型也对能力倾向成绩有显著影响，应聘语数外的教师得分显著高于应聘艺术、体育类的教师。在教育教学观念测验上，不同学历背景对该测验成绩有显著影响，表现在具有硕士和博士学位的应聘者在该测验上的成绩要高于学历水平为本科及以下的应聘者；应聘的学校类型对该测验成绩也有显著影响，表现在应聘中学的教师应聘者在该测验上的成绩要高于应聘小学的和应聘幼儿园的教师，而应聘小学的教师要高于应聘幼儿园的教师；另外，应聘者所应聘的学科类型对该测验成绩也有显著影响，表现在应聘学科为语数外的教师得分显著高于应聘学科为艺术和体育的教师。具体结果见表 3 – 30 至表 3 – 36。

**表 3 – 30　应聘者不同性别的平均分对比**

| 性别 | 心理健康（满分 100） | 能力倾向（满分 60） | 教育教学观念（满分 40） |
|---|---|---|---|
| 男 | 79.4 | 48.9 | 23.1 |
| 女 | 81.2 | 45.8 | 23.5 |

**表 3 – 31　应聘者不同学历背景的平均分对比**

| 学历 | 心理健康 | 能力倾向 | 教育教学观念 |
|---|---|---|---|
| 大专 | 79.2 | 41.5 | 20.4 |
| 本科 | 80.7 | 45.0 | 23.1 |
| 硕士 | 81.5 | 48.9 | 24.7 |
| 博士 | 93.1 | 49.0 | 24.8 |

表 3－32　应聘者不同年龄的平均分对比

| 年龄 | 心理健康 | 能力倾向 | 教育教学观念 |
| --- | --- | --- | --- |
| 20 岁以下 | 无 | 无 | 无 |
| 20－25 岁 | 82. 2 | 44. 3 | 23. 1 |
| 26－30 岁 | 79. 9 | 46. 4 | 23. 1 |
| 30 岁以上 | 81. 7 | 46. 4 | 24. 0 |

表 3－33　应聘者不同工作年限的平均分对比

| 工作年限 | 心理健康 | 能力倾向 | 教育教学观念 |
| --- | --- | --- | --- |
| 2 年以下 | 82. 5 | 42. 2 | 26. 9 |
| 3－5 年 | 79. 7 | 44. 2 | 26. 1 |
| 6－8 年 | 81. 0 | 44. 5 | 27. 0 |
| 9 年以上 | 83. 0 | 42. 9 | 27. 9 |

表 3－34　是否师范生的平均分对比

| 是否师范生 | 心理健康 | 能力倾向 | 教育教学观念 |
| --- | --- | --- | --- |
| 是 | 81. 7 | 46. 5 | 23. 6 |
| 否 | 79. 8 | 45. 3 | 23. 1 |

表 3－35　应聘不同学校类型的平均分对比

| 学习类型 | 心理健康 | 能力倾向 | 教育教学观念 |
| --- | --- | --- | --- |
| 幼儿园 | 80. 5 | 41. 9 | 22. 2 |
| 小学 | 81. 5 | 46. 0 | 23. 3 |
| 中学 | 80. 3 | 48. 2 | 24. 7 |

表 3－36 应聘不同学科的平均分对比

| 专业门类 | 心理健康 | 能力倾向 | 教育教学观念 |
| --- | --- | --- | --- |
| 艺术 | 81.2 | 44.2 | 22.4 |
| 体育 | 72.8 | 43.1 | 22.4 |
| 语数外 | 82.0 | 47.0 | 24.3 |
| 其他 | 80.7 | 46.1 | 23.0 |

### （二）结构化面试

表 3－37 列出了两所试点学校的应聘者的综合面试成绩。其中某附属中学 14 位应聘者的平均分为 91.81 分，标准差为 2.93 分，应聘者之间的区分度并不是很大。某实验小学的 5 位应聘者的面试成绩平均分为 67.2 分，标准差为 27.64 分，说明应聘者之间的区分度比较大，能够很明显地选择出符合本校要求的教师。

表 3－37 两所试点学校应聘者综合面试成绩基本情况表

| | 最小值 | 最大值 | 平均值 | 标准差 |
| --- | --- | --- | --- | --- |
| 某附属中学 | 91.81 | 95 | 91.81 | 2.93 |
| 某附属实验小学 | 36 | 90 | 67.2 | 27.64 |

## 五、测评的优化

结构化面试在试用过程中，取得了一定的经验，主要体现在以下四个方面。

### （一）结构化面试的思路得到人事部门和相关学校领导的肯定

以往中小学校在教师选拔中大多采用非结构化面试，带来了评分过于随意、选拔出来的人并不符合学校的要求或存在面试时未能识别的不足等诸多问题。当结构化面试的思路提出后，人事部门和相关的学校领导给予了较大的肯定以及工作上的支持。例如多次召开三方会议，探讨综合面试的题目内容及实施形式、学校的要求与期望以及人事部门的工作意见等等，这些信息进一步推动了此次综合面试的顺利进行。

**（二）开发了一整套结构化面试资料**

面试题库包括行为题和情境题共 36 题，分布在九大维度，基本上每个维度都包含有行为性问题和情境性问题，基本满足不同试点学校的面试要求。除了面试题库外，我们还配备了相应的评分表、评分解释、考官指导手册等，内容比较完整。此外，这套结构化面试资料具有一定的灵活性。一方面，学校可以根据学校的实际情况和岗位需求，选择符合学校情况的面试题目加以组合，构成新的面试题；另一方面，在维度上，学校也可以根据岗位设置所需要的核心特质，赋予关键维度以更大的权重，而在非核心特质的维度上赋予较少的权重，进而筛选出最符合本校要求的教师应聘者。

**（三）推进了教师招聘规范化、制度化**

虽然以往的教师招聘中也有面试，但是正如上述所言，非结构化的面试的不规范化带来了诸多问题。将结构化面试应用于教师招聘，是一个新的尝试。一方面，我们严格按照结构化面试的要求，实现了行为素质标准化、任职资格标准化、面试问题标准化、评分标准化；另一方面，在实施方面，我们与试点学校协商、进行了考官培训，初步做到了按照相对标准的程序进行教师招聘。

**（四）探索了在教育系统推行综合面试的规律**

结构化面试比传统的面试更具有客观性、科学性和公平性，不仅能有助于学校选拔适合本校的优秀人才，同时也有助于学校根据综合面试的结果，对选拔出来的人才进行更加个性化的培养，使其顺利地成长为优秀的教学工作者。

结构化面试在试用过程中，也发现了需要改进的地方，主要有以下三个方面。

**（一）面试题目的改进**

结构化面试的题目类型包括行为性问题和情境性问题。在综合面试中发现，当采用行为性问题时，应聘者更能真实地反映自己的情况，考官也能根据应聘者的回答做出相对客观的评价；由于应聘者都是高知识分子，情境性问题具有假设性，应聘者均能按照理想状态进行回答，因此其区分度比行为性问题要小一点。另一方面，综合面试中有多个维度，且每个维度的评分标准不一致，部分考官反映维度太多，在实际评分中容易忘记评分标准；另外，本次面试的评分是依据心理学传统的5级评分尺度，与往常所理解的100分制有一定的差异，造成了考官评分的困难。为此，拟从以下几个方面改进面试题目。

首先，是增加题目的综合性。由于是综合面试，主要是从面试中考查应聘者的综合素质和人格特质情况。然而，现有题库的题目更多是针对某一维度而设置的，例如责任心、主动性与坚持性等，但应聘者不会单从某一个方面来进行回答，此外也考虑到面试时间的限制，不可能全部问完9个维度的题目。因此，增进题目的综合性，以考查应聘者多个维度的特质，是非常重要的。建议今后在多采用行为性问题的基础上，多增加问题的综合性。

其次，稍微改进评分标准以利于操作。一方面，将5级评分转换成10级评分，即每个维度中，10分为满分，9个维度即90分。另一方面，所有的维度评分解释统一设置为很差、较差、中等、较好、非常好5个等级，并配备相应的说明，例如，很差的赋分0－3分，较差为4－5分，中等为6－7分，较好8－9分，非常好10分，这样的改进可以更方便考官评分。

**（二）学校具体执行的改进**

试点学校在具体执行方面存在一些不足：

①面试题目的选择不一致。同一个试点学校对不同的应聘者提出的问题是不一样的，这就不能对应聘者之间的成绩进行比较以区分优劣。

②不同的考官问同一个问题，但由于每个考官对问题的理解不一样，在提问过程中加入了个人的一些解读，未能达到标准化的提问。

③个别领导对结构化面试的了解存在偏差，在面试过程中并未根据面试题进行提问，而是提了一些自己所想了解的问题。

④提问有时显得过于程式化，缺乏必要的灵活性和追问技巧，特别是在面试者回答比较含糊且概括时没有及时地进行追问以了解更加详细具体的信息。

因此，今后学校的具体执行方面的改进包括：

①要求试点学校在面试过程中进行相应的人员分工，每个学校应选择一个主要的面试官，在面试过程中由他来进行主问，其他考官可以针对应聘者未全答清的问题进行追问。

②对面试官进行培训，主要包括使用规范的提问语言，对不同的应聘者提同样的问题。

③对考官的追问技术进行培训。

④培训考官掌握评分标准，能够对应聘者的回答达成一致性的评分。

**（三）与试点学校的交流沟通方面**

一方面，由于沟通不足，试点学校对如何进行结构化面试的了解不够，因此在具体操作过程中存在诸如对不同应聘者提问不同问题的情况，以及对问题存在自己的理解等方面的问题。此外，试点学校内部也出现了交流沟通的不一致情况，例如，人事干部比较支持结构化面试的方案，但是学校领导未必支持，或者是支持但未能领会其内涵，因此个别学校领导采用自己比较习惯的方式，提问他们自己关注的重点。例如，有的领导特别关注教学，认为对教师的考核就是对其教学能力的考核，其他都不重要。在面试过程中，领导可能会超越既定的结构化面试题目，选择自己的问题来提问应聘者。因此，无论是出题单位与试点学校之间，还是试点学校内部，都要加强交流和沟通。首先，人事部门、出题单位需要对试点学校的领导和考官传达结构化面试的思想和操作流程，避免出现因理解不当而带来的操作不规范。其次，试点学校也需要明确提出自己的要求，以使得人事部门以及出题单位能准确理解并按照其要求设置相应的面试题目和形式。

# 第四章
# 人才测评技术在中小学高端教师招聘中的应用

## 第一节　中小学高端教师胜任力模型构建

中小学校引进高端教师，为提升中小学的教育教学水平起到了重要的推动作用。高端教师之所以能够在其教育工作中达到较高的职业高度，其自身必然具备不同于普通教师的优质素质及特征。本章立足于传统教育强区的客观环境，深入到中小学教师群体中，与中小学高端教师进行深入交流，以中小学高端教师为研究对象，通过对目前引进的高端教师的关键行为特征进行分析，提炼中小学高端教师具备的胜任力。通过科学严谨的研究方法，基于西方人才测评胜任力理论和先进的人才测评理论工具，构建中小学高端教师胜任力模型。

本章的理论价值和应用价值，主要体现在以下四个方面。

第一，本章以中小学高端教师为研究对象，为有针对性地开展中小学教师胜任力建设奠定了理论基础。

第二，研究中小学高端教师胜任力模型有利于中小学教师群体的职业发展，通过中小学高端教师胜任力模型对其胜任力进行评价诊断，可以让教师意识到自身工作中的不足，改善自身工作绩效。

第三，研究高端教师胜任力模型，为中小学及教育招聘主管部门在未来对于高端教师的招聘引进工作的开展提供了参考依据，以中小学高端教师胜任力模型为招聘标准，可以科学合理地进行人才选拔。

第四，研究中小学高端教师胜任力模型可以为青年教师提供专业成长的标杆，同时也有利于学校管理机构以此为发展依据加强对青年教师的管理和培训，及时了解教师工作中的优势和薄弱环节，进行相应的能力培训设计、培训需求预测等，为青年教师的职业培养提供有针对性的帮助。

## 一、模型构建的方法与过程

结合研究目的，本模型的构建主要通过文献分析法、行为事件访谈法、问卷调查法和专家意见访谈法来进行研究，后期借助 MS EXCEL 进行相关的数据统计分析。其过程是通过阅读梳理关于高端教师胜任特征的相关文献，对挑选的 19 名具有代表性的中小学高端教师进行行为事件访谈，整理提炼中小学高端教师胜任力，通过问卷调查对学校管理者进行进一步的筛选，形成第一版中小学高端教师胜任力模型，通过与专家及教育招聘主管部门共同探讨，凝练胜任特征，最终形成中小学高端教师胜任力模型。

### （一）文献分析法提取中小学教师胜任特征项

通过文献检索发现，直接研究中小学高端教师胜任力的文献几乎没有，本章探讨的中小学高端教师是中小学教师队伍中的一部分，是其中的拔尖群体，中小学教师的胜任力模型对中小学高端教师胜任力模型的构建具有重要的参考价值，因此研究者将文献检索的范围拓展到了中小学教师或中小学优秀教师群体上。根据文献研究，对中小学教师胜任特征项进行提取。

第一步，抽取样本

通过文献搜索发现目前学者对于这一领域的研究较少，没有能够直接适用于中小学高端教师的胜任力模型。中小学高端教师的身份首先是一名中小学教师，尽管其在教学或教育管理等方面取得了突出的成绩，但是他们常规的教育教学工作仍是按照普通教师的各项胜任力要求进行，其不同之处在于高端教师能够在完成基础任务之余提高工作质量，从而获得进一步的发展。所以，中小学教师胜任力可以反映基本的高端教师胜任力。因此，在提取胜任特征过程中，本章主要将抽取的样本范围确定为中小学教师胜任力和中小学教师资格标准，并通过中国知网“中小学教师胜任特征”“优秀中小学教师胜任特征”检索相关文献，并结合《中学教师专业标准》和《小学教师专业标准》进行胜任特征提取。

第二步，胜任力梳理

将相关文献按照作者、文献年份、研究对象、样本量、胜任特征进行梳理，对教师胜任力根据条目的概念和内涵进行逻辑分析归纳，见表4－1。

**表4－1　中小学教师胜任力梳理**

| 作者 | 年份 | 研究对象 | 样本量 | 胜任特征 |
|---|---|---|---|---|
| 徐建平等 | 2006 | 中小学教师 | 31 | 服务特征、自我特征、成就特征、认知特征、管理特征、个人特质 |
| 红宇 | 2012 | 中小学教师 | 824 | 教学技能、个人修养、个性特质、职业态度、学生观念、专业知识 |
| 彭建国等 | 2012 | 优秀小学教师 | 120 | 乐群性、聪慧性、稳定性、有恒性、自律性（胜任力人格特征） |
| 王沛等 | 2008 | 中小学教师 | 300 | 业务知识、认知能力、教学监控能力、职业动机、职业发展、沟通合作、学生观、个人修养、个性特质 |

续表

| 作者 | 年份 | 研究对象 | 样本量 | 胜任特征 |
| --- | --- | --- | --- | --- |
| 李英武等 | 2005 | 中小学教师 | 1019 | 情感道德特征、教学胜任力、动机与调节、管理胜任力 |
| 罗小兰 | 2010 | 中学教师 | 28 | 关系特征、成就动机、外界支持、认识支持、教学智能、人格特征、管理能力、情绪特性 |
| 刘立明 | 2008 | 高中教师 | 114 | 职业道德、人际洞察力、教学艺术、职业技能、心理品质、情绪调控、个人驱动力、教育适应性与爱好、自我发展与完善、专业知识 |

第三步，胜任力提取

通过对中小学教师胜任特征相关文献的梳理，提取出在各文献中出现频率较高的个人特征、职业态度、专业素质、成就动机、教育能力、学生观等中小学教师胜任特征项。

### （二）行为事件访谈法获取中小学高端教师胜任力特征项

行为事件访谈法（Behavioral Event Interview，简称 BEI），是目前在构建素质模型过程中使用的最为普遍的方法之一。麦克利兰和 Boyatzis 开发了一个以行为事件访谈法为基础的胜任力模型的开发程序，它主要是以目标岗位的任职者为访谈对象，通过对访谈对象的深入访谈，收集访谈对象在任职期间所做的成功和不成功的事件描述，挖掘出影响目标岗位绩效的非常细节的行为。之后，对收集到的具体事件和行为进行汇总、分析、编码，然后提取出影响目标岗位的核心素质。这一方法的要点是：将研究对象集中在业绩出色的群体中，主要应用行为事件访谈法和访谈资料主题分析法，将分析结果提炼为用行为性的专门术语描述的一系列胜任力。行为事件访谈法的主要过程是请受访者回忆过去半年

(或一年)中令其在工作上最具有成就感(或挫折感)的关键事例，其中包括：情境的描述、有哪些人参与、实际采取了哪些行为、个人有何感觉、结果如何，受试者必须回忆并陈述一个完整的故事。

通过行为事件访谈法获取中小学高端教师胜任力特征项主要分为以下五个步骤。

1. 访谈前期准备

(1) 文献研究

在进行行为事件访谈之前，课题研究小组首先通过阅读文献了解目前优秀教师的胜任特质等研究现状，对教师胜任力根据条目的概念和内涵进行逻辑分析归纳；阅读职位说明书或中学教师绩效考核办法，确定中小学教师绩效优劣标准。

(2) 制订计划与人员培训

在基于文献法研究的基础上，对中小学高端教师胜任力模型构建的研究进行了详细地计划，并设计完成中小学高端教师行为事件访谈提纲。经过课题小组开会，对参与访谈的人员进行培训，并对访谈过程中的注意事项进行学习和强调。除此之外，对访谈过程中需要的录音笔等专业设备进行了准备。

(3) 确定访谈对象

对于访谈对象的选择，根据研究目的在中小学中选取 19 名左右的高端教师进行深入访谈，主要选取在工作上相对更加优秀的、具有代表性的高端教师。在任教学科上，尽可能分散到文理不同学科，以最大程度消除研究样本造成的误差，保证研究成果的有效性。

2. 高端教师行为事件访谈

本阶段基于前期的准备工作深入到各个中小学，对 19 名高端教师进行深入的行为事件访谈。

访谈时间为每位高端教师 60 分钟左右，访谈内容主要包含四个方面：第一，分析从教原因，主要了解高端教师如何走上教学岗位或者教育管理岗位；第二，讲述关键事件，即让每位高端教师根据自身工作经历，分别讲述近两年内在工作中最成功（或最满意、最有成就感）的事情和最不成功（或最不满意、最遗憾、最有挫折感）的事件，遵循STAR 法则描述当时的情境、需要达到的目标、自身采取的行动及最后的结果；第三，提炼能力素质，即让高端教师提炼自身所在岗位所需要的性格、知识、技能等方面的能力素质；第四，给青年教师的建议，高端教师基于自身的奋斗经历，给年轻的教师提出关于教师职业生涯成长方面的建议。

3．行为事件访谈文本转录与编码

在对 19 名高端教师完成行为事件访谈之后，研究小组进行合理分工，将访谈录音逐字转录为访谈文本，开始对访谈文本进行质性研究分析。文本转录可使用 Nvivo 软件对关键信息进行准确的提取，也可以将文本直接录入 Word 文档。在语音转录时，需要明确记录录音文件名称、录音文本名称、录音日期、转录日期、访谈对象、转录员等关键信息。

转录文本在经过录入与校对之后，研究小组开始对访谈文本进行编码工作。编码主要是将高端教师在关键事件中通过思想、语言、行动等体现出的优秀能力素质提取出来，对事件涉及到的具体行为表现进行特征编码，见表 4－2。

**表 4－2　高端教师胜任力词汇表**

教师编号：1

| 序号 | 素质 | 在访谈文本中出现的行号（每一行的编码） | 频次 |
|---|---|---|---|
| 1 | 学习能力 | 40，88，109，159，243，260，292，293，659，660 | 10 |
| 2 | 沟通能力 | 100，142，143，277 | 4 |
| 3 | 教育管理能力 | 122，153，272，274 | 4 |

4. 胜任力汇总

将根据行为事件访谈后编码提取出来的胜任力，用 EXCEL 进行数据整理，将不同的胜任力按照频次进行筛选整理。以频次指标进行聚类分析，将胜任力按照频次统计出数据结果，见表 4－3。

**表 4－3　高端教师胜任力词汇表汇总**

| 序号 | 素质 | 频次 |
| --- | --- | --- |
| 1 | 责任心 | 62 |
| 2 | 上进心 | 44 |
| 3 | 团队合作能力 | 37 |

5. 初步构建胜任力模型

依据胜任力统计结果，划分出中小学高端教师胜任力维度。胜任力维度划分主要基于两个方面：第一，根据冰山模型理论，胜任力可以分为两个部分，“冰山”以上显现出的包括基本知识、基本技能等显性特质，“冰山”以下内在隐藏的包括个人特质和动机等在内的隐性特质；第二，参考《中学教师专业标准》中规定的专业标准三个维度，专业理念与师德、专业知识和专业能力，在对编码后的访谈文本做出进一步提炼的基础上，对胜任力条目的概念进行明确定义，并将 36 个胜任力条目划分为“知识、技能、职业理念与品质”三个维度，其中，知识包括“学科知识、教育管理知识”，技能包括“教学技能、教育管理能力、学习能力”等 12 个胜任力条目，职业理念与品质包括“热爱教育事业、师德高尚”等 22 个胜任力条目。初步完成中小学高端教师胜任力模型的构建。

### （三）问卷调查法明确中小学高端教师胜任力需求

在通过行为事件访谈法提炼中小学高端教师胜任力的基础上，通过对学校管理者进行半开放式问卷调查，透过学校管理者的视角，进一步明确高端教师的胜任力。一方面，可以了解对高端教师的选聘要求，掌握对高端教师能力素质各方面的需求情况。另一方面，可以对于前期胜任力条目的提炼进行合理性验证，提高胜任力与学校领导者选聘标准的一致性。同时，教育招聘主管部门也能够更加有针对性地为各中小学的人才引进工作提供有效支持，保证高端教师引进质量，提升高端教师整体水平。

调查问卷封闭式问题采取五点计量法，将“非常重要”至“不需要”按照重要程度分为五个等级，基于学校招聘要求让学校领导者对于不同胜任力条目进行需求判断。在调查问卷中设置开放性问题，由学校领导者在问卷相应位置补充填写问卷中未涉及且其认为更为重要的中小学高端教师胜任力。此外，为了保证调查的有效性和准确性，应加强与学校领导者的沟通，学校领导者同样可以就问卷题目设置提出修改意见。

中小学高端教师胜任力的需求调查具体包含以下研究步骤。

1. 问卷调查前期准备

以初步构建的中小学高端教师胜任力模型为基础，设计了高端教师胜任力需求调查表（见表4-4）。采取五点计量法，将“非常重要”至“不需要”按照重要程度分为五个等级，基于学校招聘要求让学校领导者对于前期研究中所筛选出来的高端教师的胜任力进行测量和评判。

**表4-4　高端教师胜任力需求调查表**

**填答说明：**

1. 请您根据贵校选聘高端教师时所看重的素质，或您认为高端教师应当具备的胜任力，判断每一条目的重要程度，并在右边相应数字上画“√”（若电子版填答，请将所选数字标为红色）。其中，1 = 非常重要；2 = 比较重要；3 = 一般；4 = 不太重要；5 = 不需要。

续表

| | | | | | | |
|---|---|---|---|---|---|---|
| 2. 如果您认为有更为重要的素质，请在每一部分的最后加以补充说明<br>3. 下列条目中若有您认为不够妥帖的表述，请直接在原题上标出并修改 | | | | | | |
| 知识 | 1. 学科知识（包括本学科知识、相关学科知识） | 1 | 2 | 3 | 4 | 5 |
| | 2. 教育管理知识（如教育学、心理学、管理学等知识） | 1 | 2 | 3 | 4 | 5 |
| | 其他您认为重要的知识： | | | | | |
| | | | | | | |
| 技能 | 3. 教学技能 | 1 | 2 | 3 | 4 | 5 |
| | 4. 教育管理能力（引导、教育、管理学生的能力） | 1 | 2 | 3 | 4 | 5 |
| | 5. 信息与信息技术的运用能力 | 1 | 2 | 3 | 4 | 5 |
| | 其他您认为重要的能力： | | | | | |
| | | | | | | |

2. 问卷发放与回收

对各个中小学人事干部及学校管理者进行匿名问卷调查，填写完毕后进行问卷回收。在学校的选择上，尽量覆盖市示范校、区示范校和普通校三种类型的学校，以最大程度消除学校差异对于研究样本造成的误差，保证研究成果的有效性。中小学高端教师胜任力的需求调查问卷共回收有效问卷 28 份，调查对象的背景资料详见表 4－5。

表 4－5　问卷调查样本情况

| 属性 | 选项 | 人数 | 比例 |
|---|---|---|---|
| 性别 | 男 | 15 | 53.6% |
| | 女 | 12 | 42.9% |
| | 缺失 | 1 | 3.5% |
| 年龄 | 30－40 岁 | 2 | 7.1% |
| | 41－50 岁 | 18 | 64.3% |
| | 51－60 岁 | 8 | 28.6% |
| 教龄 | 10－20 年 | 9 | 32.1% |
| | 21－30 年 | 14 | 50% |
| | 30 年以上 | 5 | 17.9% |
| 职务 | 党委书记 | 1 | 3.6% |
| | 校长 | 5 | 17.9% |
| | 副校长 | 19 | 67.7% |
| | 教学副主任 | 1 | 7.2% |
| | 学部主任 | 1 | 3.6% |
| 任教学科 | 语文 | 6 | 19.2% |
| | 数学 | 7 | 25% |
| | 英语 | 2 | 8.7% |
| | 历史 | 3 | 10.7% |
| | 化学 | 2 | 8.7% |
| | 物理 | 5 | 17.9% |
| | 生物 | 1 | 3.6% |
| | 行政 | 1 | 3.6% |
| | 无任教 | 1 | 3.6% |
| 任教年级 | 高中 | 24 | 85.7% |
| | 高中兼初中 | 1 | 3.6% |
| | 小学 | 2 | 8.7% |
| | 无任教 | 1 | 3.6% |

3. 数据统计与分析

在数据统计过程中，根据校领导对各胜任力条目重要程度（1-5）的回答，采用描述性统计分析方法，计算不同重要性等级出现的频次和百分比，然后再根据各胜任力条目重要性等级的频次高低进一步筛选出中小学高端教师胜任力。

4. 确定中小学对高端教师的胜任力需求

**表4-6 胜任力需求调查统计分析结果**

| 项目 | | 统计分析结果 | 取舍意见 | 重要等级 |
|---|---|---|---|---|
| 知识 | 1. 学科知识 | 1（非常重要）频次26，百分比92.9%<br>2（比较重要）频次2，百分比7.1% | 保留 | A |
| | 2. 教育管理知识 | 1（非常重要）频次21，百分比75%<br>2（比较重要）频次7，百分比25% | 保留 | C |
| | 其他您认为重要的知识：实践性知识（频次1，百分比3.6%）；教师礼仪文化知识（频次1，百分比3.6%） | | | |
| 技能 | 3. 教学技能 | 1（非常重要）频次24，百分比85.7%<br>2（比较重要）频次3，百分比10.7%<br>3（一般）频次1，百分比3.6% | 保留 | B |
| | 4. 教育管理能力 | 1（非常重要）频次22，百分比78.6%<br>2（比较重要）频次6，百分比21.4% | 保留 | C |
| | 5. 信息与信息技术的运用能力 | 1（非常重要）频次6，百分比21.4%<br>2（比较重要）频次17，百分比60.7%<br>3（一般）频次4，百分比14.3%<br>4（不太重要）频次1，百分比3.6% | 删除 | |
| | 6. 学习能力 | 1（非常重要）频次28，百分比100% | 保留 | A+ |
| | 7. 研究能力（科研能力） | 1（非常重要）频次20，百分比71.4%<br>2（比较重要）频次8，百分比28.6% | 保留 | C |

续表

<table>
<tr><th colspan="2">项目</th><th>统计分析结果</th><th>取舍意见</th><th>重要等级</th></tr>
<tr><td rowspan="8">技能</td><td>8. 沟通能力</td><td>1（非常重要）频次22，百分比78.6%<br>2（比较重要）频次6，百分比21.4%</td><td>保留</td><td>C</td></tr>
<tr><td>9. 团队合作能力</td><td>1（非常重要）频次25，百分比89.3%<br>2（比较重要）频次3，百分比10.7%</td><td>保留</td><td>B</td></tr>
<tr><td>10. 创新能力</td><td>1（非常重要）频次25，百分比89.3%<br>2（比较重要）频次3，百分比10.7%</td><td>保留</td><td>B</td></tr>
<tr><td>11. 领导组织能力</td><td>1（非常重要）频次6，百分比21.45%<br>2（比较重要）频次17，百分比60.7%<br>3（一般）频次5，百分比17.9%</td><td>待定</td><td>E</td></tr>
<tr><td>12. 适应能力</td><td>1（非常重要）频次16，百分比57.1%<br>2（比较重要）频次11，百分比39.3%<br>3（一般）频次1，百分比3.6%</td><td>保留</td><td>D</td></tr>
<tr><td>13. 观察能力</td><td>1（非常重要）频次11，百分比39.3%<br>2（比较重要）频次15，百分比53.6%<br>3（一般）频次2，百分比7.1%</td><td>删除</td><td></td></tr>
<tr><td>14. 应变能力</td><td>1（非常重要）频次17，百分比60.7%<br>2（比较重要）频次11，百分比39.3%</td><td>融入其他</td><td></td></tr>
<tr><td colspan="4">其他您认为重要的能力：情感交流技能（频次1，百分比3.6%）；听课评课技能（频次1，百分比3.6%）；课堂教学设计与评价技能（频次1，百分比3.6%）</td></tr>
<tr><td rowspan="4">职业理念与品质</td><td>15. 热爱教育事业（有职业热情）</td><td>1（非常重要）频次28，百分比100%</td><td>保留</td><td>A+</td></tr>
<tr><td>16. 师德高尚</td><td>1（非常重要）频次28，百分比100%</td><td>保留</td><td>A+</td></tr>
<tr><td>17. 敬业</td><td>1（非常重要）频次28，百分比100%</td><td>保留</td><td>A+</td></tr>
<tr><td>18. 有爱心，爱学生</td><td>1（非常重要）频次28，百分比100%</td><td>保留</td><td>A+</td></tr>
</table>

续表

| | 项目 | 统计分析结果 | 取舍意见 | 重要等级 |
|---|---|---|---|---|
| 职业理念与品质 | 19. 有责任心、负责任 | 1（非常重要）频次 28，百分比 100% | 保留 | A + |
| | 20. 积极乐观 | 1（非常重要）频次 23，百分比 82.1%<br>2（比较重要）频次 5，百分比 17.9% | 保留 | B |
| | 21. 自信 | 1（非常重要）频次 22，百分比 78.6%<br>2（比较重要）频次 6，百分比 21.4% | 保留 | C |
| | 22. 包容 | 1（非常重要）频次 25，百分比 89.3%<br>2（比较重要）频次 3，百分比 10.7% | 保留 | B |
| | 23. 意志坚强 | 1（非常重要）频次 23，百分比 82.1%<br>2（比较重要）频次 5，百分比 17.9% | 保留 | B |
| | 24. 有强烈的成就感驱动 | 1（非常重要）频次 16，百分比 57.1%<br>2（比较重要）频次 12，百分比 43.9% | 保留 | D |
| | 25. 有规划，有目标 | 1（非常重要）频次 22，百分比 78.6%<br>2（比较重要）频次 6，百分比 21.4% | 保留 | C |
| | 26. 有上进心 | 1（非常重要）频次 25，百分比 89.3%<br>2（比较重要）频次 3，百分比 10.7% | 保留 | B |
| | 27. 爱学习 | 1（非常重要）频次 25，百分比 89.3%<br>2（比较重要）频次 3，百分比 10.7% | 保留 | B |
| | 28. 善于思考，爱钻研 | 1（非常重要）频次 27，百分比 96.4%<br>2（比较重要）频次 1，百分比 3.6% | 保留 | A |
| | 29. 有人格魅力 | 1（非常重要）频次 20，百分比 71.4%<br>2（比较重要）频次 8，百分比 28.6% | 保留 | C |
| | 30. 尊重学生 | 1（非常重要）频次 28，百分比 100% | 保留 | A + |
| | 31. 善于反思、比较、总结 | 1（非常重要）频次 23，百分比 82.1%<br>2（比较重要）频次 4，百分比 14.3%<br>3（一般）频次 1，百分比 3.6% | 保留 | B |

续表

| 项目 | | 统计分析结果 | 取舍意见 | 重要等级 |
|---|---|---|---|---|
| 职业理念与品质 | 32. 追求卓越 | 1（非常重要）频次16，百分比57.1%<br>2（比较重要）频次12，百分比43.9% | 融入其他 | |
| | 33. 敢于创新 | 1（非常重要）频次23，百分比82.1%<br>2（比较重要）频次5，百分比17.9% | 保留 | B |
| | 34. 心智成熟，情绪稳定，遇事沉着冷静 | 1（非常重要）频次16，百分比57.1%<br>2（比较重要）频次11，百分比39.3%<br>3（一般）频次1，百分比3.6% | 融入其他 | |
| | 35. 民主平等 | 1（非常重要）频次26，百分比92.81%<br>2（比较重要）频次1，百分比3.6%<br>3（一般）频次1，百分比3.6% | 保留 | |

注：中小学高端教师胜任力重要等级评价标准：

重要性等级：A+：在非常重要的选择中，100%的被调查者认定的项目。

A：在非常重要的选择中，90%－99%的被调查者认定的项目。

B：在非常重要的选择中，80%－89%的被调查者认定的项目。

C：在非常重要的选择中，70%－79%的被调查者认定的项目。

D：根据胜任力理论和访谈结果，研究者决定予以添加的项目。

E：根据高端教师的实际和访谈结果，研究者认为尚需进一步讨论的项目。

经统计，36个胜任力条目中，有26个胜任力条目被70%以上的学校领导者认为非常重要，也就是其重要等级为C级及C级以上。“适应性”和“强烈的驱动力”这2个胜任力条目，其认定比例超过了50%。首先，“适应性”作为个人更为深层次的素质，不易体现，即“冰山模型”中深藏在冰山以下的部分。在现实中，也确实存在引进教师后，教师自身无法适应新学校的环境而选择主动离开，学校“留不住人”

的情况。其次，“强烈的驱动力”作为一种内化特质，在许多其他行为中都有所体现。综上所述，根据前期的行为事件访谈以及文献研究可以发现，这 2 个胜任因素都是胜任力模型中重要的特质，并且在访谈中具有较高的代表性。研究者基于以上两点原因，决定将其保留。

经研究团队的讨论，考虑到高端教师在教育教学中发挥的带头和引领作用，结合引进学校希望探测引进人才在这方面能否满足其需要，决定将“领导组织能力”保留。

### （四）形成中小学高端教师胜任力模型

根据前期通过行为事件访谈获取的中小学高端教师的能力素质以及通过半开放式问卷调查提炼出来的学校领导者在选聘等过程中对于高端教师胜任力的需求，即基于人力资源供给者和需求者双方的标准，对中小学高端教师胜任力进行进一步的凝练。在形成初稿的过程中，为了提高胜任力模型的实用性、规范性和适用性，在经过专家研讨会的多次头脑风暴和反复研磨后，最终建构完成了中小学高端教师胜任力模型初稿。它由 6 个一级指标、22 个二级指标构成。其中，6 个一级指标分别是“专业知识”“专业能力”“通用能力”“职业精神”“个人特质”和“内在驱动力”；22 个二级指标包括“学科知识”“教学能力”“团队合作能力”“道德修养”“包容”和“成就动机”等。

### （五）专家意见法修正中小学高端教师胜任力模型

在前期的研究过程中，通过不断与专家交流研究进展和阶段性研究成果，在初步构建的模型的基础之上，吸收专家的建设性意见，参考其他相关研究获得的较成熟模型，进一步咨询研究教师胜任力的专家、在中小学担任领导职务的实践者、在中小学一线任教的教师等等，对该模型进行一系列的修改和完善。

为模型修改提供重要支持的实践专家包括两位校长、一位主管人才引进工作的副校长和教育招聘主管部门科长，他们均对胜任力模型的修改提供了中肯意见。经过相关专家多次头脑风暴和反复研磨后，“中小学高端教师胜任力模型”形成了最终版本，如表 4-7 所示。

**表 4-7 中小学高端教师胜任力模型**

| 一级胜任力 | 二级胜任力 |
| --- | --- |
| 专业知识 | 学科知识 |
| | 教育管理知识 |
| 专业能力 | 教学能力 |
| | 学生管理能力 |
| | 教科研能力 |
| 通用能力 | 团队合作能力 |
| | 沟通能力 |
| | 学习能力 |
| | 反思能力 |
| | 领导组织能力 |
| 职业精神 | 道德修养 |
| | 情感关怀 |
| | 学生观 |
| | 责任心 |
| 个人特质 | 包容 |
| | 乐观积极 |
| | 适应性 |
| | 影响力 |
| | 创新意识 |
| 内在驱动力 | 职业动机 |
| | 求知动机 |
| | 成就动机 |

## 二、模型组成因素说明

由表4－7可见，高端教师胜任力模型包括专业知识、专业能力、通用能力、职业精神、个人特质和内在驱动力6个一级胜任力，每个一级胜任力中又各自包含若干个二级胜任力。关于高端教师胜任力模型因素的具体说明如下。

### （一）专业知识

专业知识是指教师在教学工作和教育实践中获得的、直接作用于教育过程的实用性知识。高端教师专业知识主要包括学科知识和教育管理知识两个维度。其中，学科知识是指从事某个专业课程教学工作所必须具备的与该学科有关的知识。而高端教师不仅需要具有丰富的本学科知识，还需要能够结合其他学科具备相应的跨学科知识，并且对其所教学科及其他相关学科有自己深刻的见解，因而能够在其所教学科的教学过程中给予学生更加宽阔的学习思路，有利于跨学科的综合性学习。教育管理知识要求其了解和掌握有关中小学生的教育学、心理学、管理学等知识，具备教育管理方面的知识有助于提高教师的班级管理、课堂教学水平等。教育管理知识需要与工作实践紧密结合，利用理论来指导实践，并以此来进一步升华对知识的理解和认识。

### （二）专业能力

专业能力是指作为一名教师，在其教学工作和教育实践中能够更好地完成教师工作职责所具备的能力素质。教师专业能力包括教学能力、学生管理能力和科研能力三个维度。其中，教学能力主要指在教学过程中应具备的相应能力，具体指教师运用已有的教学理论知识，通过练习而形成的能够顺利完成教学活动的稳固、复杂的教学行为系统。教学能力的高低直接影响着课堂效果和学生的成绩。学生管理能力是指掌握引导学生、教育学生和管理学生的技巧和方法，能够指导学生理想、心理、学业等多方面发展的能力。具有较高的学生管理能力，能够更好地进行班级建设，保证学生的健康成长。教科研能力是指以科学的思维和适当的方法，围绕教育教学未知领域的某一主题而进行的有目的、有计划、系统的钻研和探究活动，这也是高端教师所具备的突出能力。高端教师的教科研能力，能够帮助其在教师的教育教学工作中取得显著的工作成绩。

### （三）通用能力

通用能力是作为一名常人在工作和社会交往中所应具备的普遍的能力素质。通用能力具体包括了团队合作能力、沟通能力、学习能力、反思能力和领导组织能力五个维度。其中，团队合作能力是指为了达到共同的目标和他人一起工作的能力，其反映了与他人一起工作时是否能够和谐相处、进行有效的优势互补。沟通能力指与他人能够适当、有效地进行信息交流、情感交流等方面的能力。学习能力指以快捷、简便、有效的方式获取准确知识、信息，并将它转化为自身能力的本事，学习能力也是工作中的核心能力。反思能力是指仔细、深入地思考自身教育教学工作中发生的事件，总结经验教训，并想办法突破自身的局限。经常反思的高端教师，往往因其能够对自身工作进行有效和及时的矫正故能在其职业生涯道路上走得更高更远。领导组织能力指在群组中担任领导角色时，能够组织管理群组成员朝着既定目标前进的能力。领导组织能力一般是教育管理者所应具备的胜任特征，而高端教师作为教师群体的领军人物，也应具备这方面的能力，从而更好地发挥其影响力，管理和激励身边的青年教师。这些通用能力虽然在其他工作岗位中也具备一定的普遍性，但是在该模型中依旧是不可或缺的一部分。

### （四）职业精神

职业精神是基于其工作职业和工作职责，对其职业行为上的精神要求。职业要求具有普遍性也具有特殊性。作为高端教师来说，职业精神包括道德修养、情感关怀、学生观和责任心四个方面。其中，道德修养是指在道德意识和道德行为方面的自我锻炼及自我改造中所形成的职业道德品质以及达到的职业道德境界。老师作为“人类灵魂的工程师”肩负着育人的伟大任务，各个方面都要为人师表，所以对其道德修养有着更高的要求。情感关怀，需要从学生角度出发，能够让学生感受到老师对其的关心，这其中包括能够关注学生的状况，关心学生的发展，尊重并及时满足学生健康、合理的需要，容易与学生建立情感联结。学生观是作为教师在职业精神中特有的胜任特征项目，因此这一项胜任特征也具有更加重要的地位。学生观主要指教师能够以学生为本，从学生实际处境出发考虑问题；尊重学生的人格，保护学生的自尊心；尊重学生的主体地位，给学生提供表达观点、情感的机会，并以平等的身份与学生交流。责任心，是指遵守规范、承担责任和履行义务的自觉态度与行为。

**（五）个人特质**

个人特质是一个人在不同的情境下均表现出的一些稳定的特点，包括相对稳定的思想和情绪方式，是一个人内部的和外部的可以测量的特质。对于高端教师来说，其所具有的个人特质包括包容、乐观积极、适应性、影响力和创新意识五个维度。其中，包容是指在一定范围内接受他人所表现出来的令人无法赞同的观点和行为，给他人留有余地。乐观积极是一个人对周围人与事物所采取的正面的认知取向的心理品质，突出表现为自信、乐观、耐受挫折等特质。适应性是指根据环境的特定要求而调整方法和改变策略的能力，适应性强的人总能根据客观需求适时进行调整。影响力是指高端教师个体在其性格、气质、能力、道德品质、行为等方面具有的很能吸引人的力量，也可以说是其他胜任特征的集合。创新意识是高端教师区别于普通教师的核心胜任特征，它具体是指根据现实需要，引起创造前所未有的事物或观念的动机，并在创造活动中表现出的意向、愿望和设想。也正是因为这种追求与众不同的精神，高端教师能够取得诸多非凡成绩。

**（六）内在驱动力**

内在驱动力是指人不断追求自我完善、自我超越的需求和动力。高端教师的内在驱动力包括职业动机、求职动机和成就动机三个方面。其中，职业动机是指引起、推动和维持个体从事教师职业，完成教书育人等相关职业活动的动力成分，它能够直接反映教师在其未来工作过程中的工作态度，因此职业动机是招聘工作中基本的考查内容。求知动机是指对学习、了解、掌握新知识的渴望，也包括探索未知的欲望。求知欲望反映了在工作中的学习动力，在一定程度上也决定了高端教师的职业发展高度。成就动机是指追求自认为重要的有价值的工作，并使之达到完美状态的动机，即一种以高标准要求自己，力求取得活动成功的动机、愿望。成就动机越高的人成功的可能性也越大。

## 第二节　高端教师测评体系的构建

### 一、指标体系的构建

测评指标体系解决的是如何选择测评内容并对其实施操作化测评与评价的问题。指标体系的构建是实现测评目标和要求的重要前提和基本保证。本着针对性、明确性、科学性、独立性的原则，基于胜任特征之间的联系，按照指标体系构建的原则，研究者将多个胜任特征按照一定的逻辑规范进行分类，形成了一个由多个相互联系的胜任特征指标所构成的具有内在稳定结构的有机整体，最终形成科学、规范的指标体系。

例如，本章通过文献研究法、行为事件访谈法、问卷调查法，全面采集数据及调查资料，对信息进行整理汇总，最后进行分析和处理。通过如上方法保证所选择确定的要素指标，能够较为系统地反映和体现高端教师的特质和胜任要求。

根据“冰山模型”，研究者将胜任力指标分为了显性特质和隐性特质，其中属于显性特质的包括教学知识和教学能力，属于隐性特质的包括通用能力、职业精神、个人特质和内在驱动力。

### （一）指标体系构建的原则

1. 测评要素

测评要素是测评内容的细化条目，说明的是测评内容究竟包含哪些方面。根据高端教师胜任力模型可以比较方便地提炼出高端教师岗位对人员具体素质的要求，列出测评内容可能涉及的维度，并将每一个维度细化为测评要素。

2. 测评指标

测评指标是对每个测评要素列出操作性定义。测评指标分解的过程就是确定用哪些指标能代表测评要素，将每项测评要素采用规范化的行为特征进行描述与界定，并按层次进行细分。首先要确定某一测评要素分别由哪些一级指标来测量，如果一级指标仍不可测量，可以继续分解到二级指标。通过层层分解，逐级细化，最终得到一系列相互联系的测评指标。

3. 评定标准

评定标准是与测评指标相对应的，是对被测评者的各项测评指标进行评价的依据和准则，具体包括标准的要求、标准的等级、标准的尺度三个方面。其中，标准的要求描述了胜任者的特征与其行为的表现程度和相对数量，通常是对指标对应的行为的强度和频率上的界定。标准的等级表示不同标准要求的标记符号，它没有独立的意义，只有与标准要求相结合时才有意义。标准的尺度就是测量的单位。

### （二）指标体系构建的结果

本书采用建构的中小学高端教师胜任力模型作为测评的指标体系的基本依据，将6个一级胜任力作为一级指标，将22个二级胜任力作为测评的二级指标，指标体系的形式见前面的表4－7。学校可以从6个一级指标所列示的6个方面进行全面考查，而教育主管部门则主要从“冰山”以下的通用能力、职业精神、个人特质和内在驱动力四方面对学校选拔出来的候选人予以进一步的测评和考查，用以确保选聘人员的质量并为学校提供使用建议。研究者根据这一中小学高端教师测评指标体系编制测验，全面考查候选的高端教师在专业知识、专业能力、通用能力、职业精神、个人特质、内在驱动力等方面的特征。

## 二、招聘过程中的测评体系

### （一）履历分析

履历分析又称资历评价技术，是通过对评价者的个人背景、工作与生活经历进行分析，来判断其对未来岗位适应性的一种人才评估方法，是相对独立于心理测试技术、评价中心技术的一种独立的人才评估技术。履历分析就是用人单位审阅候选人提供的简历、职位申请表及其他履历材料，对应聘者进行初步了解。基于高端教师模型，招聘人员对履历中体现的教育经历、工作经历、获奖情况等方面的内容进行考查。

### （二）心理测验

心理测验是根据一定的法则和心理学原理，使用一定的操作程序给人的认知、行为、情感的心理活动予以量化。心理测验是心理测量的工具，心理测量主要是挖掘个人隐性特质。对高端教师的心理测验以计算机测验的方式，通过问卷法、测验法、情境判断测验的方式重点考查高端教师胜任力胜任力模型中相应的胜任特征，比如成就动机、个性特征、角色认知、价值观等。

### （三）半结构化面试

在所有面试方法中，结构化面试的信度最高，但其灵活性不足。考虑到高端教师不同于应届大学毕业生和一般教师的特点，对高端教师采用了半结构化面试。半结构化面试是指面试构成要素中有的内容作统一的要求，有的内容则不作统一的规定，也就是在预先设计好的试题（结构化面试）的基础上，面试中主考官向应试者又提出一些随机性的试题。半结构化面试在一定程度上既保证了面试的有效性，又在一定基础上增加了面试的灵活性。

### （四）试讲

教师招聘中的试讲，就是通过应聘者的讲课来考查其教学能力的一种方式。试讲是高端教师引进环节中专业化面试的重要组成部分，主要是由学校对其进行统一考查。针对教学经验丰富、教学技能比较成熟的高端教师，试讲的主要目的是通过真实的课堂教学过程，了解其基本教学素质，以此来考查应聘者的语言表达能力、课堂组织能力、多媒体软件制作、板书板画能力、学科知识掌握深度及知识面的广度。此外，对于高端教师应聘者，试讲时所表现出的个人气质、仪容姿态、是否具有亲和力等也是考查的重要指标。

### （五）试用

高端教师招聘中的试用，就是让应聘者在学校内部任教，以便确定应聘者是否能够胜任该职位。高端教师试用的期限，大多不低于半年。用人单位可以在试用期内，在自然的工作状态下观察应聘者在教育教学知识、技能等方面的表现，同时试用期更加有助于考查应聘者在适应性、人际沟通、团队合作、责任心、等方面的胜任力，也可以在人为设计的情境中观察其在某些方面的表现，如故意设计一些冲突情境，考查其应变能力。

### （六）背景调查

背景调查是指通过访谈候选人提供的证明人或以前的工作单位搜集资料，来核实候选人的个人资料的行为，是一种能直接证明求职者情况的有效方法。背景调查的内容包括应聘者的工作时间、工作岗位、工作职责、工作表现、薪资水平等具体内容。背景调查可能需要花费较大的时间和精力，但背景调查仍然是招聘过程中至关重要的一个环节，通过详尽的背景调查，学校可以有效规避用人风险。

## 三、高端教师招聘胜任力测评相关测验试题设计

对于高端教师，教育主管部门测评的内容侧重于考查无法通过履历分析、试讲等环节体现出的隐性特质，而对于专业知识和专业能力不再进行针对性的考查，其他方面则由各个用人学校考查。下面详细介绍由教育主管部门主持开展的心理测试和面试两种测试的具体情况。

### （一）命题的形式

为了能够全面的测量高端教师的胜任特征，同时也为了适应公开、公正、公平考试的需求，心理测验部分命题的形式全部为客观题。心理测试试题全部以权威心理测验为蓝本，比如人格测试选用了能够较好地规避“社会赞许性”的卡特尔16PF测试，并且选用了信效度较高的中国本土化的权威版本，在一定程度上进一步提高了命题的质量，同时保证了测验结果的准确性。心理测试的题目类型主要以选择题、情境判断题为主。面试部分采用半结构化面试，设计了背景性问题、思维性问

题、情境性问题和行为性问题等多种题型，所有题目均可追问，以更加灵活、多元地考查受测者的胜任力。

### （二）试题内容的编制

高端教师心理测试中使用的三个量表答案均无对错、好坏之分，但根据相关心理测验的评分标准和相关常模，可以对测评者的相关性格特征进行详细描述，对于具体相关维度的能力水平加以区分。面试试题经过精心的设计和再三地揣摩，并听取了测评专家的意见，确保了适当的试题难度和区分度。

1. 心理测试题目的编制

对于高端教师胜任力的心理测验包括三个部分，各个测验的具体内容如下。

（1）人格测试

高端教师的人格特点主要通过卡特尔16PF测验来测查，在测试中通过某些因素的组合效应反映性格的内外向型、心理健康状况、人际关系情况、在新工作环境中有无学习成长能力、从事专业能有成就者的人格因素符合情况、创造能力强者的人格因素符合情况。该测验以测验的方式，让高端教师根据自身客观情况作出相应选择。评分者根据卡特尔16PF测验评分标准，进行分数转换，对高端教师的性格特征进行描述分析。

卡特尔16PF测验共有187道题目，都是有关个人的兴趣和态度等问题。每一题都备有三个可能的答案，受测者可任选其一。在两个相反的选择答案之间有一个折中的或中性的答案，使受测者有折中的选择，避免了在是与否之间必选其一的强迫性，所以受测者答题的自发性和自由性较好。为了克服动机效应，尽量采用了“中性”测题，避免含有一般社会所公认的“对”或“不对”，“好”或“不好”的题目，而且被选用的问题中有许多表面上似乎与某种人格因素有关，但实际上却与另外一人格因素密切相关。因此，能够更加真实地测量出高端教师的人格特征。

测量“责任心”维度的题目示例：

当我看到亲友邻居争执时，我总是（　）

A. 任其自己解决　B. 介于（A）与（C）之间　C. 予以劝解

测量“忧虑性”维度的题目示例：

半夜醒来，我会为种种忧虑而不能再入睡（　）

A. 常常如此　B. 有时如此　C. 极少如此

（2）特质应对测试

应对是心理应激过程的重要中介因素，特质应对测试主要测量在应激过程中所表现出的内在特质特别是其适应性方面的测量，检测结果既能体现在不同应激过程中的跨情境一致性或个性特质属性，又对个体的身心健康有比较稳定的影响。特质应对测试的题目都是关于个人在日常生活中遇到困难或挫折时所采取的态度的问题，通过跨情境性的问题设置，来测量高端教师在不同情境下应激反应的一致性。

特质应对测试共有 20 道题目，分为两个部分，每个部分 10 道题目，采取 5 点量表计分。其中 1 代表肯定不是，5 代表肯定是。受测者阅读题干后，根据自身客观情况，按照符合程度分别进行相应选择。评分者根据特质应对测试的评分标准，来反映测评者在面对困境时候的积极或消极的心理状态。

**题目示例：**

| | 肯定不是←——→肯定是 | | | | |
|---|---|---|---|---|---|
| 1. 能尽快地将不愉快忘掉 | 1 | 2 | 3 | 4 | 5 |
| 2. 易陷入对事件的回忆和幻想之中而不能摆脱 | 1 | 2 | 3 | 4 | 5 |
| 3. 当作事情根本未发生过 | 1 | 2 | 3 | 4 | 5 |
| 4. 易迁怒于别人而经常发脾气 | 1 | 2 | 3 | 4 | 5 |

（3）成就动机测试

成就动机可以影响甚至决定一名教师可能达到的职业高度，因而成就动机是引进单位考核一名高端教师的重要指标。成就动机测试，主要用来了解高端教师在其职业精神、内在驱动力、职业精神等方面的特质。通过测量“追求成功的意愿”和“回避失败的心理”两个维度，来综合评判测评者的成就动机。

量表共30个项目，分两部分，每部分15个项目，采用4点量表计分。成就动机测量表（AMS）由受测者自己选填，根据题目内容回答自己的认识与态度，对问题的阐述按赞同的程度进行4个档次的选择（从“完全正确”到“完全不对”）。（其中，1＝完全不符合；2＝有些不符合；3＝基本符合；4＝完全符合）。评分者根据评分标准，通过量表两个部分分别测定趋向成功和避免失败的动机。

**题目示例：**

| | 完全不符合←——→完全符合 | | | |
|---|---|---|---|---|
| 1. 我喜欢新奇的、有困难的任务，甚至不惜冒风险 | 1 | 2 | 3 | 4 |
| 2. 我在完成有困难的任务时，感到快乐 | 1 | 2 | 3 | 4 |
| 3. 我会被那些能了解自己有多大才智的工作所吸引 | 1 | 2 | 3 | 4 |

2. 面试题目的编制

所有面试题目均根据拟定的“高端教师胜任力模型”中抽取出来的8种胜任力设计，即团队合作能力、沟通能力、反思能力、责任心、乐观积极、适应性、领导组织能力、成就动机。每道面试题目的测评要素均为多元，为便于考官把握测评要点，将题目主要测评的胜任力要素直接列在题后的括号里；每套题在设计时，考虑了题型的多元化，每套题目使用4种提问方式，有些题目设计了追问，但部分追问（特别是行为性问题）应在面试者没有回答完整的时候使用，不是必须要问的；同时，追问问题提纲仅供参考，面试时允许考官以面试者所言为依据灵活追问。

（1）背景性问题

背景性问题一般是询问应聘者的个人基本情况。这类问题相对比较容易回答，其主要目的是对应聘者有一个初步了解，同时减轻其可能出现的紧张情绪。

例题：请您用3分钟的时间介绍一下自己的基本情况。

（2）思维性问题

思维性问题旨在考查应聘者的理解、分析、辨别等能力。这类问题没有标准答案，要求应聘者发散思维，根据其真实想法做出回答。

例题：您认为工作中什么样的人最难相处？

该题目的测评要素主要是：团队合作能力、适应性、包容、责任心等。

（3）情境性问题

情境性问题往往是给出一个真实或假设的问题情境，或提出一个未来可能发生的事件，要求应聘者转换角色置身其中，按照题目要求

做出回答。

例题：假如您担任学科带头人，在带领学科组全体教师共同完成一个科研项目时，发现有些人总想“留一手”，不愿分享自己的经验和资源，您会怎么办？

该题目的测评要素主要是团队合作能力、领导组织能力等。

（4）行为性问题

行为性问题主要是让应聘者详细讲述其过去工作、学习或生活中的关键行为事件。鉴于应聘者在回答时可能很笼统模糊，缺乏具体的事件发展过程，面试考官要通过引导和追问，迫使应聘者详尽而充分地回答问题，从而获得真实的有价值的信息。

例题：在您的职业生涯中，哪个成就是您最为自豪的？

对此问题可进行如下追问：“当时是什么样的情境？”“您的工作任务和职责是什么？”“您借助了哪些资源？”“采取了什么行动或举措？”“效果如何？”（如果是团队完成，那么您在其中扮演了什么角色、承担了哪些工作任务？做出了什么贡献？”

通过该题目，可以测查受测者的教科研能力、创新意识、成就动机、反思能力、团队合作能力等。

### （三）计分与评价

1. 心理测试的计分与评价

（1）人格测试计分标准与评价

高端教师人格测评选用的卡特尔16PF计分方式比较复杂，总体上首先将题目分为三类，按照不同类别的题目进行不同的计分方式，然后计算原始得分，将16个因素中的每项因素所包括的测试题得分加起来，就是该项性格因素的原始得分。接下来，需要将原始的分按照既定的原则转换为标准分。最后在一阶因素的基础上，经过换算，得到8个二阶公共因素。限于篇幅，具体的计分标准不做赘述。每项性格因素不同得分者的特征总体上区分为高分特征和低分特征，每项因素得分在8分以上者为高分，3分以下者为低分。比如，因素A—乐群性的高分特征（8分以上）是开朗、热情、随和，易于建立社会联系，在集体中倾向于承担责任和担任领导之职，在职业中容易得到晋升；而其低分特征（3分以下）是保守、孤僻、严肃、退缩、拘谨、生硬。其他因素的具体解释略。

（2）特质应对方式的计分标准与评价

特质应对方式量表是由受测者判断句中的描述是否符合自己的情况，选择1－5来表示他们认为的符合程度，其中1代表肯定不是，5代表肯定是。在最后的计分中划分为积极应对和消极应对两类，每一类都有各自对应的条目。将积极应对和消极应对各自对应的条目得分进行累计加总，然后进行判断，通常健康人群的积极应对平均分21.25±7.14，消极应对人群的平均分30.26±8.74。其中，积极应对者在遇到问题时倾向于用一种积极的方式去处理，如，遇到事情通常往好的方面想，而且能很快忘掉令人不愉快的事情，通常会以幽默的方式化解尴尬的局面，在不开心的时候旁人很容易就会让你高兴起来，困难和痛苦都能很快地适应；消极应对者在遇到问题时倾向于用一种消极的方式去处理，如会经常地迁怒于人，遇到令人伤心、苦恼的事时常想独自大哭一场，情绪很容易波动，容易将不愉快的事情放在心上，与人发生冲突后则会长期不理对方。

（3）成就动机的计分标准与评价

成就动机测量中，也是让被测评者根据自己的实际情况对列出的各个条目进行符合程度的判断，用1－4分来表示被测评者认为的符合程

度，数字越大表示越符合。即完全不符合计 1 分，有些不符合计 2 分，基本符合计 3 分，非常符合计 4 分。1－15 题记总分为 Ms（成功的动机），16－30 题记总分为 Mf（害怕失败），总得分 Ma＝Ms－Mf。当 Ms－Mf＞0 时，成就动机强，分值越高，成就动机越高。当 Ms－Mf＝0 时，成就动机中等，追求成功和害怕失败相当。当 Ms－Mf＜0 时，成就动机弱，分值越低，成就动机越低。

2．面试的计分与评价

基于高端教师胜任力模型及教师能力测评的相关研究成果，根据用人单位需求，并结合面试这种测评方式的特点，经过专家研讨最终确定了以下 8 个方面的素质为面试的主要内容，即团队合作能力、沟通能力、反思能力、领导组织能力、责任心、适应性、创新意识、成就动机。然后给出了每个测评指标的具体定义，作为考官评分的主要依据。同时，为了给考官评分提供清晰的参考依据，保证量化分数的客观性和公正性，从而提高测评的准确性，对 0 分、1 分、2 分、3 分、4 分 5 个档次对应的行为表现分别进行相应描述，从 0 分到 4 分呈递进式上升。其中 3 分为高端教师岗位要求的基准分，分数越高，标识越接近和符合高端教师的胜任力。

根据这些测评指标在高端教师胜任力模型中的位置和对高端教育人才职业成功的影响程度的差异，在面试评价中分别赋予 8 个指标不同的权重。其中，团队合作能力、沟通能力、反思能力和领导组织能力分别占 10%，责任心、适应性、创新意识和成就动机分别占 15%。

**中小学高端教师面试评价表示例：**

受测者编号：

| 编号 | 测评指标 | 等级定义 | 岗位要求 | 面试评价 | 权重 |
|---|---|---|---|---|---|
| 1 | 团队合作能力 | 0. 不参加团队活动，或者通过某种无益的行为方式破坏团队士气<br>1. 乐于参加团体活动并完成分内工作；同团队中的其他成员保持良好的沟通，主动分享信息<br>2. 尊重并理解团队中的其他成员；在完成分内工作的同时，积极配合团队其他成员<br>3. 对团体成员所分享的信息进行评估分析并加以选择性利用，为团队建设和问题解决出谋划策<br>4. 主动采取多种方式化解冲突、增强团队凝聚力、维护团队声誉、鼓励其他成员投入团队工作 | 3 分 | | 10% |
| 2 | 沟通能力 | 0. 缺乏流畅性、逻辑性，用语不准确，无法传递信息和情感<br>1. 能表达自己的观点，基本传递信息和情感，但缺乏逻辑性和准确性<br>2. 语言流畅、具有逻辑性，能较为准确地传递信息和情感<br>3. 吐字清晰，语言流畅、具有逻辑性，词汇丰富，能准确传递信息和情感，根据沟通对象个人特质来选择风格和方式，但有不适宜之处<br>4. 吐字非常清晰，语言流畅、具有很强的逻辑性，用词生动形象，富有感染力，能够非常准确到位地传递信息和情感，能根据沟通对象的个人特质来选择恰当的沟通风格和方式 | 3 分 | | 10% |

续表

| 编号 | 测评指标 | 等级定义 | 岗位要求 | 面试评价 | 权重 |
|---|---|---|---|---|---|
| 3 | 反思能力 | 0. 没有对自身教育教学工作中发生的事件进行思考的意识，或者表面化地、错误地对其进行评价<br>1. 具有对自身教育教学工作中发生的事件进行思考的意识，但不能有效地总结出经验教训<br>2. 主动地对教育教学工作中发生的事件进行全面思考，但未能抓住问题本质，认识不深刻，只能总结出一些浅显的经验教训<br>3. 主动地对教育教学工作中发生的事件进行全面思考，基本抓住问题本质，认识有一定深度，能有效总结出经验教训但没有套用其解决眼前问题<br>4. 积极主动地对教育教学工作中发生的事件进行全面而深入的思考，能梳理分析多重复杂的逻辑关系，准确抓住问题本质，认识深刻，并有效地总结出综合的、具有创造性的经验教训，有意识地套用其解决眼前问题 | 3 分 | | 10% |
| 4 | 领导组织能力 | 0. 在群组中没有担任过领导角色<br>1. 担任过少数群组的领导角色，但团队的既定目标不清晰，前进动力很弱，目标实现有困难<br>2. 担任过一些重要群组的领导角色，团队的既定目标比较清晰，但团队前进动力不足，目标未得到充分实现<br>3. 担任过较多群组的领导角色，能为团队制定清晰的目标，在团队中产生一定影响力，能够基本实现既定目标，但效果平平<br>4. 经常在群组中担任领导角色，能为团队制定清晰的目标，在团队中产生很强的影响力，带领团队动力十足地前进，总能很好地完成甚至超额完成目标任务 | 3 分 | | 10% |

续表

| 编号 | 测评指标 | 等级定义 | 岗位要求 | 面试评价 | 权重 |
| --- | --- | --- | --- | --- | --- |
| 5 | 责任心 | 0. 逃避本职工作，不遵守规章制度<br>1. 在外部监督下按要求完成分内工作<br>2. 主动完成本职工作，自觉遵守规章制度<br>3. 超额完成本职工作，带头遵守规章制度<br>4. 乐于为集体或他人利益而牺牲个人利益，督促他人遵守规章制度 | 3 分 | | 15% |
| 6 | 适应性 | 0. 不愿意改变自己的观点或行为，不能根据具体情况而改变和调整<br>1. 刻板地按照既定程序或复刻以往经验做事，即使这样可能与现实条件和预期目标背道而驰<br>2. 能够面对和接受环境和条件的现实性和偏差性，并愿意改变自己的立场，调整自身行为<br>3. 主动判断何时需要改进既定的工作程序和方法，以实现更重要、更高级的目标<br>4. 始终善于根据环境变化而不断做出调整，以高效率达成重要目标 | 3 分 | | 15% |
| 7 | 创新意识 | 0. 没有根据现实需要创造新的事物或观念的动机，仍然依赖固有思维和现存条件<br>1. 有根据现实需要创造新事物或新观念的内在动机，但很少在创造活动中凸显，不能推动其产生行动<br>2. 在现实需要面前，有探索新事物、新方法的意愿，但需要外界推动，否则易望而生畏最终放弃<br>3. 能根据摆在眼前的现实需要自主进行探索和创造，该动机可推动其产生有效行动<br>4. 不断发现新的现实需要，具有积极主动地探索和创造新的事物、方法的激情和冲动，敢于打破常规，形成新的思维和观念，让人眼前一亮 | 3 分 | | 15% |

续表

| 编号 | 测评指标 | 等级定义 | | | 岗位要求 | 面试评价 | 权重 |
|---|---|---|---|---|---|---|---|
| 8 | 成就动机 | 0. 没有明确目标及规划，工作上对自己没有要求，且将大部分时间用于工作以外的事务上<br>1. 有较为明确的自我要求意愿，但缺乏具体的目标及相应的行为<br>2. 设定了需要通过克服一定的困难才能达成的具体目标<br>3. 设定的目标有一定挑战性，需通过克服很多困难才能达成<br>4. 设定的目标有较大挑战性，需克服多重困难，同时兼顾成本效益，追求低投入高回报，力求工作达到完美状态 | | | 3分 | | 15% |
| 岗位能力基本分 | 3分 | 面试评价总分 | | 面试考官签名 | 年　月　日 | | |

## 第三节　高端教师测评体系在人才引进中的实践应用

### 一、测评的目的

根据人才引进的规定，高端教师在引进时必须经过试用。高端教师胜任力模型的作用在于，其一，是帮助学校在引进人才时全方位地考查被引进人员的胜任力，其二，是帮助教育主管部门确定高端教师测评的维度与内容。在主管部门进行测评之前，被引进人员已经在学校试用了一段时间，其专业知识和能力已经得到了学校的认可。教育主管部门对高端教师进行测评的意义在于通过专业的、科学的方法，更全面地了解被引进人员各方面的情况，在此基础上帮助学校更好地为引进人员发挥个人能力提供相匹配的岗位和位置，因此高端教师测评是一种发展性测评。

基于这种测评目的，对高端教师的测评应使用心理测验和面试这两种测评效度高的方式，由于高端教师的经历丰富，面试时间应在半小时以上。

## 二、测评的内容

教育主管部门对高端教师测评内容维度的确定来自两方面的依据：一是对学校用人需求的调研；二是对专家意见访谈的总结。测评的内容着重考查前期通过履历分析、试讲等环节无法体现出的隐性特质，对于专业知识和专业能力不再进行针对性的考查。

用人单位的需求是确定测评内容的出发点，研究者围绕高端师胜任力进行了调研，对中小学共计 28 名校领导进行了问卷调查，综合专家讨论后的意见，并充分考虑以往的研究结论，最终确定了测评内容。

心理测试内容选择了卡特尔人格特质、特质应对方式和成就动机这三个重要方面，主要基于以下三方面的考虑。

其一，教师首先必须具备积极向上的人格，教师的人格特质不仅会影响其自身发展，对于学生来说也会产生巨大的影响。人格特质属于冰山模型的下层，不易被直接观察测量，因此主要通过科学的测评量表进行测量。为了保证学生的健康发展，并且探寻高端教师的未来发展潜力，对教师群体进行相应的人格特质测评，具有重要的意义。

其二，教师在教学活动和教育管理过程中，会遇到各种各样的突发情况。在各种非常规的情境下，教师与学生进行交流的方式以及对问题的处理方式，对于处于成长阶段的学生群体来说会产生巨大的影响。因

此在测评内容中引入特质应对方式测试，能够有效预测教师在特殊情境下处理问题的态度，有利于对其心理倾向进行进一步的考查和把握。

其三，成就动机往往决定了一个人的发展高度。尽管高端教师已经取得了较为突出的成就，通过成就动机测试能够进一步考查其发展潜力，探寻发展空间，同时有利于保证学校的人才引进工作的成效。

面试主要是通过问题回答、情境模拟、行为观察等方式，进一步考查素质模型中的隐性特质。基于高端教师胜任力模型及教师专业发展的相关研究成果，参考用人单位需求，结合面试这种测评方式的特点，研究者经过讨论确定了面试考查内容包含以下几个方面（见表4－8）。

**表4－8　面试考查的胜任力**

| 一级胜任特征 | 二级胜任特征 |
|---|---|
| 通用能力 | 团队合作能力、沟通能力、反思能力、领导组织能力 |
| 职业精神 | 责任心、适应性 |
| 个人特质 | 创新意识 |
| 内在驱动力 | 成就动机 |

### （一）心理测试

高端教师心理测验主要考查候选人的人格特征、特质应对方式和成就动机三个方面，因此，高端教师心理测验由三大部分构成：卡特尔16PF测验、成就动机测试和特质应对测试。

1．卡特尔16PF测验

卡特尔16PF测验主要测查高端教师的人格特点。这16个因素或分量表的名称和符号分别是：乐群性（A）、聪慧性（B）、稳定性（C）、恃强性（E）、兴奋性（F）、有恒性（G）、敢为性（H）、敏感性（I）、怀疑性（L）、幻想性（M）、世故性（N）、忧虑性（O）、实验性（Q1）、独立性（Q2）、自律性（Q3）、紧张性（Q4）。除了一阶因素，该测验还包括了8个二阶因素，分别是适应与焦虑性、内外向性、感情用事与安详机警性、怯懦与果敢性、心理健康者的人格因素、专业而有成就者的人格因素、创造力强者的人格因素和在新环境中有成长能力的人格因素。具体计算公式如下。

（1）适应与焦虑性

$X1 = (38 + 2L + 3O + 4Q4 - 2C - 2H - 2Q3) \div 10$

（2）内外向性

$X2 = (2A + 3E + 4F + 5H - 2Q2 - 11) \div 10$

（3）感情用事与安详机警性

$X3 = (77 + 2C + 2E + 2F + 2N - 4A - 6I - 2M) \div 10$

（4）怯懦与果敢性

$X4 = (4E + 3M + 4Q1 + 4Q2 - 3A - 2G) \div 10$

（5）心理健康者的人格因素

$Y1 = C + F + (11 - O) + (11 - Q4)$

（6）专业而有成就者的人格因素

$Y2 = 2Q3 + 2G + 2C + E + N + Q2 + Q1$

（7）创造力强者的人格因素

$Y3 = 2(1l - A) + 2B + E + 2(11 - F) + H + 2I + M + (11 - N) + Ql + 2Q2$

（8）在新环境中有成长能力的人格因素

$Y4 = B + G + Q3 + (11 - F)$

2. 特质应对测试

特质应对测试主要考查被受测者的在应对过程中的情况，问题具有一定的跨情境一致性，测试结果能够反映被受测者的个性特征和心身健康相关问题。特质应对方式（TCSQ）问卷是自评量表，由20条反映应对特点的项目组成，包括积极应对（PC）与消极应对（NC）两个方面，用于反映被试面对困难挫折时的积极与消极的态度和行为特征。

3. 成就动机测试

成就动机量表（Achievement Motivation Scale，简称 AMS）按照成就动机有正向与负向的两种预期结果的理论，包括两个有区别的分量表：一个是测定与获取成功有关的动机 Ms，涉及正向评价情境、结果的期望；另一个是测定与防止失败相联系的动机 Mf，涉及负向评价情境、结果的期望。

**（二）半结构化面试**

高端教师测评中面试的内容主要包括以下 8 个方面的素质：团队合作能力、沟通能力、反思能力、领导组织能力、责任心、适应性、创新意识、成就动机。

（1）团队合作能力：为了达到共同的目标和他人一起工作的能力。

（2）沟通能力：与他人能够适当、有效地进行信息交流、情感交流等方面的能力。

（3）反思能力：仔细、深入地思考自身教育教学工作中发生的事件，总结经验教训，并想办法突破自身的局限。

（4）领导组织能力：在学科组中担任领导角色，明确学科发展目标，组织管理学科组朝着既定目标前进的能力。

（5）责任心：遵守规范、承担责任和履行义务的自觉态度与行为。

（6）适应性：根据环境的特定要求而调整方法和改变策略的能力。

（7）创新意识：根据现实需要，引起创造前所未有的事物或观念的动机，以及在创造活动中表现出的意向、愿望和设想。

（8）成就动机：追求自认为重要的有价值的工作，并使之达到完美状态的动机，即一种以高标准要求自己力求取得活动成功为目标的动机、愿望。

## 三、测评的实施

### （一）心理测验的实施

心理测验采用信息化测试，参加测试的人员需使用计算机进行统一测试。为了保证测验的客观性，在施测过程中采用了统一的指导语，并对测验说明进行修改完善，尽可能清晰地指导被测试人员作答。为保证测评的标准化操作，减少误差，每次测评前都对主试监考人员进行了培训。测试时间分布经修订后如表4－9所示。

**表4－9　高端教师心理测验构成及时间分布**

| 序号 | 测验类别 | 题量 | 施测时间 |
| --- | --- | --- | --- |
| 测验一 | 人格测试 | 187 | 35分钟 |
| 测验二 | 特质应对方式测试 | 20 | 4分钟 |
| 测验三 | 成就动机测试 | 30 | 6分钟 |

### （二）面试的实施

高端教师面试采用结构化面试形式，由2名校领导、2名人力资源行政部门主管领导、1名测评专家组成面试考官团队，以事先确定的面试提纲为主要依据对受测者进行面对面的测评。每位应聘者的面试时间为30分钟左右。总体而言，面试分为以下四个阶段。

1．前期准备阶段

该阶段主要是提前安排和准备以下工作：组建面试考官团队、与面试考官沟通、培训面试考官、明确提问分工及顺序；安排好面试现场的工作人员，包括引导员、监督员、计分员和核分员等；确定面试日期和时间；布置面试场所；发布面试通知；准备面试资料等。

2．面试实施阶段

在应聘者进场前，各考室工作人员就位，做好接待来访、签到候考、抽签定序等工作，进场后，主考官致欢迎辞，宣读指导语，调节气氛；随后各位考官依次提问，与应聘者做深入的交流。待其回答完所有问题退场后，面试考官进行评分审核，填写面试评分表。

3．面试总结阶段

本阶段主要做好核算面试分数，对应聘者进行综合评价，得出面试结论。然后，撰写面试报告经面试考官团队审阅完善，确定最终版本，将面试结果反馈给学校。供用人单位录用决策参考，并将面试报告进行存档。

4．面试评价阶段

该阶段主要是回顾面试准备阶段、实施阶段和总结阶段的整个过程，总结经验，同时对不合理的操作步骤进行修改完善，为下一次面试工作做准备。

## 四、测评的结果

通过测评，可以发现高端教师测评体系能够帮助用人单位较为有效地识别不同应聘者的素质，而且心理测试和面试在相同的测评指标测试的结果基本一致，说明了测评在一定程度上是可靠的。截至目前，教育主管部门分三个批次共测试了 48 位高端教师。其中，第一批测评的高端教师有 12 名，第二批测评的高端教师有 18 名，第三次测评的高端教师有 18 名。此处选取第一批次的 3 名受测者和第二批次的 6 名受测者的测评结果，以此为例展示高端教师的测评结果。

### （一）心理测验的结果

1．第一批次心理测验结果

在对参加第一批高端教师心理测验的 3 位受测者中，基于心理统计和心理测量学的有关方法，将受测者的测验结果加以转换和合成，具体得分情况详见表4－10。总体来看，参加测试人员在各项子测验上都有中等以上的表现，特别是其中的交际性平均分属高分（8.3分）；怀疑性平均分2.7分属低分（此分越低越好），其余各因子均为中等。

**表4－10　2015年第一批高端教师心理测验总体得分情况**

| 各项子测验 | | 得分范围 | 最低得分 | 最高得分 | 平均得分 | 得分标准参考值 |
|---|---|---|---|---|---|---|
| 卡特尔16PF测验 | A. 乐群性 | [1，10] | 3 | 8 | 6.0 | ≤3属于低分，≥8属于高分 |
| | B. 聪慧性 | [1，10] | 5 | 10 | 7.0 | ≤3属于低分，≥8属于高分 |
| | C. 稳定性 | [1，10] | 6 | 9 | 7.7 | ≤3属于低分，≥8属于高分 |
| | E. 影响性 | [1，10] | 6 | 6 | 6.0 | ≤3属于低分，≥8属于高分 |
| | F. 活泼性 | [1，10] | 5 | 8 | 6.3 | ≤3属于低分，≥8属于高分 |
| | G. 有恒性 | [1，10] | 4 | 10 | 6.7 | ≤3属于低分，≥8属于高分 |
| | H. 交际性 | [1，10] | 7 | 10 | 8.3 | ≤3属于低分，≥8属于高分 |
| | I. 情感性 | [1，10] | 4 | 10 | 6.0 | ≤3属于低分，≥8属于高分 |
| | L. 怀疑性 | [1，10] | 1 | 5 | 2.7 | ≤3属于低分，≥8属于高分 |
| | M. 想象性 | [1，10] | 4 | 7 | 5.7 | ≤3属于低分，≥8属于高分 |
| | N. 世故性 | [1，10] | 3 | 6 | 5.0 | ≤3属于低分，≥8属于高分 |
| | O. 忧虑性 | [1，10] | 3 | 6 | 4.7 | ≤3属于低分，≥8属于高分 |
| | Q1. 变革性 | [1，10] | 5 | 8 | 6.0 | ≤3属于低分，≥8属于高分 |
| | Q2. 独立性 | [1，10] | 5 | 8 | 6.0 | ≤3属于低分，≥8属于高分 |
| | Q3. 自律性 | [1，10] | 5 | 10 | 7.7 | ≤3属于低分，≥8属于高分 |
| | Q4. 紧张性 | [1，10] | 2 | 4 | 3.0 | ≤3属于低分，≥8属于高分 |
| | X1. 适应与焦虑性 | [－1.3，12.2] | 0.3 | 3.7 | 2.2 | ≤3属于低分，≥8属于高分 |
| | X2. 内外向性 | [－1.7，12.7] | 5.2 | 9.3 | 7.4 | ≤3属于低分，≥8属于高分 |
| | X3. 感情用事与安详机警性 | [－3.5，14.5] | 1.9 | 7.9 | 5.6 | ≤3属于低分，≥8属于高分 |
| | X4. 怯懦与果敢性 | [－3.5，14.5] | 4.9 | 7.1 | 5.8 | ≤3属于低分，≥8属于高分 |
| | Y1. 心理健康者的人格因素 | [4，40] | 24 | 32 | 28.3 | 平均分22分，<12属于低分 |

续表

<table>
<tr><th colspan="2">各项子测验</th><th>得分范围</th><th>最低得分</th><th>最高得分</th><th>平均得分</th><th>得分标准参考值</th></tr>
<tr><td rowspan="3">卡特尔16PF测验</td><td>Y2. 专业而有成就者的人格因素</td><td>[9, 90]</td><td>55</td><td>72</td><td>61.0</td><td>平均分55分，>67属于高分</td></tr>
<tr><td>Y3. 创造力强者的人格因素</td><td>[1, 10]</td><td>1</td><td>7</td><td>4.7</td><td>≤3属于低分，≥8属于高分</td></tr>
<tr><td>Y4. 在新环境中有成长能力的人格因素</td><td>[4, 40]</td><td>20</td><td>30</td><td>26.0</td><td>平均分22，<17属于低分，>27属于高分</td></tr>
<tr><td rowspan="2">特质应对方式</td><td>积极应对项目</td><td>[0, 50]</td><td>30</td><td>36</td><td>33.0</td><td>21.25±7.14</td></tr>
<tr><td>消极应对项目*</td><td>[0, 50]</td><td>15</td><td>22</td><td>19.3</td><td>30.26±8.74</td></tr>
<tr><td colspan="2">成就动机测试</td><td>[-45, 45]</td><td>5</td><td>18</td><td>12.0</td><td>≥0</td></tr>
</table>

注：

1. 其中卡特尔部分因子（得分范围[1, 10]）按照计分公式转换为标准分。
2. 平均分为此次测试得分平均分。

### 2. 第二批次心理测验结果

基于心理统计和心理测量学的有关方法，将参加第二批次高端教师测评的6名受测者的测验结果加以转换和合成后的具体得分情况见表4-11。总体来看，多数受测者在各项子测验上都有中等以上的表现，特别是卡特尔性格测验中聪慧性平均分属高分（9.2）、稳定性平均分属于高分（8.0）、自律性平均分属于高分（8.0）、在新环境中有成长能力的人格因素平均分属于高分（29.0）；怀疑性平均分3.0属低分（此项得分越低越好）、适应与焦虑性平均分2.4属于低分（此项得分越低越好）；在特质应对测试中积极应对项目得分远高于常模平均得分，消极应对得分远低于常模平均得分；其余测试各因子均为中等。

**表 4－11　2015 年第二批高端教师心理测验总体得分情况**

| 各项子测验 | | 得分范围 | 最低得分 | 最高得分 | 平均得分 | 得分标准参考值 |
|---|---|---|---|---|---|---|
| 卡特尔16PF测验 | A. 乐群性 | [1，10] | 6 | 8 | 6.8 | ≤3 属于低分，≥8 属于高分 |
| | B. 聪慧性 | [1，10] | 7 | 10 | 9.2 | ≤3 属于低分，≥8 属于高分 |
| | C. 稳定性 | [1，10] | 7 | 10 | 8.0 | ≤3 属于低分，≥8 属于高分 |
| | E. 影响性 | [1，10] | 6 | 7 | 6.2 | ≤3 属于低分，≥8 属于高分 |
| | F. 活泼性 | [1，10] | 6 | 7 | 6.3 | ≤3 属于低分，≥8 属于高分 |
| | G. 有恒性 | [1，10] | 6 | 8 | 7.2 | ≤3 属于低分，≥8 属于高分 |
| | H. 交际性 | [1，10] | 7 | 8 | 7.7 | ≤3 属于低分，≥8 属于高分 |
| | I. 情感性 | [1，10] | 4 | 10 | 7.0 | ≤3 属于低分，≥8 属于高分 |
| | L. 怀疑性 | [1，10] | 1 | 6 | 3.0 | ≤3 属于低分，≥8 属于高分 |
| | M. 想象性 | [1，10] | 5 | 9 | 6.8 | ≤3 属于低分，≥8 属于高分 |
| | N. 世故性 | [1，10] | 4 | 7 | 5.7 | ≤3 属于低分，≥8 属于高分 |
| | O. 忧虑性 | [1，10] | 3 | 6 | 4.3 | ≤3 属于低分，≥8 属于高分 |
| | Q1. 变革性 | [1，10] | 5 | 9 | 6.5 | ≤3 属于低分，≥8 属于高分 |
| | Q2. 独立性 | [1，10] | 4 | 5 | 4.5 | ≤3 属于低分，≥8 属于高分 |
| | Q3. 自律性 | [1，10] | 7 | 9 | 8.0 | ≤3 属于低分，≥8 属于高分 |
| | Q4. 紧张性 | [1，10] | 2 | 5 | 3.7 | ≤3 属于低分，≥8 属于高分 |
| | X1. 适应与焦虑性 | [－1.3，12.2] | 0.8 | 3.2 | 2.4 | ≤3 属于低分，≥8 属于高分 |
| | X2. 内外向性 | [－1.7，12.7] | 6.8 | 8.0 | 7.6 | ≤3 属于低分，≥8 属于高分 |
| | X3. 感情用事与安详机警性 | [－3.5，14.5] | 2.1 | 6.7 | 4.6 | ≤3 属于低分，≥8 属于高分 |
| | X4. 怯懦与果敢性 | [－3.5，14.5] | 4.4 | 6.7 | 5.4 | ≤3 属于低分，≥8 属于高分 |
| | Y1. 心理健康者的人格因素 | [4，40] | 26 | 33 | 28.3 | 平均分 22 分，<12 属于低分 |
| | Y2. 专业而有成就者的人格因素 | [9，90] | 57 | 69 | 62.7 | 平均分 55 分，>67 属于高分 |

续表

| 各项子测验 | | 得分范围 | 最低得分 | 最高得分 | 平均得分 | 得分标准参考值 |
|---|---|---|---|---|---|---|
| 卡特尔16PF测验 | Y3. 创造力强者的人格因素 | [1, 10] | 3 | 8 | 5.7 | ≤3 属于低分，≥8 属于高分 |
| | Y4. 在新环境中有成长能力的人格因素 | [4, 40] | 27 | 31 | 29.0 | 平均分 22，<17 属于低分，>27 属于高分 |
| 特质应对方式 | 积极应对项目 | [0, 50] | 31 | 43 | 36.8 | 21.25 ±7.14 |
| | 消极应对项目 | [0, 50] | 15 | 24 | 21.3 | 30.26 ±8.74 |
| 成就动机测试 | | [-45, 45] | 4 | 25 | 14.7 | ≥0 |

注：

1. 其中卡特尔部分因子（得分范围 [1, 10]）按照计分公式转换为标准分。

2. 平均分为此次测试得分平均分。

## （二）面试的结果

### 1. 第一批次面试结果

在对第一批高端教师的面试中，基于高端教师面试评价的评分标准，选取其中 3 名受测者的测评分数加以统计和处理，得出表 4-12 所示的结果。

**表 4-12　第一批次 3 位受测者各项测评指标得分情况**

| 测评指标 / 序号 | 团队合作 | 沟通能力 | 反思能力 | 领导组织 | 责任心 | 适应性 | 创新意识 | 成就动机 | 总分 |
|---|---|---|---|---|---|---|---|---|---|
| 1 号 | 3.48 | 3.62 | 3.58 | 3.62 | 3.62 | 3.4 | 3.62 | 3.52 | 3.554 |
| 2 号 | 3.5 | 3.8 | 3.5 | 3.48 | 3.46 | 3.42 | 3.5 | 3.56 | 3.357 |
| 3 号 | 3.1 ▼ | 3.48 | 3.22 ▼ | 3.06 ▼ | 3.14 ▼ | 3.3 | 3.4 | 3.12 ▼ | 3.233 |

3分为中小学高端教师岗位要求的合格线，3位受测者的各项测评指标得分均在3分以上。见图4－1。标注▼的几项得分在合格线附近，非常逼近，值得重点关注。

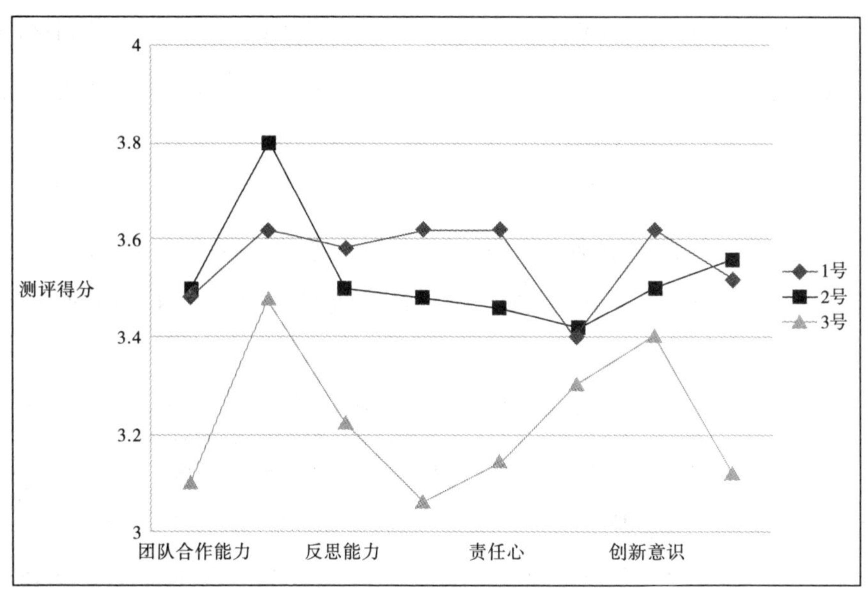


**图4－1　第一批次3位受测者8项测评指标得分**

**表4－13　第一批次受测者总体测评得分情况**

| 测评指标 | 团队合作 | 沟通能力 | 反思能力 | 领导组织 | 责任心 | 适应性 | 创新意识 | 成就动机 |
|---|---|---|---|---|---|---|---|---|
| 满分 | 4 | 4 | 4 | 4 | 4 | 4 | 4 | 4 |
| 最低分 | 3.1 | 3.48 | 3.22 | 3.06 | 3.14 | 3.3 | 3.4 | 3.12 |
| 最高分 | 3.5 | 3.8 | 3.58 | 3.62 | 3.62 | 3.42 | 3.62 | 3.56 |
| 平均分 | 3.36 | 3.63 | 3.43 | 3.39 | 3.41 | 3.37 | 3.51 | 3.40 |

由表4－13可见，8个测评指标的最低分均为3号受测者的得分，8个最高分一半来自1号受测者，另一半来自2号受测者。这说明，3号受测者综合素质相比于其他两位较低，而1号受测者的综合素质最高，特别是其反思能力、领导组织能力、责任心和创新意识在3位受测者中较高。而2号受测者的团队合作能力、沟通能力、适应性和成就动机较高。

2. 第二批次面试结果

在对第一批高端教师的面试中，基于高端教师面试评价的评分标准，将6位受测者的测评分数加以统计和处理，得出表4－14所示的结果。

**表4－14　第二批次6位受测者各项测评指标得分情况**

| 测评指标 / 序号 | 团队合作 | 沟通能力 | 反思能力 | 领导组织 | 责任心 | 适应性 | 创新意识 | 成就动机 | 总分 |
|---|---|---|---|---|---|---|---|---|---|
| 1号 | 3.62 | 3.60 | 3.66 | 3.3 | 3.98 | 3.62 | 3.58 | 3.72 | 3.653 |
| 2号 | 3.64 | 3.86 | 3.88 | 3.98 | 3.64 | 3.58 | 3.86 | 3.82 | 3.771 |
| 3号 | 3.78 | 3.9 | 3.6 | 3.6 | 3.62 | 3.88 | 3.58 | 3.54 | 3.681 |
| 4号 | 3.66 | 3.82 | 3.66 | 3.56 | 3.58 | 3.76 | 3.64 | 3.72 | 3.675 |
| 5号 | 3.44 | 3.52 | 3.74 | 3.42 | 3.78 | 3.54 | 3.72 | 3.78 | 3.635 |
| 6号 | 3.46 | 3.42 | 3.68 | 3.26 ▼ | 3.8 | 3.46 | 3.9 | 3.86 | 3.637 |

3分为中小学高端教师岗位要求的合格线，本次6位被测的各项测评指标得分均在3分以上，见图4－2。标注▼的几项其得分在合格线附近，值得重点关注。

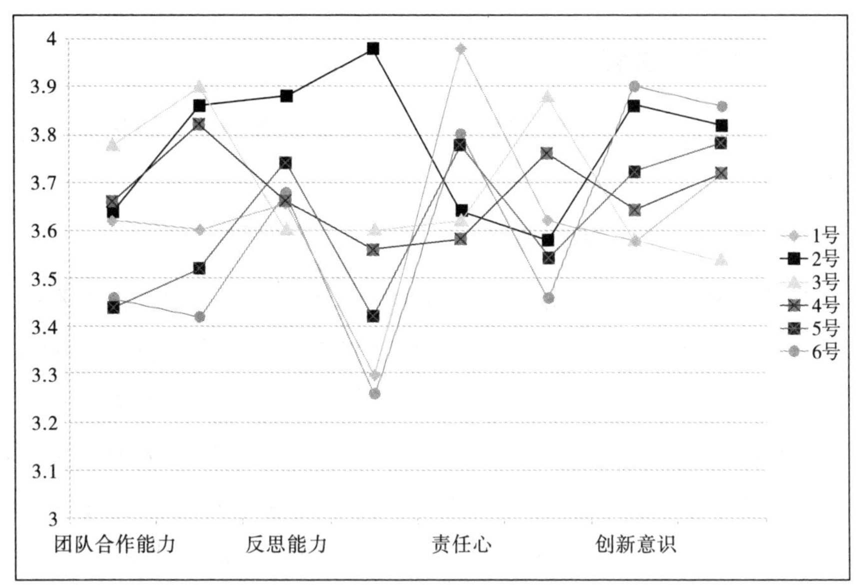


**图 4－2 第二批次 6 位受测者 8 项测评指标得分**

6 位受测者的总体得分情况如表 4－15 所示，其中 1 号受测者的分值标注为蓝色，2 号受测者为红色，3 号受测者为绿色，4 号受测者为紫色，5 号受测者为水蓝色，6 号受测者为橙色。

**表 4－15 第二批次 6 位受测者总体测评得分情况**

<table>
<tr><th>测评指标</th><th>团队合作</th><th>沟通能力</th><th>反思能力</th><th>领导组织</th><th>责任心</th><th>适应性</th><th>创新意识</th><th>成就动机</th></tr>
<tr><td>满分</td><td>4</td><td>4</td><td>4</td><td>4</td><td>4</td><td>4</td><td>4</td><td>4</td></tr>
<tr><td>最高分</td><td>3.78</td><td>3.9</td><td>3.88</td><td>3.98</td><td>3.98</td><td>3.88</td><td>3.9</td><td>3.86</td></tr>
<tr><td rowspan="2">最低分</td><td rowspan="2">3.44</td><td rowspan="2">3.42</td><td rowspan="2">3.6</td><td rowspan="2">3.26</td><td rowspan="2">3.58</td><td rowspan="2">3.46</td><td>3.58</td><td rowspan="2">3.54</td></tr>
<tr><td>3.58</td></tr>
<tr><td>平均分</td><td>3.60</td><td>3.69</td><td>3.70</td><td>3.52</td><td>3.73</td><td>3.64</td><td>3.71</td><td>3.74</td></tr>
</table>

8 个测评指标的最高分 1 个来自 1 号，2 个来自 2 号，3 个来自 3 号，还有 2 个来自 6 号；9 个最低分（其中创新意识测评指标下有 2 个相等的最低分）1 号、4 号和 5 号各占 1 个，3 号和 6 号各占 3 个。

## 五、测评的优化

高端教师测评在进行过程中也进行了完善与优化，主要体现在以下三个方面。

### （一）心理测验时间的调整

在最初拟订的测评计划中，心理测试中的分测验时间安排主要是依据相关权威文献及心理测验指导，同时考虑高端教师素质较高，理解力较强、反应较快的实际情况来确定。经过测评设计人员的两次测验，结合高端教师群体答题实际使用的时间，将心理测验中三项分测验的答题时间都进行了压缩，总时间由最初的 50 分钟缩减为 45 分钟。在保证受测者能够顺利答完全部题目情况下，促使受测者在第一时间做出判断，减少倾向性回答的可能，进一步保证测评结果的真实性和有效性。

### （二）面试方面

面试题主要进行了两方面的调整。一方面，基于受测者适用性的调整。引进的人才包括骨干教师、留学归国人员等五类人才，尽管针对不同类型的高端教师的面试评价所依据的胜任力模型相同，但是基于五类人员的资历和特点以及用人单位的使用方向差别，为了更加符合每类人员的特点，在第一次测评之后，研究者对面试试题进行了调整。特别是针对与其他类型差别较大的留学归国人才，单设了与这类人才相适应的题目、评价维度和评分表。另一方面，基于测评有效性的调整。研究者对具体的面试题目进行了微调，比如第一次面试中的问题“学生通常怎样评价您”，通过测评发现，一些受测者通常会在自我介绍中便提到相关内容，且该类问题若进一步证实其可靠性，需根据行为描述面试进行追问，因此考虑到整体的时间限制，将此题进行了替换。

### （三）测评报告的完善优化

为了让用人单位能够通过阅读测评报告更加直观地了解高端教师性

格上的优势与劣势以及其他方面的心理状态，研究者对测评报告的内容也进行了完善优化。

首先，在每名高端教师的测评报告中，将高端教师在心理测评和面试环节中显现的个人亮点与不足都分别进行了整合，并基于高端教育人才的 8 个测评指标进行了相应的分析，从专业测评角度提出相应的用人建议。又将心理测试结果和面试环节的评分与评语进行了交叉对比，对于两个测评结果中不一致的地方进行了进一步的研究分析。

其次，在测评总报告中，将高端教师个人特质与该批次测评的整体情况进行横向对比，对于得分相对较低或相对较高的高端教师进行了进一步的分析并提出相应的用人建议，便于引进单位能够在日后对于同批次进入学校的人才特质进行整体把握。

最后，在测评总报告和分报告中增加了一项“综合分析与用人建议”，重点分析了受测者分数背后的原因，比如查阅其简历，考虑其求职动机；回顾其面试表现，如紧张与否等，并结合用人单位领导对其的评价，进一步对学校阐明用人建议。

# 第五章
# 信息化测评技术在人才招聘中的应用

随着社会的发展和进步，信息化技术水平的不断提高，现代人才测评发展为通过心理学、管理学、测量学、考试学、系统论和计算机技术等多种学科的原理和方法、技术，对社会各行各业所需人才的思想品格、知识水平、能力结构、个性特点、职业倾向和发展潜能等多种素质进行测量和评价的一种科学的、综合的选才方法体系。采用计算机技术，通过信息化的手段进行人才测评，能够提高人才测评的效率，降低人工及时间成本，在未来人才测评技术的发展中具有重要的价值和空间。为适应人才测评技术发展的新趋势，开发了人才测评信息化平台，在面向应届毕业生、社会人员和高端教师的人才招聘中都得以运用。

## 第一节　人才测评平台的功能和特点

### 一、人才测评信息化趋势

#### （一）大数据与云计算时代

关于大数据的讨论，其实早在1980年的《第三次浪潮》就已经开始了，由于当时主要局限于计算机技术领域，没有引起社会层面的过多关注。20 世纪 90 年代以后，随着互联网对社会的开放，人们逐步感受到了“信息大爆炸”的力量，并认识到所谓的“大数据”是指在信息化发展的当前阶段，传统文件系统、关系数据库、并行处理等技术无法有效处理的极大规模数据或极限计算。然而，这才仅仅是“大数据”时代的开端！

一方面，云计算与大数据的关系是静与动的关系。云计算强调的是计算，这是动的概念；而数据则是计算的对象，是静的概念。如果结合实际的应用，前者强调的是计算能力，看重的是存储能力。但是这样说，并不意味着两个概念就如此泾渭分明。大数据需要处理大数据的能力（数据获取、清洁、转换、统计等能力），其实就是强大的计算能力。另一方面，云计算的动也是相对而言，比如基础设施即服务中的存储设备提供的主要是数据存储能力，所以可谓是动中有静。如果数据是财富，那么大数据就是宝藏，而云计算就是挖掘和利用宝藏的利器！

### （二）云测评的发展趋势

当前社会多种领域正在经受着大数据与云计算浪潮的洗礼，人力资源管理领域也不能例外。智能的信息化工具帮助人力资源管理从凭借经验的模式逐步向依靠事实数据的模式转型；人才测评由主观性强的单一专家进行测评转向构建数学模型依靠大数据处理技术进行测评；整个招聘过程也正朝着越来越依靠社交网络和大数据技术的方向发展。

在大数据时代，人力资源部门从分析该在哪些渠道进行招聘到判断哪些员工需要弹性工作方式，大数据和云计算正在帮助人力资源部门做出更加理性的决策。

大数据时代下运用的人才测评技术，衍生出一系列有力的信息化类工具，如测评工具云（包括知识考试、职业能力、评价中心、心理测量、360°评价、综合评价等）、测评内容云（包括知识类、技能类、心理类、行为类、结果类）、以及由此衍生出来的各式各样云测评方案（包括：招聘选才、培训发展、评估选拔、人才盘点、员工发展）。

国内已经开发出一体化的人才管理云计算平台，包含招聘、绩效、继任、测评、调查等多种云解决方案，旨在实现“在一个平台上来招募、培训、管理、发展和链接员工”。其中测评云是开展人才管理的人才测评工具箱，心理测评、360°反馈、在线情境模拟、能力测试等工具在这里随需调用并有机整合，从而准确衡量、预测人才表现与组织效能，通过测评云可以深度剖析心理特质、快速测查知识技能、立体展现胜任行为、系统诊断组织运转状态。多种功能的云集成提供一体化的人才管理云服务，这就使得测评不再只是针对人才能力的某个方面，而是针对全面能力的监测。

## 二、人才测评平台的特点

### （一）基于用户的设计

基于用户的人性化设计理念，研究者开设了方便快捷灵活的网络测评平台。界面设计更加符合大众的操作习惯，使用方法简便易学。测评平台的开发是基于 B/S 基础，使用该架构开发的系统应用无需安装任何软件，用户的使用界面依托于互联网，只要有网络就能使用该系统进行远程的人机对话，实现远程管理和答题，打破了空间限制。根据不同测评的需要，不同的试题管理员可以同时登录到系统进行测评内容的管理，同时也保障了项目信息的实时共享。

### （二）专业的后台管理系统

测评后台管理系统拥有强大的功能，如测评历史档案管理、统计查询、报表生成等，大大减轻了人才测评工作者的工作量。同时，科学的题库管理、试卷管理、报告管理和评定模块等，为高质量的测评工作提供了必要条件。用户可以根据自身需要进行自定义的量表设置和选择，可以自行修改和增删测试维度和题目。可以随时关注测试进程和查看测试结果，系统会根据计分规则以图表和文字两种方式呈现报告，图文并茂，测评报告更加易于阅读和理解。用户可以随时使用存档功能存储报告，便于后期查找。

## 三、人才测评平台功能模块

### （一）系统管理模块

1. 用户管理

系统管理员可以设置系统其他用户，如试卷管理员、阅卷人员、评价专家的账号及密码，并定义其可调用的模块（见图5－1）。

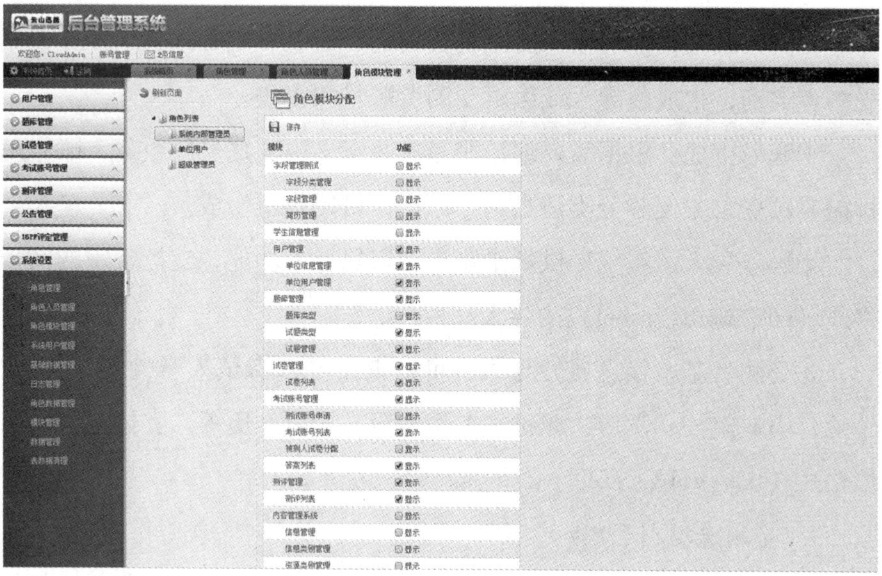

**图5－1　用户管理界面**

2. 系统参数管理

系统管理员可以设定系统中预设字段参数，如性别参数、学历参数、职称参数等，以便系统各类用户在填写参数时可在下拉菜单中进行选择。

### （二）受测者管理模块

1. 受测者自行注册

受测者可以根据需要，自行在人才测评系统中注册自己的用户名和密码，注册信息包含受测者的基本信息属性，如姓名、性别、年龄、毕业院校、学历、职称、工作经历、学习经历等。注册成功后可以作答系统中用于自我分析和评价的试题。如果注册的用户想参与特定的测评活动，可向试卷管理员申请开放特定试卷。

2. 受测者信息导入

在测评之前，能够获知受测者员类别、数量和基本信息属性，根据受测者类别，生成、导入或编辑受测者账号和密码。

①账号生成：根据需要编排账号，并定义生成账号的数量，账号编排应兼顾登录方便和分类清晰两个原则，密码随机生成。

②账号导入：系统提供批量账户、密码导入功能，支持常用的文档格式（txt、word、excel）的导入。

③受测者基本信息属性导入：可以批量导入考试人员姓名、性别、年龄、毕业院校、学历、职称、工作经历、学习经历等，支持常用的文档格式（txt、word、excel）。

3. 受测者类别管理

受测者属于同一类别，如同一岗位的竞争者，或同一工作单位的教育管理干部，则将受测者定义为同一类别以便管理（见图5-2）。

4. 受测者账号其他信息管理

受测者的测试账号可根据需要设置有效性。

①时间有效：可定义账号在一段时间内有效，在规定时间之前和之后账号不启用。

②答题有效：可定义账号在答完一套题或几套题后自动失效。

③告查询权限：可定义账号是否能够查看到自己的报告和在什么时间查看报告。

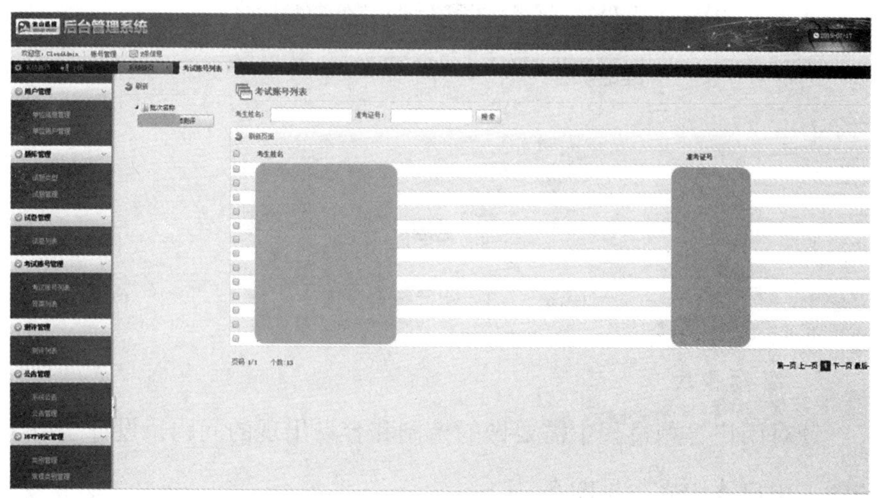


图 5－2　受测者管理界面

## （三）测试模块

测试模块用于人机对话式的在线答题。

1. 用户登陆

用户登录输入用户名和密码即可作答，同时登录界面显示测评的标题和相关说明（见图 5－3）。

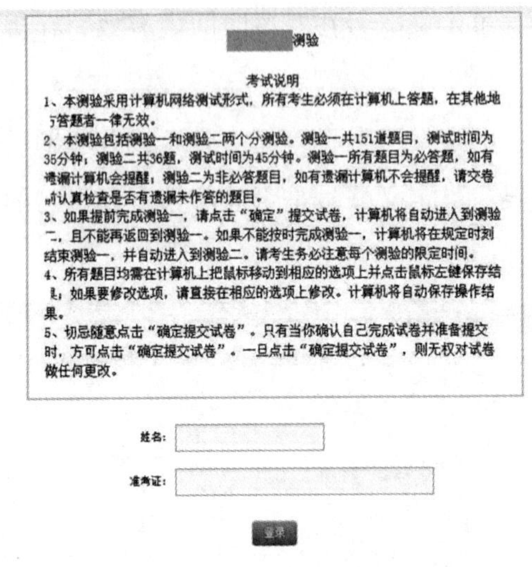


图 5－3　测试登录界面

2. 答题模块

针对用户答题过程中需要做的控制和容易出现的问题，设计了以下功能。用户答题界面见图 5－4。

（1）断点续答

在一定的时间间隔内可自动备份答题进度，答题意外中断后自动保存答题进度，重新登录可继续答题。

（2）答题时间控制

可以控制每道题的答题时间，答题时间不可过短或过长。有时间限制的题在答过之后，若未超过时间限制可以修改，过时则不允许修改，并自动转入下一题，该题答案留空。对于整套试卷，如果未在规定的时间内完成，系统自动提交试卷，提示时间已到，答题结束。

（3）答题完成情况验证

如果必答题有未填写的题目，在提交整套试卷时会跳转到该题，要求继续作答。

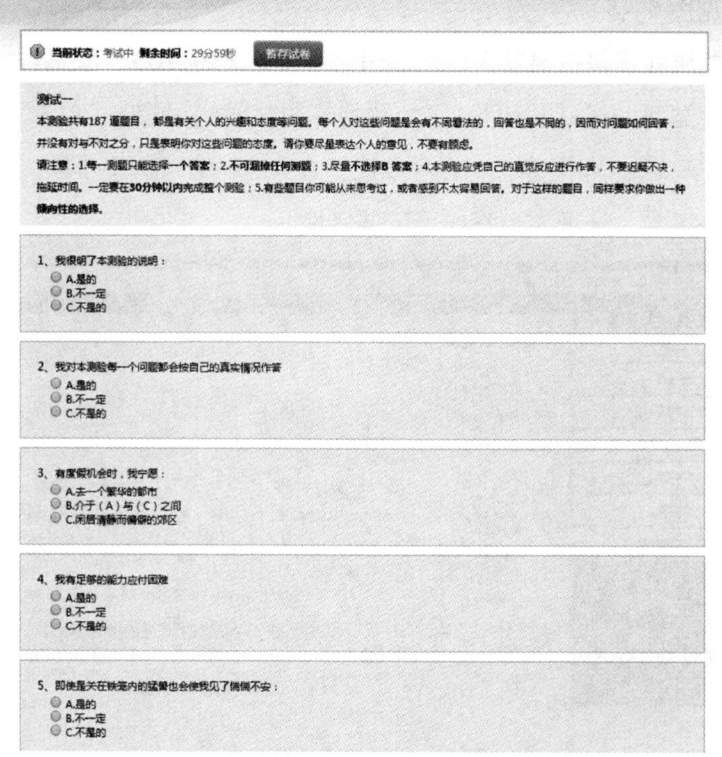


图5-4　答题界面

在不适宜用测试平台在线答题的地区，可通过测试平台打印试卷，进行纸笔测评，然后由阅卷人将答案导入到测评平台进行分析。

## （四）题库、试卷管理模块

### 1. 题库

广义的题库泛指测评设计者精心设计测评的内容，包括试卷、测评量表等测评用的材料，也包括狭义的题库，即由若干独立的试题组成。

为了便于对这些信息进行有效地管理，且能够快速地提取和使用，需要对试卷或试题进行编码，并设置一定的参数，如试卷类型的参数等。如果是狭义的题库则还应该有根据一定条件生成试卷和终止测试的功能（见图5-5）。

试题属性：包括出题人、试题编号（唯一指定ID）、所属类别（对应的试卷类型）、答题时间（每个题的答题时间）、题型（单选、多选、判断、主观题、简答等）、试题难度、使用频率、适用对象、题目内容、题目答案、是否为必答题等试题属性。

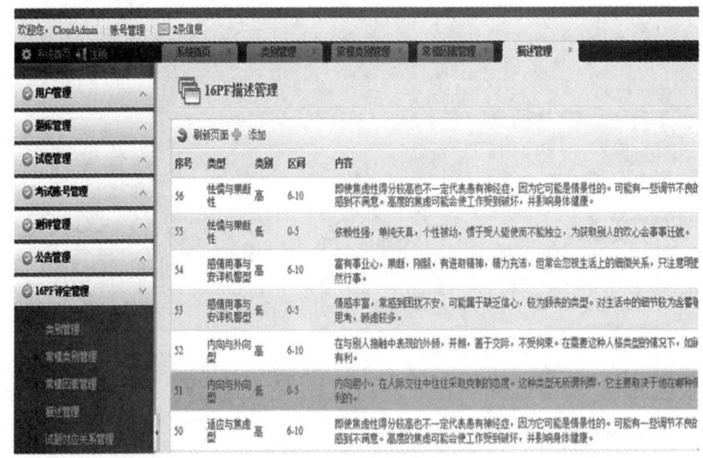

图5-5　题库管理界面

2. 试卷

试卷属性：包括试卷编号、试卷类型（选拔型、配置型、开发型、诊断型、考核型）、试卷适用者类别（应届毕业生、社招教师、高端教师等）、试卷作答时长、分数设定（总分限定）、试卷生成人、试卷生成时间、试卷判阅人、试卷判阅时间、使用频率（多少人使用该试卷进行测评）、取材范围、适用对象、试卷难度、区分度等试卷属性。

（1）单套试卷

单套试卷是指国内外成熟的心理测量量表或只为完成某项测评活动而独立编排的试卷，单套试卷是以整套试卷的格式存于系统之中，不可分割或随机抽取试题，单套试卷也有相应的试卷属性。

（2）生成试卷

根据测评维度、测评对象、测评目的倾向性、主观题数目、客观题数目、时间限定（总耗时限定）、日期段限定（可以测评的时间段）等生成一套试卷，同时可采用试题随机排序或答案随机排序，防止抄袭和雷同的测评结果出现（见图5－6）。

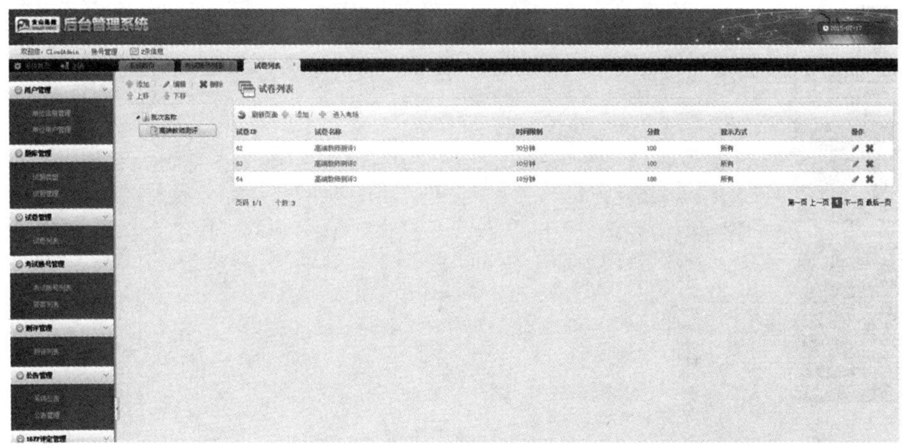


图5－6 试卷管理界面

## （五）阅卷模块

1．客观题阅卷

客观题的阅卷主要由系统根据每套试卷的测量量表自动计算获得，不允许人工打分。

2．主观题阅卷

当测评系统中有主观性测试项目时，需要阅卷人进行主观评定。评定系统要隐藏测评者的基本信息属性，只能显示试卷编号而不能显示有关的个人信息。阅卷人员只能看到他所属的试卷库。

阅卷人员在判定主观题的过程中，可以在对应题号给出相应成绩的同时给出扣分原因（非必需），系统自动记录阅卷人和阅卷时间。如果

纸质试题结果需要录入分析，导入内容可以是扫描的文件。另外，主观题可设置多名阅卷人，系统记录多名阅卷人的打分，并根据规则计算最终得分。阅卷界面见图5－7。

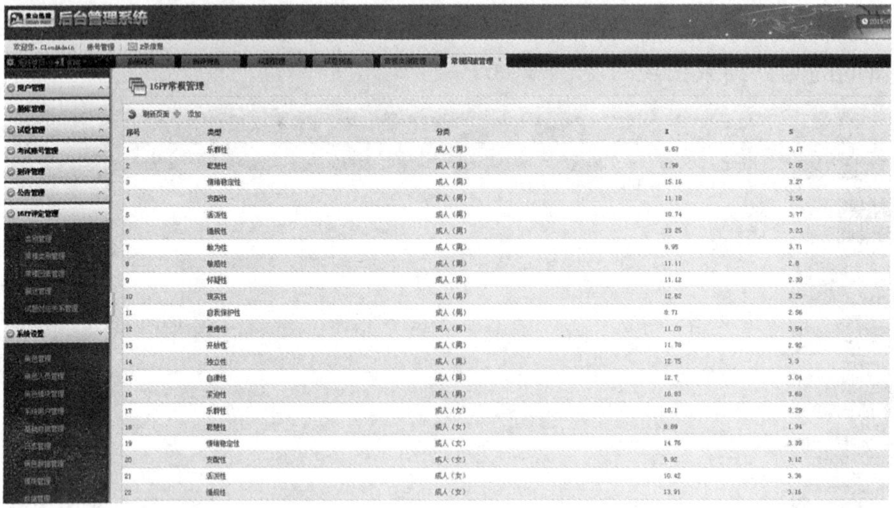

图5－7　阅卷模块

## （六）统计分析模块

统计分析模块主要是使用数理统计方法对测评的数据进行汇总处理，如进行加权处理、回归分析。通过这种分析得出个体测评的综合性数据，也可以对测评团体的数据进行分析处理，如根据积累的原始数据调整测验的常模等，给测验的编制者提供项目分析的结果以改进测验编制的质量等。测评机构还可通过统计分析公开测评的分析结果，如数据的分布情况、信度、效度等资料。

## （七）报告模块

### 1. 报告格式的设定

系统可根据需要设定个体报告、群体报告、比较报告（横向、纵向）等样版，并定义每一个数据项的来源及计算方法，根据需要还可生成相应的图表（见图5－8）。

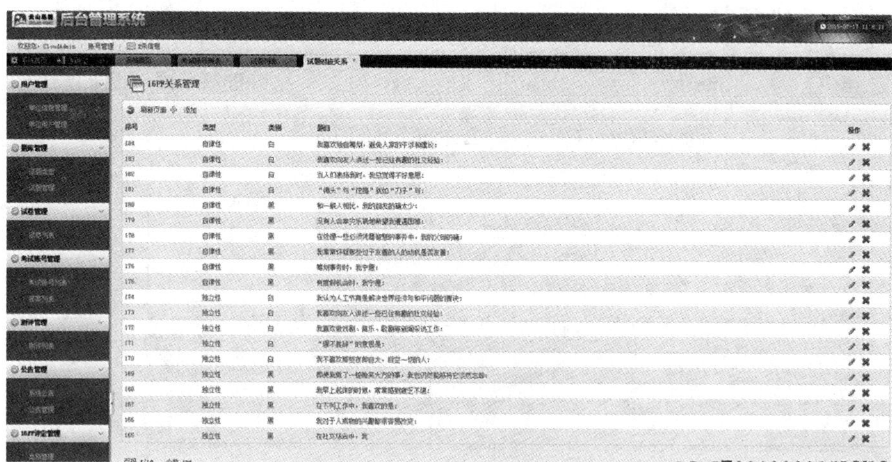


图5－8　评定模块

2. 受测者结果评定

（1）系统评定

根据测评量表的报告模板，系统会自动生成某位受测者的测评统计报告。根据整体统计报告模板，系统自动生成群体统计报告。

（2）专家评定

如某些测评问卷必须经过测评专家综合考虑后出具评价报告，则由专家根据受测者对某一试卷的答题情况进行整体分析后给出评价意见。

**（八）输出模块**

此模块的主要功能是输出测评的信息和资料，即根据测评的规定或用户的要求导出与测评有关的资料，如测评分数、测评报告、团体分析结果和报告等（见图5－9）。结果导出到word可供进一步编辑与打印。

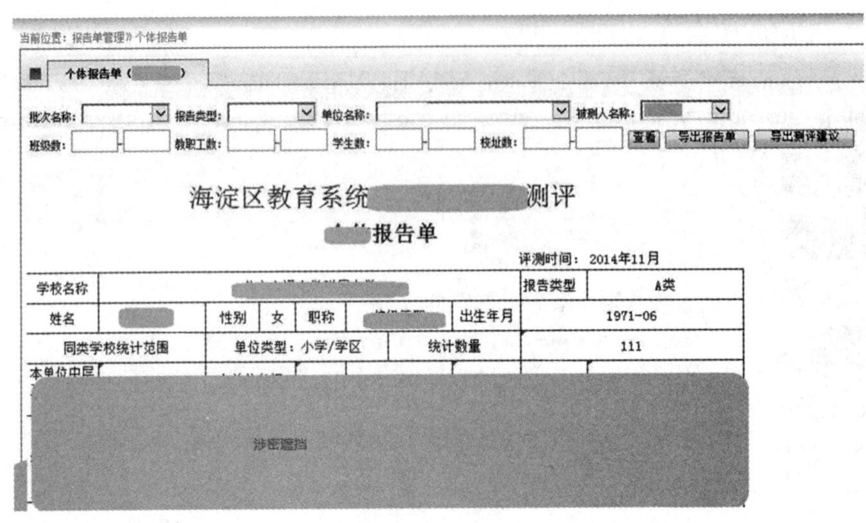


图5-9 输出模块

### （九）查询模块

本模块可供查询有关测评资料，如测评活动信息、公告、测评项目介绍、个人资料、测评结果分析与评价、群体测评结果。根据用户权限的不同，查询的内容也不同。

### （十）测评档案管理模块

本模块用于建立受测者的测评数据档案，主要包括以下方面。

①保存受测者的答题试卷和答案，便于日后更新分析结果。

②保存当前测评分值和测评报告，便于当前统计。

③统计当前测评的数量、类型、参加各个测评的人数和总人数。

## 四、人才测评平台用户分类及权限

根据对人才测评工作参与人员的分析，确定人才测评平台的应用用户主要有系统管理员、试卷管理员、受测者、阅卷人员、评价专家、信息查询专员。根据用户角色的不同，可以设定多个角色，每个用户角色根据自己的不同权限，可以调用相应的模块。用户可以细分为多个子用户，权限高的用户可以对其子用户进行管理。系统管理员只对系统进行相应的设置，如增加用户、设置用户权限、修改系统参数等；测评管理员则可以对试题进行编辑、修改、删除、设置题型等，对试卷进行组卷、时间设置、是否强制提交等；受测者使用指定的账号进行人机测评。

表 5－1 列出了不同用户群体所能应用的系统模块，具体模块操作及权限在相应的模块介绍中予以说明。

**表 5－1　系统用户调用模块表**

| | 系统管理员 | 题库、试卷管理员 | 受测者 | 阅卷人员 | 系统查询、统计分析专员 | 评价专家 |
|---|---|---|---|---|---|---|
| 系统管理模块 | √ | | | | | |
| 受测者管理模块 | ※ | | ※ | | | |
| 测试模块 | | | √ | | | |
| 题库、试卷管理模块 | | √ | | | | |
| 阅卷模块 | | | | √ | | |
| 评定模块 | | | | | | √ |
| 输出模块 | ※ | ※ | ※ | ※ | ※ | ※ |
| 统计分析模块 | | | ※ | | √ | ※ |
| 查询系统 | | ※ | ※ | ※ | √ | ※ |
| 测评档案管理模块 | | | ※ | | √ | ※ |

注：

1. “√”表示该用户可以调用相应模块的所有功能。

2. “※”表示该用户可以调用相应模块的部分功能。

3. 空白表示该用户不能调用相应模块功能。

# 第二节　人才测评平台在教师招聘中的应用

## 一、设计测评方案

### （一）确定测评目的、对象、要求

运用人才测评平台进行的教师测评主要是为了从应届毕业生、社会人员和高端教师中选拔适合本地区基础教育的教师类专业技术人才，测评的对象不同，测评的目的也有所区别，在制定测评方案时，必须首先确定测评的目的、对象和具体要求，后续测评题目及具体实施测评均应围绕测评目的来展开。

### （二）选择测评试题

根据测评目的、对象和具体要求，从测评平台的题库中选择测评试题，组成该批次测评试卷，建立相应的测评批次，以备使用。

### （三）确定测评时间和场地

测评时间需要提前一周时间确定，并通知到参加测评者本人，以做好实施前的准备工作。测评场地相对固定，一般在计算机教室进行。

## 二、制订实施方案

### （一）人员配置与分工

测评实施人员包括组织人员、监考人员、签到人员、摄像人员、平台软件和硬件工程师、保洁人员。

（1）组织人员负责工作人员分工与协调，测评材料归档。

（2）监考人员负责测评机房使用日志填写、测评安排和需要注意的事项说明，安排应聘者座位、维持考场纪律和解答平台操作问题。

（3）签到人员负责签到表格的制作，包括姓名、准考证号、报考单位、签名等内容，用邮件合并功能批量制作草稿纸（包含应聘者姓名和准考证号，与应聘者一一对应），考后负责收回草稿纸。

（4）摄像人员负责测评现场照片拍摄，并导出归档。

（5）平台软件工程师负责施测平台准备，新建试题批次，调试、保障测评程序和服务器正常运行。

（6）平台硬件工程师保障电子教室和计算机的正常运行。

（7）保洁人员负责测评环境的保洁，提前调节室温，通风换气。

**（二）实施工作流程**

首先安排工作日程，包括前期准备时间、实施时间、生成测评结果时间和制作、提交测评报告时间。根据工作日程完成准备阶段、实施阶段和反馈阶段的工作。

1. 准备阶段

（1）准备测评试题，新建试题批次

协调人根据测评目的、对象和要求选择试题，软件工程师新建试题批次，做好系统运行测试工作。

（2）准备施测用品

施测用品包括测评时间和题型说明、注意事项、签到表、草稿纸、签字笔、照相机。

（3）准备测评场地

事先检查测评机房的计算机和其他硬件设施，确保正常运行；做好测评环境的保洁、室内温度调节和空气流通。

2. 实施阶段

（1）工作人员提前就位，检查自己所负责的工作是否有遗漏，及时弥补。

（2）签到人员组织受测者签到，分发草稿纸，监考人员安排座位。

（3）监考人员考前宣布考场纪律、测评时间、题型和注意事项。

（4）监考人员通过教师机向受测者计算机下发测评界面，在规定时间发布考试指令，考试过程中应聘者如果遇到操作问题给予即时解答。

（5）测评现场出现的软、硬件问题由工程师负责处理；其他问题由协调人与相关单位和负责人沟通解决。

（6）考试结束由系统自动终止，由签到人员回收草稿纸，监考人员组织受测者有序离场。

3. 反馈阶段

（1）阅卷方生成并下载受测者答案，进行阅卷。

（2）阅卷方根据测评结果撰写测评报告，提交测评项目负责人，给予用人单位反馈。测评报告内容包括测评分数、对受测者的评价、管理使用建议等。

（3）通过问卷调查、电话调查和面谈等方式，征求用人单位意见，改进测评工作，提高测评水平。调查的内容包括对评价方法、试题的评价，评价结果的使用情况和对评价服务的改进意见；对评价结果进行跟踪调查，总结经验，完善评价技术和工具，不断提高信度与效度，提高评价水平。

（4）项目资料归档。将项目工作人员名单、受测者名单、项目合同书、测评试题和测评报告等分门别类进行整理归档。

### （三）应急预案

1. 硬件和软件问题的预案

测评平台软件和硬件在施测过程中如果出现问题，由工程师现场解决。硬件方面的问题如电脑无法启动、死机、键盘按键失灵、鼠标损坏等，软件方面的问题如答题和提交时出现运行错误、答题信息丢失等。以往实施过程中总体完成比较顺利，偶尔因学员操作失误出现已答信息丢失的情况，工程师在现场能够及时解决，保证测评顺利完成。

2. 受测者问题的预案

如果受测者因迟到或者身体出现不适症状无法参加测评，由协调人联系用人单位沟通解决。如受测者迟到半小时，则视为放弃测评，后续工作由协调人通知用人单位做相应调整。

## 三、测评平台题库应用情况

### （一）应届毕业生测评情况

人才测评平台应用于应届毕业生公开招聘工作主要是为了丰富测评手段。在使用时，初试成绩以学校进行的专业笔试为主，平台进行的测评作为学校初试成绩的补充，为学校做参考。应届毕业生测评的内容是教育教学观念及心理健康测验，测试题目 130 道，测试时间为 60 分钟。

在测试时，首先通过后台将编制的试题上传至平台，然后通过组卷功能完成组卷，设置考试时间。应聘者持准考证入场，通过计算机登陆页面输入个人准考证号及姓名等信息，点击“开始答题”即开始测试。所有题目答完，点击“提交”即可完成测验。对于个别要求必须填写答案的项目，系统经过设定能够在应聘者提交试卷的时候进行提醒，并定位于没有完成的试题，待应聘者完成该题目后才能提交。

共有三所学校的 18 名应届毕业生应聘者使用人才测评平台进行测试，测试平台运行良好，答案导出便捷，为后期处理提供了良好条件。

### （二）社会人员测评情况

社会人员招聘的部分批次，初试采用人才测评平台进行测试。测试成绩作为初试成绩，具有优胜劣汰的作用，考试不合格，不能进入复试。测评的试题包括心理健康测验、能力倾向测验和教育教学观念测验三部分。心理健康测验包括150道题，用时35分钟，能力倾向测验为30道题，用时45分钟，教育教学观念测验为36道题，用时40分钟。测评的流程与应届毕业生类似，均先通过后台完成试题上传、试卷组卷、应聘者登录进行考试、提交答案、导出答案等环节。

社会人员招聘利用测评平台共开展了5批测评。第一批测评共23人全部通过，第二批20人全部通过，第三批共63人，其中除3人在心理健康方面低于合格水平外，其他全部合格，第四批共39人，其中1人在心理健康方面得分得分低于合格水平，其他全部合格。第五批共131人，成绩全部合格。

**（三）高端教师测评情况**

根据人才引进的流程，共有3批15名高端教师使用了人才测评平台高端教师测评共237题，分为三个测验，主要测评心理健康、应对方式、成就动机等方面的特征，时长45分钟。测评专家对每位教师的测评结果进行了详细报告，同时完成了总体测评报告。

本书依据教师招聘的具体途径，从动态的胜任力发展的视角，采用科学规范的方法，根据实际工作的需要，针对三种教师招聘途径，构建了相应群体的胜任力模型，并对胜任力模型的应用进行了探索。本书建构的应届毕业生教师胜任力模型、社招教师胜任力模型、高端教师胜任力模型，是建立在三类招聘途径提供的岗位对教师专业素质具有不同要求的现实基础之上的。三个模型都是围绕教师这一工作岗位建构的，因此三个模型均体现了冰山模型中的知识、技能、自我概念、态度、价值观、特质、动机等内容层次对教师这一岗位的映射，但是由于三种招聘途径对招聘对象的要求不同（实际意味着招聘岗位的要求不同），因此三个模型又有各自的特征：应届毕业生教师往往缺乏教学实践经验，因此应届毕业生教师的胜任力模型更偏重于其对未来新环境的适应能力和在新环境中的成长潜力；而社招教师具有比应届毕业生更多更丰富的经验，因此社招教师胜任力模型注重教师当下具有的知识、技能、态度、观念等；高端教师胜任力模型则更突出对专业性的要求以及辐射带领作用。本书基于胜任力模型开发了测评试题，建立了试题库，并在应届毕业生招聘、社会人员招聘、高端教师引进等渠道中进行了应用，取得了较好的效果。此外，通过测评之后的追踪研究，对胜任力模型进行了检验和修正。探索通过计算机手段提高测评效率，也获得了较好的效果。

人才测评技术具有广泛的应用前景，本书编者探索将胜任力模型应用于教师招聘实践工作中，取得了一定的经验，收到了一定效果。相信，随着人才测评技术在教育领域更加广泛深入的应用，教师招聘工作必将更加科学有效。

# 参考文献


1. 安鸿章. 工作岗位的分析技术与应用［M］. 天津：南开大学出版社，2001.

2. 安鸿章. 岗位胜任特征模型的构建与完善［J］. 经济与管理研究，2003，4：42－45.

3. 包文莉. 人才测评技术在大学班级干部选拔中的应用研究［J］. 辽宁科技学院学报，2010，12（6）：72－73.

4. 陈蓓. 思想政治教师胜任力初探［J］. 科教文汇，2013（229）：31－33.

5. 崔冰子. 关于胜任力的研究［J］. 社会心理科学，2009（2）.

6. 陈虹. 学校心理健康教育教师胜任力研究［D］. 福建：福建师范大学，2007.

7. 陈俊，高伟. 人力资源管理的核心技术——人才测评技术在我国的发展趋势［J］. 沿海企业与科技，2007，12：116－117.

8. 陈亮，张元婧. 教师胜任力研究现状及未来研究方向［J］. 人才开发，2009（1）：27－28.

9. 程明，杨勇. 浅谈现代人才测评［J］. 武汉冶金管理干部学院学报，2003. 13（1）：4.

10. 成鹏. 小学教师胜任特征模型的建构与应用研究［D］. 苏州：苏州大学，2009.

11. 陈韶峰. 我国公立中小学教师招聘制度的问题及完善［J］.

教学与管理. 2007 (9): 3 -6.

12. 常欣, 陈淑娟, 杨金花等. 中小学教师教学胜任特征模型的检验 [J]. 心理科学, 2009, (1): 178 -180.

13. 陈祥娟, 刘晓景, 熊娇. 胜任力模型在图书馆人力资源管理工作中的应用 [J]. 高校图书情报论坛, 2012, (11) 1: 38 -40.

14. 陈云川, 雷轶. 胜任力研究与应用综述及发展趋向 [J]. 科研管理, 2004, 25 (1): 141 -144.

15. 代汤勤. 高中班主任胜任力模型的构建 [D]. 重庆: 西南大学, 2009.

16. [美] 大卫·D. 迪布瓦. 胜任力 = Competency [M]. 北京: 北京大学出版社, 2005.

17. 丁越兰, 韩蕾. 基于胜任力的薪酬管理研究综述 [J]. 科学与管理, 2009 (3): 22 -24.

18. 董垚灼, 成云, 张小林. 我国公办中小学教师招聘研究——基于人力资源管理视角 [J]. 品牌 (理论月刊), 2011 (Z2): 125 -126.

19. 范飞. 中学教师胜任力的调查研究——以沙河市在岗中学教师为例 [D]. 河北: 河北大学, 2011.

20. 付慧芳. 小学班主任胜任力现状调查研究 [D]. 上海: 上海师范大学, 2013.

21. 冯明, 尹明鑫. 胜任力模型构建方法综述 [J]. 科技管理研究, 2007 (9): 229 -233.

22. 郭春才. 信息化教育环境下教师胜任力研究 [J]. 中国远程教育, 2012 (9): 65 -69.

23. 龚劲锋, 王益宝. 胜任力研究综述与展望 [J]. 经济论坛, 2009, 464 (16): 98 -101.

24. 龚文. 关于胜任力模型及胜任力评估的思考 [J]. 人力资源

管理，2012（1）：82－84.

25．谷向东，郑日昌．基于胜任特征的人才测评［J］．心理与行为研究，2004（4）：634－639.

26．关旎彦．126教育集团的中学教师胜任力模型［D］．长春：东北大学，2009.

27．韩静，杨力．基于胜任力模型的人才评价方法研究［J］．安徽理工大学学报（社会科学版），2009，11（2）：25－28.

28．胡佳妮．中学化学教师胜任力的调查与反思——以陕西省为例［D］．陕西：陕西师范大学，2011.

29．胡敏慧，夏莉．小学英语教师胜任力实证研究价值初探［J］．广西教育学院学报，2013（5）：183－186.

30．韩曼茹，杨继平．中学班主任胜任力的初步研究［J］．教育理论与实践，2006，26（1）：59－61.

31．胡娜．农村中小学教师胜任力现状调查与对策分析［D］．重庆：西南大学，2010.

32．何秋菊．西南地区农村中小学教师胜任特征研究［D］．重庆：西南大学，2011.

33．胡胜．随班就读教师胜任力特征的研究［D］．重庆：重庆师范大学，2013.

34．胡艳曦，官志华．国内外关于胜任力模型的研究综述［J］．商场现代化，2008（556）：248－249.

35．胡振华，蔡超婴．现代人才测评技术及其应用［J］．湖南工程学院学报，2005，15（1）：9－11.

36．金洁．基于胜任力模型的民办中小学教师招聘［J］．四川职业技术学院学报，2008，18（3）：65－67.

37．贾敏．我国人才测评技术的现状、问题及变革方向研究［J］．

现代经济信息，2012（3）：93.

38. 靳彤. 学科教学胜任模型的理论建构——以新入职语文教师为例［J］. 语文建设，2013（1）：7－8.

39. 贾应生. 胜任力模型在员工选拔与培训中的应用研究［D］. 天津：天津大学，2008.

40. 寇阳. 中小学教师胜任特征的课堂行动研究［D］. 兰州：西北师范大学，2007.

41. 林崇德，申继亮，辛涛. 教师素质的构成及其培养途径［J］. 中国教育学刊，1996，6（2）：6.

42. 李芬芳. 国内胜任力研究现状及其发展趋势［J］. 科技信息，2007（36）：716－717.

43. 刘福泉，苗洪霞，户明明. 中小学教师胜任力与教学效能感的关系研究［J］. 天津市教科院学报，2013（3）：56－58.

44. 李冠军. 国外胜任力最新研究成果综述［J］. 人力资源管理，2013（2）：166－168.

45. 李慧亭. 中学信息技术教师教学胜任力研究［D］. 南京：南京师范大学，2011.

46. 卢家婧. 胜任力理论研究及其在学校管理中的应用［J］. 山西财经大学学报，2008，30（1）：231－232.

47. 刘晶. 心理健康教育教师胜任特征模型研究［D］. 重庆：重庆师范大学，2008.

48. 吕建华. 中学教师胜任力模型构建与测评［D］. 长春：东北师范大学，2011.

49. 刘立明. 上海高中教师胜任力模型初步构建［D］. 上海：上海师范大学，2008.

50. 刘立明. 上海高中教师胜任力模型的初步构建［J］. 上海师

范大学学报：基础教育版，2009（5）：72－76.

51．雷鸣．广州市中学教师胜任力初探［D］．广州：暨南大学，2008.

52．厉明．高校教师胜任力模型及其相关研究［D］．广州：暨南大学，2009.

53．李明，吴薇莉．国内外人才测评的发展与研究［J］．决策咨询通讯，2010（4）：68－70.

54．李明斐，卢小君．胜任力与胜任力模型构建方法研究［J］．大连理工大学学报（社会科学版），2004（1）：28－32.

55．李庆丽，李庆锋．利用评价中心技术构建基于胜任特征的教师测评体系［J］．科技信息，2007（28）：252.

56．李秋香．高中化学教师胜任特征模型及其测评体系的初步建构［D］．湖南：湖南师范大学，2005.

57．刘钦瑶，葛列众，刘少英．教师胜任力研究述评［J］．高等工程教育研究，2007（1）：65－69.

58．李雪．中小学数学胜任力模型研究［J］．佳木斯教育学院学报，2013（4）：146.

59．李雪．小学教师教学胜任力模型探究：以辽西农村教师为例［D］．渤海大学，2004.

60．李雪，范会勇．中小学教师胜任特征的测量工具研制与回顾［J］．现代教育科学普教研究，2013（3）：133－135.

61．罗小兰．中学教师胜任力模型探究［J］．教育理论与实践，2010（12）：50－53.

62．刘晓明，李向东．教师胜任力情境训练丛书：教师道德智慧［M］．吉林：东北师范大学出版社，2011.

63．李晓雯．广州市南沙区农村初中班主任胜任力研究［D］．广州：广州大学，2011.

64. 林雪仪. 基于胜任特征模型的中小学优秀教师甄选决策探究[J]. 技术与市场，2007（10）：38－39.

65. 李晔，卢静怡，鲁铱. 对教师胜任力建模中“绩优”标准的思考［J］. 湖南师范大学教育科学学报. 2013，12（2）：21－24.

66. 李玉华，林崇德. 国内外教师胜任力研究比较及思考［J］. 辽宁教育研究. 2008（1）：105－108.

67. 李云亮. 小学语文教师胜任力模型研究［D］. 沈阳：辽宁师范大学，2010.

68. 李英武，李凤英，张雪红. 中小学教师胜任特征的结构维度［J］. 首都师范大学学报：社会科学版，2005（4）：115－118.

69. 李永鑫，王二博. 中国人才测评的发展趋势［J］. 信阳师范学院学报（哲学社会学版），2006，26（2）.

70. 林忠，王慧. 胜任力研究的回顾与展望［J］. 北方经贸，2008（5）：14－15.

71. 李志明. 现代人才测评理论及实施策略［J］. 管理科学，2009，38（2）：110－111.

72. 吕中科. 高中班主任胜任力结构与自我效能感和心理幸福感的关系［D］. 河南：河南大学，2010.

73. 马红宇，唐汉瑛，汪熹等. 中小学教师胜任特征模型构建及其绩效预测力研究［J］. 教育研究与实验，2012（3）：77－82.

74. 毛杰. 浅议人才测评技术在大学生素质教育中的应用［J］. 新课程研究，2008（123）：155－157.

75. 马子媛，李齐，薛继婷. 中学班主任胜任力的现状研究［J］. 现代教育科学普教研究，2012，（1）：62－64.

76. 马子媛，强健，胡秦. 中学班主任胜任力与绩效关系研究

[J]. 现代教育科学普教研究. 2012, (2): 121 - 123.

77. 彭长桂, 张剑. 国内胜任特征研究进展及评价 [J]. 科研管理, 2007, (6): 62 - 67.

78. 潘高峰. 中学体育教师胜任力的调查研究 [D]. 武汉: 华中师范大学, 2008.

79. 彭剑锋, 荆小娟. 员工素质模型设计 [M]. 北京: 中国人民大学出版社, 2003.

80. 彭建国, 张宏宇, 牛宙. 小学优秀教师胜任力人格特征研究 [J]. 教育导刊 (上半月), 2012, (3): 32 - 35.

81. 饶惠霞, 吴海燕. 国外胜任力研究新进展述评 [J]. 科技管理研究. 2010, (16): 125 - 133.

82. 沙鹏. 中小学教师胜任力迫选式测验的编制 [D]. 银川: 宁夏大学, 2012.

83. 舒莹. 教师胜任力研究综述 [J]. 韩山师范学院学报, 2006, 2 (27): 95 - 98.

84. 孙远刚, 杨文军. 中小学教师胜任特征模型的创建构想 [J]. 黄冈师范学院学报, 2009, (S1): 47 - 48.

85. 童成寿. 熟手型教师胜任力模型建构与测评研究 [D]. 福州: 福建师范大学, 2008.

86. 童成寿. 中小学熟手型英语教师素质模型研究 [J]. Journal of Basic English Education, 2009, 11 (3).

87. 王徽. 浅谈人才测评技术在中小企业中的应用 [J]. 企业管理, 2012, 26 - 27

88. 田建敏. 浅析教师招聘工作的流程 [J]. 海淀走读大李学报 2004, 4 (68): 41 - 43.

89. 王健, 井西学, 彭云龙. 高校教师胜任力模型研究及其应用

[J]. 管理教育, 2008, (12): 114-115.

90. 吴建烽. 中学班主任胜任力与工作满意度的关系研究 [J]. 长春理工大学学报, 2012, 7 (7): 23-24.

91. 王吉华. 人员素质测评技术的实际意义 [J]. 科学与管理, 2004, (4): 63-65.

92. 王林跃. 中学教师胜任特征模型、结构化面试评价维度的构建及性别、外貌对象对评分误差影响的研究 [D]. 沈阳: 辽宁师范大学, 2012.

93. 王沛, 陈淑娟. 国外教师工作胜任特征理论建构述略 [J]. 外国教育研究, 2007, (10): 28-32.

94. 王沛, 陈淑娟. 中小学教师工作胜任特征模型的初步建构 [J]. 心理科学, 2008, (4): 832-835.

95. 王强. 我国 K-12 教师胜任力深层结构实证研究 [J]. 教育研究, 2012, (10): 163 - 140.

96. 王显凤. 小学班主任胜任力现状调查研究 [J]. 中国校外教育中旬刊, 2014: 10.

97. 汪小凤. 普通高中班主任胜任力模型的构建 [J]. 商洛学院学报, 2014, 4 (28): 75-78.

98. 王亚丽, 李兵兵, 陈贵兰. 基于 ASP. NET 的教师测评系统设计与开发 [J]. 农业网络信息, 2010, (11): 113-115.

99. 王莹彤. 中学科任教师胜任特征模型的建构与测评 [D]. 苏州: 苏州大学, 2009.

100. 王智, 张大均. 学校心理健康教育教师胜任特征结构及测量 [J]. 心理科学, 2011, 34 (2), 481 - 487.

101. 徐芳. 研发团队胜任力模型的建构及其对团队绩效的影响 [J]. 管理探索, 2003, (2): 43-46.

102. 徐建平. 教师胜任力模型与测评研究［D］. 北京：北京师范大学，2004.

103. 徐建平，张厚粲. 中小学教师胜任力模型：一项行为事件访谈研究［J］. 教育研究，2006，(1)：57－61.

104. 徐建平，谭小月，武琳等. 优秀中小学教师胜任特征分析［J］. 教育学报，2011，(1)：48－53.

105. 薛明霞. 适应危机：反思中学教师的招聘工作［J］. 现代中小学教育，2006，(12)：52－55.

106. 邢强，孟卫青. 未来教师胜任力测评原理和技术［J］. 开放教育研究，2003，(4)：39－24.

107. 薛琴. 胜任力及相关概念辨析［J］. 商场现代化，2008，(528)：277－278.

108. 徐守森，张月，李京诚. 国内体育教师胜任特征的研究进展［J］. 体育科研，2014，3（35）：21－23.

109. 邢延清. 中学心理健康教育教师胜任力研究［D］. 苏州：苏州大学，2010.

110. 姚光勇. 中小学心理健康教育教师胜任特征研究［D］. 内蒙古，内蒙古师范大学：2011.

111. 叶瑾. 中学班主任胜任特征研究——以银川市五所初级中学班主任为个案［D］. 甘肃：西北师范大学，2007.

112. 尹力. 中小学教师聘任制中的教师缺位问题［J］. 江西教育科研，2005，(3)：27－28.

113. 尹妙辉. 英国教师专业标准研究［D］. 上海：华东师范大学，2008. 66.

114. 姚若松，陈怀锦. 中小学教师胜任特征模型的实证研究［J］. 湖南中学物理·教育前沿，2009，(22).

115. 杨文军. 小学班主任教师胜任特征模型的建构与验证研究［D］. 沈阳：辽宁师范大学，2011.

116. 张博. 基于胜任力模型的高校教师继续教育评价方法研究［J］. 中国成人教育，2014，(3)：104－105.

117. 张长城. 中学体育教师胜任力模型构建与实证研究［D］. 福州：福建师范大学，2011.

118. 朱峰. 补习学校教师胜任力模型构建及其应用研究——以昆明地区中小学补习学校教师为例［D］. 福州：闽南师范大学，2013.

119. 郑刚，曾方芳. 基于胜任力的薪酬方案设计研究［J］. 科技管理研究，2007，(2)：113－115.

120. 朱海. 教师胜任力理论在高校教师继续教育中的应用［J］. 中国成人教育，2013，(20)：133－134.

121. 张厚粲，刘远我. 试论我国人才测评事业的发展［J］. 心理学探新，1999，19 (1)：48－53.

122. 赵海涛. 胜任力理论及其应用研究综述［J］. 科学与管理，2009，(4)：15－18.

123. 张剑勇. 浅议人才测评技术在学校人力资源开发中的应用［J］. 攀登，2006，25 (4)：79－82.

124. 周金元，刘兵，唐青. 基于文献计量分析的国内外胜任力研究述评［J］. 科技管理研究，2013，(15)：145－155.

125. 章凯，肖莹. 胜任力分析与人力资源管理创新［J］. 成人高教学刊，2004，(2)：12－15.

126. 仲理峰，时勘. 胜任特征研究的新进展［J］. 南开管理评论，2003，2 (2)：4－8.

127. 赵瑞全. 浅析人才测评的发展历史与技术原理［J］. 中国农学通报，2012，26 (3)：359－362.

128. 周书军. 中小学教师招聘中的博弈分析 [J]. 中国电力教育, 2011, (2): 44 -45.

129. 张伟, 李武军, 陈桂鹏. 近五年我国高校教师招聘研究文献综述 [J]. 知识经济, 2008, (8): 149 -150.

130. 章文锋. 人才测评技术在招聘中的运用 [J]. 现代经济信息, 2013, (5): 82 -84.

131. 朱旭东. 论教师专业发展的理论模型建构 [J]. 教育研究, 2014, (6).

132. Bisschoff T, Grobler B. The management of teachercompetence [J]. Journal of in - service Education, 1998, 24(2): 191 -211.

133. Richard E. Boyatzis. The competent manager: A model for effectiveperformance[M]. John Wiley & Sons, 1982.

134. CombsA W. The professional education of teachers: A humanistic approach to teacher preparation[M]. Allyn & Bacon, 1974.

135. Danielson C. Enhancing professional practice: A framework for teaching[DB]. Alexandria. VA: Association for Supervision and Curriculum Development. 1996.

136. Heneman III H G, Milanowski A T. Alignment of human resource practices and teacher performancecompetency[J]. Peabody Journal OfEducation, 2004, 79(4): 108 -125.

137. Heneman R L, Ledford Jr G E. Competency pay for professionals and managers in business: A review and implications forteachers[J]. Journal of Personnel Evaluation in Education, 1998, 12(2): 103 -121.

138. Maurer T J, Wrenn K A, Pierce H R, et al. Beliefs about 'improvability' of career - relevant skills: relevance to job/task analysis, competency modelling, and learning orientation[J]. Journal of Organizational Behav-

ior, 2003, 24(1): 107 - 131.

139. McBer H. Research into teacher effectiveness [J]. Early Professional Development of Teachers, 2001, 68.

140. McClelland D C. Testing for competence rather than for "intelligence." [J]. American Psychologist, 1973, 28(1): 1 - 14.

141. McClelland D C. The knowledge - testing - educational complex strikesback[J]. 1994. American Psychologist, 1994, 49, 66 - 69.

142. Mirabile R J. Everything you wanted to know about competencymodeling[J]. Training and Development, 1997, 51(8): 73 - 77.

143. Shippmann J S, Ash R A, Batjtsta M, et al. The practice of competencymodeling[J]. Personnel Psychology, 2000, 53(3): 703 - 740.

144. Spencer L M, Spencer S M. Competence at work: Models for Superior Performance [M]. John Willey & Sons Ltd., Canada, 1993.

145. Tigelaar D E H, Dolmans D H J M, Wolfhagen I H A P, et al. The development and validation of a framework for teaching competencies in higher education[J]. Higher Education, 2004, 48(2): 253 - 268.

146. Williams R S. Performance management: Perspectives on employeeperformance[M]. International Thomson Business Press, 1998.

# 后 记

本书是在中共北京市海淀区委教工委、区教委的领导下，由海淀区教委人才服务中心编写的，记录了海淀区教委应用人力资源管理理论指导教师招聘工作的探索和思考。本书聘请北京师范大学心理学院车宏生教授、姚梅林教授、中国教育科学研究院于发友研究员作为学术顾问。在本书编写过程中，各位专家给予了专业性方面的指导和支持，海淀区教委人力资源科在教师测评中给予了政策支持和指导，北京市教育系统人才交流服务中心给予了业务支持，海淀区教委人才服务中心翟彦斌、北京联合大学师范学院的杨金花老师、北京师范大学心理学院博士研究生腰秀平、首都师范大学管理学院硕士研究生杨语佳等也参加了资料整理和撰写，对此表示深深感谢！由于编者水平所限，不足之处恳请读者提出宝贵意见！

编者

2015 年 5 月 18 日

# 后记